신이 내린 술
마오타이

신이 내린 술
마오타이

왕중추 지음 | 예영준 · 송민정 옮김

마음의숲

멀리서
한 잔 술을
권하며

•

왕중추

한국이 내 마음 한 켠에 큰 자리를 차지하게 된 인연은 2005년 《디테일의 힘》한국어판 출간에서 시작되었다. 책의 반응이 뜨거워지자 한국 언론사들의 취재가 이어지고, 초청 강의도 줄을 이었다. 이후 2011년《디테일 경영자만이 살아남는다》와《디테일 경영》, 2014년《퍼펙트 워크》등의 책이 한글로 번역·출간되면서 한국 각계 각층의 친구들을 더 많이 사귀게 되었다. 그들은 모두 놀라운 학구열과 스승을 존경하는 마음, 깍듯한 매너를 갖추고 있었다. 그런 이들에게 크나큰 환대를 받는 나는 늘 황송했고, 이름값도 제대로 못하게 될까 봐 걱정이었다.

면적으로 보면 한국은 사실 중국의 저장성(절강성)과 비슷한 면적을 가진 작은 나라일 뿐이다. 1953년 한국전쟁이 끝난 식후에는 세계 최빈국 중의 하나로 1인당 GDP가 67달러에 불과했다. 그런데 2006년에는 1인당 국민소득 2만 달러를 돌파하면서 세계에서 여덟 번째로 '5020국가'(인구 5,000만 명 이상, 1인당 국민소득 2만 불 이상)에 진입했다. 큰 땅에 많은 물자를 가진 중국을 뒤로하고 빠르게 달려나간 한국은 2018년 1인당 국민소득이 3만 불을 넘어섰다. 같은 해 중국은 1만 달러를 겨우 달성했을 뿐이었다.

중국은 한국에 비해 1인당 지표에서만 뒤처지는 것이 아니다. 한국은 문화산업을 비롯해 패션·화장품·의학·미용 산업 등 많은 분야에서 중국을 능가한다. 1988년 서울올림픽과 2002년 월드컵을 성공시키며 '세계의 중심'에 당당히 데뷔했고, G20 정상회의 유치는 인구 27배의 중국보다 훨씬 앞서 있다. 물론 중국도 노력해왔다. 최근 몇 년간 조선업은 한국의 규모를 따라잡았고, 중국 화웨이 폰의 시장 점유율은 삼성을 앞질렀다. 고속철 교량전력 등 공정기술도 한국보다 앞서고 있다.

그러나 내가 자랑하고 싶은 것은 그러한 것들이 아니다. 바로 '마오타이'다. 마오타이주의 맛은 전 세계적으로 유일하다! 감히 말하건대 한국의 어떤 기업과 경쟁해도 밀리지 않을 자신이 있다. 한국에도 많은 마오타이 애호가들이 있다고 알고 있다.

《신이 내린 술 마오타이》의 한국어판 출간을 앞두고 있는 지금, 나는 지난 시간 한국과 맺은 귀한 인연들을 떠올리며 마오타이주

한 잔을 따른다. 멀리 있는 친구들에게 기꺼이 이 한 잔을 대접하고 싶다. 중국에서는 술을 권할 때 반드시 술을 권하는 '이유'를 몇 가지 말해야 하기에, 나도 한국 독자들에게 이 잔을 권하며 권주사 세 가지를 이야기하고자 한다.

가장 먼저는 '사드 파문'으로 양국 간의 골이 깊어져 통상관계가 냉각된 것에 대해 깊은 유감을 표한다. 한동안 중국에서는 한국 제품 불매 현상, 특히 롯데그룹에 대한 제재, 한국 여행 제한 등 부적절한 일들이 많이 있었다. 서로 가깝게 왕래하던 두 나라가 하루아침에 분쟁과 마찰을 빚어낸 것이 너무 안타까웠다. 이제 이 술잔에 상호양해와 우호협력을 담아 함께 나아가기를 권한다. 영원한 친구만 있을 뿐 영원한 적은 없다.

둘째는 한국인이 지닌 자강불식의 민족의식에 대해 찬사를 표한다. 고 김대중 전 대통령이 자신을 인동초에 비유하며 "인동초가 추운 겨울을 견뎌내는 것은 봄이 온다는 믿음 때문이다"라고 했던 글을 읽은 적이 있다. 한국인들이 어려움에 직면하여 꿋꿋하게 견디는 정신은 보는 이를 숙연하게 한다. 국화인 무궁화만 보아도 한민족의 강인함과 인고의 정신이 잘 드러난다. 꽃잎이 긱기 딸어서 있는 것 같으면서도 그 근원이 하나라 통꽃인 무궁화는 한민족의 인내와 끈기를 닮았고, 여름 한철 한 그루에서 3,000송이 이상의 꽃을 피우는 것은 한국인들의 진취성을 보는 듯하다. 화려한 색채의 목근화木槿花를 무궁화無窮花라 부르며 자생적 정신을 상징하도록 하는 것 역시 한국인의 모습을 잘 드러내는 것 같다.

　마지막으로는 한국인 친구, 독자, 마오타이 애호가들을 격려하고자 한다. 십 년 전 중국은 한국의 최대 교역 파트너이자 최대 수출시장이었다. 미국과 일본 양국에 대한 수출액을 합친 것만 한 규모였기에 어떤 한국 친구는 중국을 '제2의 내수시장'이라고 부르기도 했다. 한국과 중국은 세계 어떤 나라보다 많은 연관관계를 가지고 있으며, 한국에서 중국으로 보내는 유학생 수 또한 다른 나라에 비해 독보적으로 많다. 이처럼 우호의 역사가 깊은 한·중 양국은 서로 배우고 격려하는 상생관계로 나가야 한다. 나아가 동북아시아의 평화와 안정을 위해 어깨를 나란히 하며 책임감 있는 행보를 해야 할 것이다.

　마오타이주의 뛰어난 특징 중 하나는 그 향이 오래가는 것이다. 마오타이 한 잔을 마시고 나면 빈 잔에도 잔향이 5~7일간 남는다. 한·중 양국의 우호적인 관계가 마오타이주의 잔향처럼 깊고 오래 가기를 바라며 이 잔을 권합니다.

2019년 정월대보름 밤에
주하이에서

마오타이의
비밀을 풀다

나는 태생적으로 술을 잘 못 마신다. 조금만 마시면 얼굴이 붉어지고 심장이 뛴다. 몸은 첫사랑을 앓는 사춘기 소년처럼 열이 나지만 정신적으로는 아무런 즐거움을 느끼지 못한다. 그런 까닭에 술에 대해 아무런 감흥이 없다. 그것이 백주든 와인이든 맥주든 과실주든, 종류를 불문하고 술의 향을 즐기지 못할 뿐 아니라 무엇이 좋고 무엇이 떨어지는지, 그 우열을 판별할 줄도 모른다. 게다가 술의 역사와 술에 얽힌 전설이나 고사 등 관련 문화에 이르러서는 아는 게 거의 없는 문맹에 가깝다. 그러니 권커니 잣거니 술잔이 바쁘게 교차하고 고담준론이 오가게 마련인 회식 자리에서도 볼썽사납게 젓가락 든 손을 바삐 움직이며 생선과 고기를 집는 것에만 집중할 뿐이다. 그럴 때면 남들은 다 우아하고도 호탕하게 세상사를 논하는데 혼자만 비루한 속물이 된 것처럼 느껴지기도 한다.

술자리에서 기대치도 않았던 마오타이주茅台酒와 마주하는 일이 간혹 있다. 일개 백면서생이 마오타이가 나오는 회식에 끼어들 기회는 사실 드문 일이다. 보통은 술자리에서 마오타이에 대해 논하는 것을 주워듣는 게 고작일 뿐이다. 술잔에 다른 술을 따라놓고 마시며 얘기하면서도 화제는 꼭 마오타이를 끌어들여 술의 성자 운운하는 것이다. 마치 마오타이 이야기를 하지 않으면 온전한 술판이 아니란 듯이 말이다. 실은 상당히 많은 사람이 일생 동안 진짜 마오타이는 향기 한 번 맡아보지 못한다는 것을, 근래에 들어서야 알게 되었다. 그렇다면 술자리에서 왁자지껄하게 마오타이 얘기를 나누는 것이 실은, 술 중의 술 마오타이에 대한 모종의 갈망과 동경을 토로하는 것은 아닐까 하는 생각이 든다.

술자리 담론에서 가장 많이 등장하는 것은 마오타이의 역사와 마오타이에 얽힌 전설, 마오타이 술의 기원, 파나마 박람회에서의 수상과 그 당시 중국 대표가 술병을 내동댕이친 이야기, 각계 명인들과 마오타이 사이에 얽힌 인연, 정치와 비즈니스 접대 중에 일어난 전설 같은 이야기 들이다. 더불어 마오타이 양조법과 품질, 발효나 배합, 혹은 장향醬香과 농향濃香, 혹은 53도니 43도니 하는 알코올 도수, 혹은 몇 년산 술이라거나 무슨무슨 기념주라는 따위의 이야기…. 또 진짜 마오타이와 '짝퉁'을 구별하는 법, 페이톈飛天과 우싱伍星과 나머지 장향 계열주, 구이저우貴州성 마오타이진鎭이 아닌 다른 곳에서의 양조, 시중에 나와 있는 마오타이 가운데 진품과 짝퉁의 비율 등등…. 열거하기 벅찰 만큼 무궁무진한 이야기들이 쏟아진다. 마오타이가 없는 술자리에서조차 이런 식일진대 진짜 마오타이가 등장하는 술자리라면 더더욱 화제에서 빠질 수 없는 법이다. 마오타이 한 병을 여는 것 자체가 하나의 스토리이고, 배 속에 한잔을 털어 넣는 것 역시 하나의 스토리가 된다. 주워들은 풍문이나 억측인지, 근거가 확실하고 명백한 이야기인지를 막론하고 술자리의 분위기에 따라 온갖 진실과 거짓이 동시에 발산된다. 이쯤 되면 진위의 분별은 물 건너갔다.

2015년 중국 디테일경영연구소의 왕중추汪中求 선생이 이끄는 팀이 마오타이주창茅台酒廠의 경영 컨설팅을 맡게 되었다. 그 일원이 된 나는 공기 중에서부터 농렬濃烈한 술맛이 감도는 마오타이주창을 샅샅이 조사하게 되었다. 술에 대해선 아무것도 아는 게 없는 '주맹酒盲'이 업무상 필요에 따라 거의 필사적으로 백주, 그리고 마오타이에 대해 공부하게 된 것이다. 마오타이주창의 역사 기록에 대한 거의 모든 문헌을 훑어보았고, 마오타이 양조에 관한 대량의 전문 자료를 읽고 또 읽어야 했다. 또한 여러 명의 마오타이 장인과 마오타이진 주민을 인터뷰했다. 그러한 과정을 통해 마침내 마오타이주의 역사와 문화를 대략적으로나마 이해하게 되었다. 그리고 백여 년 역사의 마오타이가 빚어내는 것은 술 그 자체만이 아니라 향기로 충만한 스토리를 빚는 것이며, 가늠하기 어려운 신비로운 전설을 빚는 것인 동시에 끊임없이 살아 움직이는 문화를 빚는 것임을 비로소 알게 되었다.

그 사이 마오타이의 장인 및 양조 전문가들과의 대화와 접촉을 통해 나는 많은 것을 얻었다. '마오타이의 대부'로 불리는 지커량李克良은 〈우리는 어떻게 술을 배합했나〉라는 글을 통해 향香에 따른 중국백주 분류의 새로운 장을 열었고, 마오타이주를 구성하는 세 가지 전형적인 주체酒體와 신비한 배합법에 대해 자세하게 설명했다.

마오타이주창에서 40여 성상을 보낸 위안런궈袁仁國는 마오타이 공장이 낳은 가장 뛰어난 사령관이다. 그는 15년 전에 발표한 뛰어난 글 〈문화주文化酒 시대를 맞는 봄날〉에서 문화주라는 창의적 개념을 제시하고, 중국 백주업계에 '문화주의 시대'가 도래할 것이라고 예언했다. 어려운 시기에 경영 중책을 맡은 그는 과감하게 '9대 마케팅' 이론을 내세워 20년 만에 판매매출을 8억 위안에서 500억 위안으로 끌어올리면서, 마오타이의 시장화라는 거대한 변혁을 이끌었다.

CEO 리바오팡李保芳은 구이저우성의 경공업 부문에 오랫동안 몸담았던 경험과 백주업계에 대한 전략적 사고로 무장하고 '1,000억 위안급 마오타이'의 실현에 대한 자신감으로 충만해 있다. 그는 중국 백주기업의 전통적 경쟁 태세에 과감하게 도전장을 내밀며 선구적으로 '경합' 개념을 도입했다. 그는 또 백주업계에서는 처음으로 인수합병M&A 전략을 도입함으로써 합종연횡을 통해 경쟁력을 키우는 새로운 조류를 불러일으켰다.

CTO인 수석기술사 왕리王莉는 전문성과 지성, 맹렬한 행동력을 갖춘 마오타이의 골간이다. 그녀는 정기학술지에 여러 편의 전문적

논문을 발표했다. 〈장향형 백주 저장고 바닥토양의 미생물 성분 분석〉〈백주 중에 함유된 질화화합물의 정성분석 방법〉〈HS-GC-MS법을 응용한 백주 중의 아세틸 분석〉〈풍미물질 조성에 기초한 고온 기능성 누룩의 응용방법〉 등은 마오타이가 전통적 제조법에서 과학적 양조로 진일보하는 데 이론적 근거를 제공했고, '마오타이 과학기술'에 대한 학술적 해석을 완성했다.

　마오타이의 신비함은 상상했던 것보다 훨씬 더 멀리 나가 있었다. 나처럼 절실하게 마오타이에 대한 탐구를 갈망하면서도 아직 그 첫걸음을 내디뎠을 뿐인 사람에게, 마오타이는 그 심부를 들여다보는 것을 허락하지 않았다. 복잡한 전통적 공정, 백 가지 천 가지 이상의 향기 물질, 백주의 전범典範적 도수라 일컬어지는 53도, 15.03km² 면적의 핵심 생산구역… 마오타이에서 맞닥뜨린 일련의 기이한 현상과 특수한 숫자는 도저히 풀어내지 못할 암호가 펼쳐져 있는 것과 같았다.

　그러나 우리 그룹의 왕중추 선생은 나와 선명하게 대조를 이루는 사람이다. 그는 술을 잘 알고 잘 마실 뿐 아니라, 마오타이에 대한 이해도 깊다. 왕중추 선생은 수년 동안 마오타이진을 자주 왕래했고, 마오타이주창과 마오타이진, 런화이仁懷시의 각계 인사와 여러 차례 술자리를 함께했다. 그 자리에 끼기를 원하는 사람은 누구도 거부하지 않았고, 한 차례도 취한 적이 없었다. 좋은 술, 진한 맛이 하나의 원인이었을 테고, 중국의 주도酒都 마오타이의 사람들이 손님 접대에 범절이 있는 것도 하나의 이유가 되겠지만, 그가 술을 잘 마시는 것도 중요한 요인일 것이다. 중국의 평판 좋은 백주에 대해서라면 그는 향기에서 시작해 입안에서 느껴지는 맛에 이르기까지, 역사와 문화, 브랜드에서 마케팅까지 손금 보듯 환하게 꿰뚫어 보며 흥미진진하게 얘기를 풀어냈다. 특히 마오타이에 이르러서는 더 말할 나위가 없이 숙련된 전문가의 풍모를 보여주었다. 향기가 풍부한지 아닌지, 입안에서 느껴지는 감촉이 풍만한지 아닌지, 혹은 평하며 혹은 말하는 게 사리에 맞지 않는 게 없었다. 입술에서의 감촉, 혀에서의 감촉, 목에서의 감촉, 그리고 나서 아랫배를 지나 숨을 내뱉을 때 퍼져 나오는 술의 기운에 이르기까지 그는 설득력 있는 연유를 붙여 능히 설명해냈다.

술기가 얼큰히 달아올랐을 때 왕 선생은 넘쳐 오르는 흥취로 모든 사람을 위해 '마오타이는 어떻게 빚어졌나'(이 책의 원제-역주)를 상세하게 해설했다. 나에게는 더할 나위 없이 안성맞춤인 해설이었다. 마오타이 사람 스스로가 늘어놓는 해설은, 자기 것에 대한 애정에서 나오는 만큼 자아도취에서 벗어나기 어려운 법이다. 반면 경쟁 상대의 설명은 동업자의 경쟁심 때문에 일정 부분 폄훼가 생길 수 있다. 또한 소비자가 이를 풀어낸다면, 아는 것이 많지 않기 때문에 빠뜨리는 게 있을 수밖에 없다. 오직 술을 마실 줄 알고 실제로 잘 마시는 사람, 마오타이를 알고 경영을 아는 왕 선생이라야 비로소 제삼자의 시각에서 이성적이고 중립적이며 객관적인 입장을 견지하며 신비함이 가득한 마오타이의 비밀을 풀어낼 수 있다.

2013년부터 여러 가지 요인으로 백주업계는 불경기를 맞았다. 고급 백주의 퇴조는 더욱더 두드러졌다. 그러나 고급 중의 고급인 마오타이주는 불황의 영향을 전혀 받지 않았을 뿐 아니라, 오히려 상승세를 타고 해마다 수십억 위안 심지어 백억 위안 이상의 영업실적 증가를 기록하는 신화를 창조했다. 마오타이의 주가 역시 광풍과 같은 상승 일로여서 A주 시장(상하이와 선전 증시에 상장된 내국인 전용 주식시장. 외국인은 자격을 취득한 기관투자가만 거래할 수 있다-역주)에서 최장 기간 최고 주가를 기록했다.

마오타이주의 명성과 인기는 예전부터 확고부동하게 높았지만 백주업계가 역사적 성장기를 맞았던 기간의 영업매출은 우랑예伍粮液 등 다른 백주 명가들에 뒤처졌던 게 사실이다. 마오타이는 도대체 어떤 마법을 펼쳤기에 불황 속에서 역전에 성공하며 다른 주류회사들을 따라오기 힘들 정도의 격차로 따돌릴 수 있었나? 〈마오타이의 비밀〉을 풀기 위한 첫 단계는 바로 마오타이주창이 시장의 변화 국면 속에서 펼쳐 보인 '변신의 코드'다.

마오타이주의 품질은 모든 사람이 찬미해 마지않는 것이다. 고품질의 마오타이주는 과연 어떻게 빚어지는가? 첫째, 신비한 양조방식이 마오타이의 품질 신화를 만들었다. 마오타이 양조는 마오타이진의 독특한 환경 덕을 보는 비기 크다. 마오타이진의 공기 중에 가득 찬 신비한 세균 무리가 지구상에 단 하나뿐인 술 마오타이주를 만든다. 그 다음으로는 복잡한 공정이 품질을 보증한다. 마오타이주에는 삼장삼고三長三高가 있다. 삼장은 생산주기와 누룩의 저장 기간, 주령酒齡이 길다는 것을 가리킨다. 삼고는 고온에서 누룩을 빚고, 고온에서 퇴적발효를 하고, 고온에서 술을 증류하는 것을 말한다. 예부터 내려온 이 삼장삼고 공법은 전 세계에서 유일한 것이다.

또한 '구증九蒸 팔효八酵 칠취주七取酒', 즉 아홉 번 찌고 여덟 번 발효시킨 뒤 일곱 번 술을 받는 '회사回沙 공정'은 백주 양조 중에서도 대단히 드문 방식이다. 기술과 예술이 혼융일체가 된 배합(블랜딩) 공정에서는 말로 표현할 수 없는 신기神技가 발휘되고 탄식을 멈추지 못하게 할 정도로 오묘한 경지를 보여준다. 그 다음으로는 생산능력의 상한을 정해두는 것으로 마오타이의 고귀한 품질을 이룩했다고 말할 수 있다. 마오타이주의 생산량에는 한도가 정해져 있다. 생산능력을 얼마나 확충했는지에 관계없이 1년에 생산할 수 있는 양은 수만 톤에 그친다. 더구나 다른 지역에서 천이식遷移式 모방 제조를 어떻게 하든지 간에, 마오타이주만이 갖는 독특한 풍미를 재현할 수는 없다. 이것이 바로 〈마오타이의 비밀〉 2단계에서 풀어낼 '품질 코드'다.

1915년 파나마 만국박람회에서 금상을 획득한 이래, 마오타이는 모두 열다섯 차례 국제대회에서 금상을 받았고 스코틀랜드의 위스키, 프랑스의 레미 마르탱 코냑과 이름을 나란히 하는 3대 증류주의 하나가 되었다. 연속 다섯 차례 중국 국가명주 칭호를 얻었으며 '국주國酒'라는 별명에 전혀 부끄럼이 없다. 마오타이 브랜드의 가치는 전 세계 모든 종류의 브랜드를 통틀어도 상위를 차지한다. 마오타이주는 2016년 영국의 저명한 브랜드 평가기관인 '브랜드파이낸스Brand Finance'가 발표한 전 세계 주류 브랜드가치 50강 중에 국제

주류시장의 장기 패자 자리를 차지해온 조니워커 위스키와 헤네시 코냑을 뛰어넘어 당당히 1위를 차지했다.

마오타이주의 브랜드가치는 경쟁이 격화되는 백주 시장에서 풍운을 헤치고 이뤄낸 무적의 보배다. 마오타이주의 비싼 가격은 브랜드가치가 차지하는 비중이 90% 이상일 것이다. 작은 시골 벽지에서 빚어진 마오타이주가 어떻게 이처럼 세계적인 지명도를 얻을 수 있었나? 예부터 내려온 수공 기법으로 만든 전통상품이 어떻게 세계 정상급 브랜드의 영예를 얻을 수 있었는가? 〈마오타이의 비밀〉의 세 번째 단계는 바로 이 '브랜드의 비밀'을 푸는 것이다.

백여 년의 제조와 정화 및 수련을 거친 마오타이주는 독특하고 신비한 기품으로 중국의 명주 중에서도 독보적인 존재가 되었고, 중국 민족 공업의 상징이자 전통문화의 상징적 존재가 되었다. 빛깔이 맑고 광택이 나는 마오타이주는 충만한 향기 속에 깃든 그윽함과 오묘함으로 독특한 표현 능력을 갖게 되었다.

중화민족의 유구한 역사의 견지에서 보자면, 마오타이주의 복잡한 양조법은 농업문명 진화의 깊이를 보여준다. 특색 넘치는 중국 사회의 관점에서 볼 때 마오타이의 우아하고 섬세한 맛과 유장한 풍격은 순수하고 관대한 인문 전통을 전승하는 것이다. 사람과 사람 사이의 교류에서 보자면 마오타이의 존엄하고 고귀한 품질은 품위와 격조와 사람됨을 전해준다. 술에 감정을 이입하기 좋아하는 중국에서 한 잔의 마오타이에는 다양한 문화 요소가 스며들어 있어 말로는 뭐라 표현할 길이 없다. 향기 그윽한 마오타이를 마시는 것은 술을 마심과 동시에 향기 넘치는 문화를 향유하는 것이다. 〈마오타이의 비밀〉이 풀어내는 네 번째 코드가 바로 이 '문화의 코드'다.

마오타이의 비밀을 하나씩 차례로 풀어낸 저자는 마오타이주창의 신비한 역사를 세 단계로 나누었다. 품질의 시대, 브랜드의 시대, 문화의 시대다. 이 세 시대는 시간을 경계로 나눈 것이 아니기 때문에 서로 교차하며 순서가 뒤섞이기도 한다. 파나마 국제박람회에서 금상을 수상하고 중국 공산주의 혁명 과정과 얽힌 역사적 유래, 중국을 알리는 외교사절로서 쌓아올린 브랜드 후광, 집념 있게 추구하는 마오타이의 뛰어난 품질, 그 저변에 쌓인 저력, 마오타이의 황금 브랜드, '국주'로서의 보좌… 이런 역사를 거쳐 품질과 브랜드가 골고루 전성기에 이른 오늘날, '문화 마오타이'가 함께 어우러지면서 거대한 물줄기를 이루게 되었다.

명성을 떨친 지 오래인 컨설팅 전문가 왕중추 선생은 이 책에서 마오타이가 지난 백 년 동안 이룬 영광과 뛰어난 업적에만 천착하고 있지 않다. 그의 눈빛은 이미 마오타이의 앞으로의 백 년을 꿰뚫어보고 있다. 그는 마오타이가 다음 백 년에 직면할 도전으로 인터넷과 스마트폰의 발달이 몰고 오는 신시대의 격랑, 1990년대 이후 태어난 젊은 종업원들과 신세대 소비자 집단의 출현, 종래의 상식과 관행을 뒤엎는 구매방식 등을 지적한다. 마오타이 사람들에게는 백척간두에 서는 것을 두려워하지 않으며 오히려 한걸음 더 나아가는 자세가 요구된다. 마오타이주는 새로운 전기를 마련하고 새로운 스토리를 부단히 빚어내야 한다.

추천사

우리는 백 년의 영광을 이어온 마오타이인들이 미래의 세월에서도 사람들이 찬탄할 마오타이의 새로운 코드를 만들어내길 기대한다. 우리는 꿈을 추구하는 마오타이인들이 반드시 새로운 도전에 성공하고 사람들의 갈채를 받을 것이라 믿어마지 않는다.

왕샤오위王筱宇

베이징 지리吉利학원 교수,

중국 디테일경영연구소 사무국장

차례

3장 매혹의 53도

4장 마시기보다는 향으로 즐기는 술

1 장

세상에는 본디 마오타이가 없었다

술의
기원에 관한
이야기

옥으로 만든 즙 vs 장腸에 구멍을 내는 독약

인류의 오랜 발명품인 술은, 신비롭다는 표현까지는 쓸 수 없을지 모르지만, 후세에 미친 심대한 영향으로 보자면 정녕 위대한 발명품임에 틀림없다. 세계 각지에는 각각의 술이 있고, 먼 옛날부터 문자로 기록돼 전해오는 술의 전설이 있다. 고대 이집트에는 술의 신 오시리스가 있었고, 고대 그리스에는 주신 디오니소스가 있었다. 고대 로마에도 박카스라는 주신이 있다. 중국도 마찬가지로 황제黃帝, 의적儀狄, 두강杜康, 오강伍剛 등 신의 반열에 드는 인물들이 술을 발명했다고 전해져온다. 심지어 야사 기록에는 "황산黃山(안후이安徽성에 있는 중국의 명산-역주)에 원숭이가 많은데, 봄과 여름에 꽃과 열매를 따서 바위 웅덩이에 담아 술을 빚는다. 향기가 넘쳐 수백

걸음 밖에서도 맡을 수 있다" "월서越西(지금의 광둥廣東성 서부 지역-역주) 핑러平樂에는 산 속에 원숭이가 많은데 꽃을 따서 술을 빚는다"는 표현이 나온다.

사실, 최초의 술이 어떻게 탄생했는지는 아무도 모른다. 술의 기원에 관한 모든 설명은 추측과 전설에서 나온 것이다. 비교적 합리적인 설명은 이렇다. 선사시대에 사람들이 과실을 따 먹을거리로 사용하고 난 뒤 남은 잉여물을 보관하는 과정에서 과실이 발효를 하고, 그 속에 사람의 기분을 좋게 만드는 물질이 들어 있다는 사실을 발견하게 되었다. 이것이 바로 술의 기원이다. 선사시대 인류의 양조 활동은 대자연의 자생적인 양조 과정을 그대로 반복하는 것에 지나지 않았다. 인류가 의식적으로 술을 빚게 된 것은 농업문명 시대에 진입한 뒤의 일이다. 인류는 기본적인 식생활을 영위할 만큼 충분한 양식을 보유하게 되었고, 정밀한 질그릇을 만들게 된 데다, 발효를 조절하는 방법을 터득함으로써 술의 생산이 가능하게 되었다.

술의 주성분은 주정酒精, 즉 에탄올이다. 주정이 있으면 술의 제조가 가능하다. 주정의 생성 과정은 극히 간단하다. 당糖이나 녹말이 효소와 반응하면 주정으로 변한다. 여기에 주정과 함께 파생되는 물질들이 보태져 술이 되는 것이다. 이 과정은 사람의 손을 거치지 않고도 자연적으로 완성된다. 다시 말해 최초의 술은 당분이 효모균과 작용하여 자연적으로 생산된 유기물이었다. 자연계에는 당을 함유한 야생 과일이 대량으로 존재한다. 효모균은 공기 중에 있거나 먼지, 과일 껍질 등에 붙어 있다. 여기에 적당한 수분과 온도 등의 조건이 갖춰지면 효모균은 과즙을 술로 변형시킨다.

세계 각지에서 현존하는 술의 종류는 너무나 다양하다. 그러나 생산 방법이라는 기준으로 보면 양조주(발효주)와 증류주, 두 가지 뿐이다. 양조주는 원료의 발효가 완료되는 과정에서 사람이 마실 수 있도록 약간의 처리를 가한 술로, 알코올 도수가 낮은 편이다. 포도주와 맥주, 황주黃酒(소흥주를 비롯한 중국의 전통 발효주-역주), 청주 등이 양조주에 속한다. 양조기법이 상대적으로 간단하기 때문에 역사상 비교적 이른 시기에 생겨났다. 증류주는 발효가 끝난 뒤 다시 증류를 거쳐 생산하는 술로, 알코올 도수가 높다. 중국의 백주白酒와 브랜디, 위스키, 보드카 등이 이 종류에 속한다. 양조공정이 상대적으로 복잡하기 때문에 역사상 출현 시기가 양조주보다 늦다.

최초의 술이 언제 어디서 발명되었는지에 관계없이, 술은 세상에 나온 이래 줄곧 '신'과 '귀신'의 이중 역할을 맡아왔다. 어떤 사람은 술을 옥으로 만든 즙이라 상찬하고, 어떤 사람은 장腸에 구멍을 내는 독약으로 깎아내린다. 똑같이 술이 센 사람이라도 어떤 사람은 '영웅호걸'이라는 영예스러운 별명을 얻지만, 어떤 부류는 '주색酒色의 노예'라는 비난을 받는다. 술 석 잔이 배 속으로 내려가면 어떤 사람은 정신이 고양되고 격정에 불타오르는데, 반대로 어떤 사람은 극도의 우울에 빠져 슬퍼하기도 한다. 시인문객들은 술로 시흥을 일으키고 노래를 짓지만, 장사치나 졸개들은 술로 시름을 푼다. 혹은 발광해 행패를 부리기도 한다. 호걸지사는 술의 힘을 빌려 재능과 책략을 발휘하고 영웅을 논하며 군사를 거느리고 패업霸業을 이룬다. 프롤레타리아 대중은 술로 사람과 사귄다. 술의 힘으로 진심을 털어놓으며 시름을 잊고 생사를 초월한다.

중국은 유구한 역사를 지닌 문명의 발상국이다. 술의 역사와 문화도 깊고 유구하다. 그러나 세계 다른 지역과 마찬가지로 양조 활동이 언제 시작되었는지, 술을 발명한 시조는 누구인지 하는 문제에 대해서는 확실한 답을 내놓지 못하고 있다. 황제가 술을 창시했다, 의적이 처음으로 술을 빚었다, 두강이 여물로 술을 만들었다, 하며 옛날부터 전해오는 이야기는 많지만 그 어느 것도 사료나 증거는 없다. 소문에 소문이 꼬리를 물고 퍼지는 과정에서 전설이 된 것뿐이다. 심지어 조물주가 술을 빚었다거나 원숭이가 술을 만들었다는 전설도 있다. 이는 인류가 자연계에 존재하는 발효 과정으로부터 양조기술을 터득했다는 연역演繹적 추론과는 거리가 멀다. 이런 전설을 곧이곧대로 믿기는 어려울 것이다. 그러나 사람들이 이런 전설을 활용해 술이 갖는 문화적 함의와 신비스런 이미지를 보태왔다는 것은 부인할 수 없다. 두강의 전설이 좋은 예다. 허난河南성의 이촨伊川현과 뤼양汝陽현에는 각각 대규모 양조장이 자리 잡고 있는데, 이곳에서 만드는 술을 모두 두강주라 부른다. 두 곳 모두 전설 속 두강이 술을 빚은 장소로 전해지는 곳이다. 이들 양조장에서 생산되는 두강주를 합치면 연간 수만 톤이 넘는다.

문자로 기록된 최초의 '술의 역사'는 《시경》의 〈칠월편〉에 나온다. 여기에 "팔월이 되면 대추껍질을 벗기고 시월에는 벼를 걷어 봄에 마실 술을 만들고 장수를 빌었다"는 문장이 있다.《사기》에도 은殷의 주왕紂王이 "술로 연못을 이루고 고기를 매달아 숲을 이뤘다以酒爲池,懸肉爲林"라고 적혀 있다. 서역에서는 포도를 이용해 술을 빚는다는 기술도 있다.

중국의 양조 역사가 언제 시작되었는지 정확히 알 수는 없지만한 가지 분명한 것은, 적어도 원元나라 이전의 술은 모두 발효주였다는 점이다. 당시의 양조는 공정이 간단하고 기술이 조악했으며 술의 도수도 낮았다. '주지육림'이란 말이 나온 것도 당시 술 도수가낮았다는 사실과 직결된다. 소설《삼국지》에서 장비張飛가 밤낮없이술을 마시는 것, '시선詩仙 이백李白이 술을 한 말 비우면 시 백 수를짓는다李白斗酒詩百篇'(당나라 시인 두보杜甫의 〈음중팔선가飮中八仙歌〉에나오는 구절-역주)는 호탕한 전설이 전해오는 것 등이 모두 그런 연유에서다. 증류 기술로 빚은 도수 높은 술의 시대로 접어들면 소설《수호지》의 무송茂松이 호탕하게 술 열여덟 사발을 들이켜고 맨손으로 호랑이를 때려잡았다는 식의 영웅호걸담은 생겨날 수가 없다.

세상에 없던 술, 증류주

중국의 증류주 기술은 언제 시작된 것일까? 이에 대해서는 동한東漢, 당唐, 송宋, 원元 등으로 몇 가지 설이 분분하다. 역사 문헌으로보면 송대 이전에는 증류주에 관련된 명확한 기록이 존재하지 않는 게 사실이다. 송대 이전에 쓰인 '소주燒酒'라는 용어는 저온에서 가열 처리한 곡물 발효주를 말한다. '증주蒸酒' 역시 시금의 증류주가 아니라, 술을 가열해 멸균 방부 처리를 함으로써 장기 보존이 가능하게 만드는 것을 말한다. 그러나 원대에 증류 기술이 출현했다는 설은 당시 문헌 기록상의 증거가 있고, 후세의 고고학적 발견으로도 증명이 된다. 명나라 때의 의서 《본초강목本草綱目》에는 다음과 같은 내용이 적혀 있다. "소주의 역사는 오래 된 것이 아니라 원나라 때에 창시됐다. 뻑뻑한 술과 지게미를 시루(찜가마)에 넣고 증기가 끓어오르게 한 뒤 방울방울 떨어지는 술을 그릇에 받아내는 것이다." 장시江西성의 리두李度 우싱당無形堂에는 술을 끓이던 유적이 있다. 원나라 시기에 오랫동안 증류주를 만들던 곳으로, 당시 사용하던 술 저장고와 발효 항아리가 보존되어 있다. 양조 역사를 연구하는 왕사이스王賽時는 몽골인들이 중앙아시아와 서남아시아, 유럽으로 원정하는 과정에서 서방의 증류 기술을 중국 대륙으로 전해왔다고 본다. 이때부터 비로소 중국이 진정한 의미에서의 증류주를 갖게 된 것이다.

원대 이후 명明·청清 시기에 이르는 문학작품을 살펴보면 이백이나 무송과 같은 호탕한 주객들의 이야기가 거의 없다. 이는 당시의 중국이 증류 기술을 갖고 있었음을 뒷받침한다. 중국의 전통 발효 방식으로 만든 술은 알코올 도수가 20도를 넘기기 힘들다. 술이 센 사람이 너덧 근 정도 비우는 건 일도 아니다. 그러나 증류 기술이 전파된 이후에는 가장 휘발성이 높은 재료로 주정을 증류하면 최고 도수 70%의 술도 제조가 가능했다. 물질별로 휘발성이 다르기 때문에 무슨 재료를 사용하느냐에 따라 증류주의 도수가 달라진다. 그렇게 알코올 도수가 높아진 결과, 예사로 열일곱, 열여덟 사발을 비우는 사람은 더 이상 나타날 수 없게 됐다.

원나라 사람들은 새로운 방식으로 만들어낸 술을 '아라지 술阿剌吉酒'이라 불렀다. 이는 외래어를 음역한 것(아라지는 아라비아어 '아라크'를 음역한 것으로 보인다. 이는 증류주를 만들 때 술이 한 방울씩 응결되는 모습이 땀을 연상케 하는 데서 유래된 이름으로, 지금도 아랍 지역에서 술의 종류로 사용되는 용어다-역주)으로 '소주'라는 의미다. '소주'는 1940년까지 중국에서 증류주를 뜻하는 명칭으로 사용되었다. 1949년 신중국 성립 이후 '백주'란 명칭으로 대체되기 전까지는, '소주' 또는 '고량주'란 이름이 널리 사용되었다. 증류주의 통칭이 소주에서 백주로 개칭된 이유는 첫째, 술의 형상이 무색투명의 액체 상태를 띠기 때문이라고 전해진다. 또 다른 이유로는 술을 빚어내는 기법이 중국 전통회화의 '백묘白描'와 일맥상통하기 때문이라고도 전해진다. 백묘는 단일 색조와 소박하고 정갈하며 순정한 질감을 특징으로 한다.

원대에 증류 기술이 전래된 이후 소주가 생산되기 시작했지만 명대를 거쳐 청대 중기에 이르기까지 중국에서 소주를 마시는 사람은 많지 않았다. 어쩌면 당시까지만 해도 중국인의 입과 위장이 알코올 도수의 급격한 변화를 받아들이지 못했는지도 모른다. 소주의 시장점유율은 전통 양조방식으로 만든 황주를 따라가지 못했다.

명나라 시기 전체를 통틀어 황주는 양조기술이 더욱 성숙해져 완성의 경지에 이르렀고 주류시장의 점유율도 절대적인 지위를 차지하기에 이르렀다. 당시 주류업계의 가장 큰 특징은 지역별로 서로 다른 양조 스타일이 형성됐다는 점이다. 남방의 술 생산지와 북방의 술 생산지는 오랜 기간 경쟁 상태에 있었다. '남주북주南酒北酒 시대'라 부를 만한 시기였다.

북주 생산지는 베이징, 허베이, 산시, 산둥, 허난 등으로 넓게 퍼져 있었고 매우 전통적인 방식을 사용한 것이 특징이었다. 심지어 호칭도 전통적 방식에 따랐다. 북방은 애주가가 많고 주량도 센 편어서, 북주의 생산량과 소비량이 남주보다 많았다. 그중에서도 북주의 으뜸은 허베이성 창저우滄州에서 만들어진 창주滄酒로 명대에 전국적으로 이름이 알려졌다. "창주의 명성은 소흥주에 앞선다"는 말이 퍼질 정도였다. 청대 중기로 접어들면서 소주가 유행하기 시작했다. 이미 지명도에서 앞서 있던 창주는 사람들이 주고받는 최고의 선물로 꼽혔다. 이주易酒는 허베이성 이저우易州 지방의 수질 덕을 본 술로, 맑은 샘물처럼 명징한 맛을 내는 것으로 묘사되었다. 명말 청초의 시기에는 그 명성이 절정에 올라, 베이징 도성의 술집에서 크게 유행했다. 사람들은 북주를 논할 때 늘 이주와 창주를 수위에 올렸다.

펀주汾酒(마오타이, 우량예와 함께 중국을 대표하는 백주 브랜드의 하나-역주)의 생산지인 산시山西에서는 황주가 대단히 성행했다. 타이위안太原, 장즈長治와 린펀臨汾의 샹링襄陵은 모두 품질 좋은 황주를 생산했다. 샹링주는 누룩 속에 약재를 첨가하는 개성적인 양조법으로, 한때 펀주의 지명도를 능가하기도 했다. 그러나 시간이 흐르면서 북방의 양조공법은 흔적도 없이 사라졌다. 요즘 사람들은 일세를 풍미한 창주의 산지가 허베이에 있었다는 사실조차 모를 것이다.

남주의 핵심 생산지는 장쑤江蘇와 저장浙江 일대에 분포돼 있었다. 이 지역에서는 새로운 상품을 개발하고 신기술을 사용하며 공정을 혁신했다. 샤오싱紹興의 황주 양조는 전통적인 방법과는 다른 다양한 신기술을 채용했다. 남방 황주만이 갖는 또 다른 특징은 통일적인 양조 규칙에 있다. 각 양조장들은 일찌감치 통일적인 공정을 만들어냈다. 현대적 기법의 생산관리라 할 수 있는 프로세스화와 표준화에 딱 맞아떨어지는 공정이었다. 그리하여 남주는 일찍부터 자신들의 스타일을 형성하고, 점진적으로 북방으로 진출할 수 있었다. 청 초기에는 샤오싱의 황주, 즉 소흥주의 품질이 대폭 향상되면서 전성시대를 맞게 되었다. 소흥주는 베이징과 광둥에도 판매망을 개설했다. 베이징에서는 샤오싱에서 상품上品만을 골라 보내온 것을 관공서에 납품했다. 광둥에서는 현지뿐 아니라 동남아시아 지역으로까지 판매처를 확대했다. 청대 중기에 이르면 남주는 북주를 완전히 제치고 가장 귀한 선물로 꼽히게 되었다.

이 밖에 또 하나의 객관적 요인이 남주의 성공을 뒷받침했다. 무슨 말인기 하면, 남주는 북빙으로 운송되어 가도 그 맛이 변하지 않았다. 더 추운 기후로 옮겨갔으니 원래 맛을 잃을 이유가 없었다. 반면 남방으로 운송된 북주는 남방의 더위를 견디지 못하고 맛이 변질돼버렸다. 남주 가운데 유명한 화탸오花雕나 타이탸오太雕, 뉘얼홍女兒紅의 산지는 저장성 샤오싱 일대였는데, 물과 흙이 황주 양조에 적합했다. 어느 곳에서나 가가호호 통일된 공법으로 황주를 빚었으며 그중에는 대형 양조장도 많았다.

이 무렵 소주를 마시는 사람들은 평민계층에 국한되어 있었다. 상류사회에서는 여전히 황주가 유행했다. "황주는 값이 비싸 한 되를 사지만, 백주는 값이 싸서 말로 산다"고 할 정도로 가격 차이도 컸다. 알코올 도수가 낮은 황주는 입에 닿을 때 단맛이 돌고 소주처럼 독하지 않았기 때문에 일상적으로 편하게 마시는 술로 남녀노소 모두에게 환영을 받았다. 사람들 사이에는 하층민들이 도수가 높은 소주를 마시며 자극적인 것을 좇는다는 인식이 자리 잡고 있었다. 결국 원대에서 청대 초기에 이르는 수백 년 동안 소주는 황주의 지위를 흔들지 못하고 그저 묵묵히 전해져 내려올 뿐이었다.

소주, 황금시대를 맞이하다

청대 강희제康熙帝(재위 1661~1722년) 시기에 와서야 비로소 소주가 사람들에게 호응을 얻을 수 있었다. 소주는 생산량이 해마다 증가한 끝에 황주를 추월했으며 더욱 빈번하게 중국인의 식탁에 오르게 되었다.

소주가 유행하게 된 것은 사람들 입맛이 달라졌기 때문이 아니다. 그 요인은 경제 상황의 변화에 있었다. 첫째로 청대 초기에 황하 중하류 지역에서 대대적인 치수사업이 이루어졌는데, 제방을 쌓고 강물을 막았다가 한꺼번에 방수하여 강바닥에 쌓인 토사를 흘려보내는 방식이었다. 여기에는 짚단이 대량으로 소요되었고, 그만큼 수수의 재배 면적도 대폭 늘어날 수밖에 없었다. 수수, 즉 고량은 직접 식용으로 하기에는 맛이 별로 좋지 않은 곡식이다. 그러나 고량으로 증류주를 빚으면 다른 곡식을 재료로 할 때보다 품질이 월등하고 알코올 도수도 높아진다. 결국 수수를 원료로 하는 소주의 출현은 다른 곡식으로 빚는 술을 소멸시켰다.

청 중기 이후 곳곳에서 일어난 전란으로 농작물 수확에 심각한 피해가 생긴 것도 황주 생산에 영향을 끼쳤다. 황주를 빚는 원료인 기장이나 찹쌀이 식량으로 삼기에도 부족한 지경이 되었기 때문이다. 황주의 생산량은 급격히 줄어들었다. 하지만 소주를 만드는 쪽은 상황이 달랐다. 수수는 식용으로는 부적절하지만 술을 빚어 팔면 농민들에게 과외의 수입을 안겨줄 수 있었다.

또한 당시는 사회경제적 퇴조로 사람들의 생활수준이 심각하게 후퇴하던 때였다. 사람들은 대부분 원가가 상대적으로 낮은 소주를 선택하게 되었다. 황주는 값이 비싼 데다 알코올 도수가 낮아, 취할 정도로 마시려면 큰돈이 드는 술이었다. 반면 소주는 값이 저렴하면서도 알코올 도수가 높아서 한꺼번에 많이 마시기 어려웠다. 사람들은 황주 대신 소주를 마심으로써 돈을 아낄 수 있었고, 이는 오랜 음주습관의 변화로 이어졌다. 결국 소주는 수백 년에 걸친 경쟁에서 황주를 누르고 중국인에게 가장 중요한 술로 떠올랐다.

소주의 높은 알코올 도수는 본래 사람들이 마시기를 꺼리는 중요한 원인으로 작용했다. 그러나 특이하게도, 사람들이 도수 높은 소주를 한 번 받아들이기 시작하니 그 추세가 멈춰지지 않았다. 점점 더 많은 사람들이 소주의 강한 자극을 좇기 시작했고, 알코올 도수가 높을수록 더 좋은 술로 받아들였다. 술이 센 사람은 도수 높은 술이 아니면 아예 거들떠보지도 않게 되었다. 이처럼 사람들이 술의 도수를 추구함에 따라, 소주 양조는 도수 경쟁으로 변해갔다. 청의 대시인이자 미식가인 위안메이袁枚는 식도락에 대한 명저인《수원식단隨園食單》에 이렇게 썼다. "소주를 마시고 나니 흉한 것도 아름답게 보인다. (중략) 내가 보기에 소주는 세상의 무뢰한이요, 탐관폭리다. 한판 싸움을 벌이는 것은 무뢰한이 아니면 안 되고, 도적을 척결하는 것은 탐관폭리가 아니면 안 된다. 감기를 쫓아내고 체한 속을 뚫어주는 것은 소주가 아니면 안 된다."

소주가 최초의 황금시대를 맞았을 때, 주된 생산지는 중국의 북방 지역이었다. 그중에서도 으뜸은 산시山西성으로, 산시 중에서도 펀양汾陽 지역이 생산량과 양조장 수가 가장 많았다. 가장 먼저 유행한 소주는 펀주였다. "시장에서 파는 술은 펀주가 가장 많다"는 기록이 있다. 현지인들은 펀주를 화주火酒라 불렀다. 청대 소설《경화연鏡花緣》에 나오는 술집의 상품 목록을 보면 55종의 소주가 나오는데, 그중 펀주가 가장 윗자리에 등장한다. 술 생산량이 적은 고장에서 외지의 술을 사와야 할 경우, 사람들은 모두 펀주를 선택했다.

당시에는 아직 브랜드 개념이 없을 때였다. 술을 마시는 사람은 고관대작에서 평민 백성에 이르기까지 특정 상표에 대한 호불호가 없었다. 북방인들은 빼갈(白干·고량)과 얼궈터우(二鍋頭·이과두), 그리고 산시 사람들이 경영하는 다주강大酒缸을 주로 마셨다. 남방 사람들은 잡곡주와 다취주大麯酒를 마셨다. 그 어떤 소주도 전국적인 지명도를 얻지는 못했고, 유명세로 인해 구하기 어려운 술도 없었다. 사람들은 무슨 술, 무슨 술에 얽매일 필요가 없다고 생각했고, 어떤 술이든 오랜 기간 마시며 익숙해지면 다 좋은 술이라고 생각했다. 어떤 사람들은 마실 때 입에서 독한 맛이 없고, 두 잔을 마실 때쯤 약간의 술기가 오르는 술이면 합격점을 주었다. 사람들은 과도하게 브랜드에 집착하거나 입속에 털어 넣는 찰나의 맛 때문에 큰 돈을 들이는 것에 값어치를 두지 않았다.

중화 서남부 지방의 소주는 중화민국 시대가 열린 뒤에야 비로소 '오랜 부름에 응하듯' 무거운 발걸음을 떼고 중국 술 역사의 무대에 등장했다. 가장 먼저 구이저우마오타이가 파나마 만국박람회에 참가해 금상을 획득한 것을 계기로 사람들에게 알려지기 시작했다. 루저우濾州, 진주錦竹, 취안싱全興 등 쓰촨四川성 각지의 다취주들이 그 뒤를 이어 점점 세력을 형성해나갔다. 랑주郎酒나 우량예五糧液 등 후발주자도 뒤를 따라 명주의 반열에 올랐다.

항일전쟁이 터지고 중화민국 국민정부가 충칭으로 이동한 뒤 서남지구 인구가 폭발적으로 팽창했다. 전란으로 인해 외지의 술은 충칭으로 들어오지 못했다. 이에 따라 서남지구의 소주 생산량이 급증하고 고관대작과 문인들의 성원에 힘입어 명성을 떨쳤다. 중화민국 시기에는 "외교 의전에 마오타이가 아니면 술이 나오지 않는다"는 말이 생겨났다. 시안西安사변이 터져 저우언라이周恩來가 옌

안延安에서 시안으로 날아갔을 때 장쉐량張學良이 내놓은 술이 바로 저우언라이가 좋아하는 마오타이였다. 항일전쟁 승리 이후 마오쩌둥이 충칭으로 날아가 담판을 벌일 때 장제스蔣介石가 손님을 맞으며 내놓은 술 역시 마오타이였다. 또한 1935년, 대장정 중에 중국 공산당의 공농홍군工農紅軍이 마오타이진에서 세 차례 츠수이허赤水河를 건널 때 마오타이와 맺은 떼려야 뗄 수 없는 인연은, 마오타이가 훗날 '국주國酒'의 지위를 얻는 데 중요한 밑바탕이 되기도 했다. 이 이야기는 나중에 상세하게 기술할 것이다.

마오타이진의
소주

작은 산골 마을의 귀한 술

　중국 다른 술들의 산지와 마찬가지로, 구이저우 북부의 첩첩산중 속에 있는 마오타이진에도 술 제조에 관한 유구한 전설이 내려온다. 다만 언제부터 술을 빚기 시작했는지에 대해서는 검증해볼 수 있는 아무런 근거가 없다.

　마오타이진의 양조와 관련이 있는 전설 가운데 가장 오래된 것은 진秦, 한漢 시기로 거슬러 올라간다. 그 내용은 서한의 개국 황제인 유방劉邦과 그의 증손인 한무제漢武帝와도 관련이 있다.

　초楚와 한이 패권을 다투던 시기, 유방 휘하의 부대에 푸랴오濮獠 출신 병사들이 많이 있었다. 이 푸랴오가 바로 오늘날의 마오타이진이다. 푸랴오 병사들은 성을 공격하고 진지를 빼앗는 전투에서 범상치 않은 용맹을 발휘했다. 특이한 점은 유방의 대군이 남방에서 북방으로 이동한 이후 많은 장병들이 수질과 토질에 적응하지 못할 때, 오직 푸랴오 사병들만이 새로운 환경에 빨리 적응함으로써 유방이 전공을 세우는 데 큰 힘이 되었다는 것이다. 알아보니 그들은 고향에서부터 가지고 온 '신의 물'을 갖고 있었다. 기운과 담력을 북돋우고 몸을 보양해 준다는 '구장枸醬'이었다.

그렇다면 마오타이진에는 한대 이전부터 '구장'이라 불리는 일종의 술이 있었음을 유추해볼 수 있다. 그러나 이는 전설에 불과할 뿐 사료적 근거가 없다. 더구나 세부적 내용들은 수없이 수정된 것이다. 많은 병사들이 구이저우 고향에서부터 갖고 온 대량의 술이 전쟁을 통해 중국 대륙의 남북으로 전파됐다는 게 역사적 사실일까? 2000년 전의 진한시대에서는 상상하기 어려운 일이다. 대량의 군수품 공급은 현대전에 와서야 가능한 일이다.

또 다른 이야기는 《사기史記》의 〈서남이열전西南夷列傳〉에 나오는 것으로, 한무제와 관련이 있다. 기원전 135년(서한 건원建元 6년), 서한의 사절 당몽唐蒙은 사신으로 남월南越에 갔다. 그를 접대하기 위한 연회에서 당몽은 처음으로 구장주를 마셨다. 그 맛에 탄복한 당몽이 어디서 온 것이냐고 묻자, 서북쪽의 짱커牂牁에서 가져왔다는 답이 돌아왔다. 짱커는 오늘날 마오타이진이 속하는 런화이仁懷시를 말한다. 당몽은 장안長安으로 돌아온 뒤 짱커에 대해 조사한 끝에 짱커강에 배를 띄워 나아가면 남월의 수도인 판위番禺를 공격할 수 있다는 사실을 알게 되었다. 그는 한무제에게 짱커강을 통해 남월을 치자고 건의해 승인을 받았다. 당몽은 황제의 명을 띤 사신으로서 짱커강 주변의 야랑국夜郞國으로 가 병사와 길을 빌리는 방안을 협상했다. 당몽은 이 기회에 예전에 맛본 구장주를 장안으로 가져가면 틀림없이 한무제도 구장주의 맛에 감탄할 것이라고 생각했다. 그러나 사서에는 실제로 당몽이 구장주를 한무제에게 헌상했다는 내용의 기록이 남아 있지 않다.

청 도광제道光帝 연간에 런화이 직예청 동지同知(구이저우성 직속 런화이 사무소 책임자라 생각하면 된다-역주)였던 진희진陳熙晉은 이에 관해 시를 한 수 남겼다. "미인이 술잔을 내오니 여지나무 심은 강변에 나쁜 기운 사라지네. 한나라 사신이 구장 맛을 알더니 당몽이 시부鰼部(구장의 생산지 지명-역주)까지 왔구나." 이 시는 당몽이 구장주를 구하러 오늘날의 마오타이진까지 갔다는 고사를 소재로 한 것이다.

2011년 5월 정식으로 세상에 나온 '한장주漢醬酒'는 바로 이 고사를 바탕으로 만들어낸 일급 상품이다. 이 밖에도 마오타이진에는 '구장주창'이란 이름의 술 회사가 있는데, 이 회사의 이름 역시 구장주에 얽힌 고사와 관련이 있다.

그런데 구장주가 미오티이주의 원형이라고 해도, 오늘날의 마오타이주와 비교하면 천양지차가 있다. 양조기술의 역사를 보면 2,000여 년 전은 아직 증류주 기술이 세상에 출현한 때가 아니기 때문이다. 따라서 당시의 구장주는 발효주에 속한다고 단언할 수 있다.

마오타이는 고대 푸랴오 부락이 위치한 곳이다. 원말 명초에 와서야 비로소 마오타이촌이라는 이름이 지어졌다. 현지 역사 자료에는 '부지런히 황무지를 개간하고 경작지를 일궈 작물 생산력이 늘고 고을은 번성했다'고 기록되어 있다. 하지만 진정한 부유와 번영을 누린 것은 명대 이후의 일이다. 전해져 내려오는 이야기에 따르면 마오타이 지방은 16세기 말에 와서야 양조기술을 익히고 술도가를 보유하게 되었다. 이는 역사적 사실과도 부합한다. 양조업의 발달과 잉여 농산물의 발생은 매우 밀접한 관계가 있다. 먹는 문제가 해결되지 않고서는 대규모 양조산업이 생겨날 수 없다.

18세기 초 강희 연간에 양조업이 흥성했고 '회사回沙'(2장에서 자세히 설명한다-역주)라 불리는 증류주 기술이 완성되었다는 기록이 있다. 그러나 마오타이란 지명이 사람들에게 알려지게 된 것은 18세기 중엽에 들어서다. 지금은 술의 고장으로 천하가 다 아는 지명이 되었지만 당시만 해도 마오타이는 첸베이黔北 지역(구이저우성 북부를 가리키는 말-역주)에서 비교적 이름이 알려진 고을 중 하나일 뿐이었다. 더구나 그 유명세란 것도 지금처럼 술 때문이 아니라 소금 운반 덕분이었다.

청조 건륭乾隆 10년(1745년)에 구이저우의 총독 장광스張廣泗는 츠수이허에 수로를 개설해 쓰촨四川에서 나는 소금이 구이저우로 들어오게 해야 한다는 상소를 조정에 올렸다. 일 년간의 공사가 끝난 뒤 배 운항이 시작되자 츠수이허 하안河岸에 위치한 마오타이진은 첸베이의 교통 거점이 되었다. 쓰촨의 식염은 츠수이허 수로를 통해 들어와 마오타이에서 짐을 부렸다. 마오타이는 이제 런안仁岸이라 불리게 되었다. 마오타이진은 쓰촨 소금이 구이저우로 들어오는 네 거점 중의 하나가 되었다. 수륙이 이어지고 팔방의 상인들이 몰려들면서 마오타이에는 소금을 운반하는 마방馬幫(말에 짐을 싣고 떼를 지어 다니며 장사하는 사람들-역주)과 선단의 왕래가 끊이지 않았다. 마오타이는 "촉蜀(삼국시대 촉나라의 본거지였던 곳으로, 지금의 쓰촨성 지방을 가리키는 말-역주)의 소금은 구이저우로 가고, 진상秦商(산시陝西 상인을 가리키는 말-역주)은 마오타이로 모인다"는 말이 나올 정도로 번창했다. 구이저우성으로 들어온 소금의 3분의 2는 마오타이에서 각지로 운송되었다. 마오타이진은 첸베이의 물자 집산지로서 널리 명성을 알리게 되었다.

염업의 발전은 양조업의 발전과 양조기술의 혁신에 좋은 자극제가 되었다. 처음에는 마오타이진의 소금 상인들이 직접 빚은 소주를 팔기 시작했다. 맛이 좋고 독특한 향기를 가진 마오타이진의 술은 소금과 함께 마방들에 의해 외지로 팔려나가기 시작했다. 마오타이 사람들은 집에서 술을 만들어 팔고 배를 이용해 소금을 실어 날랐다. 마오타이진의 양조업은 급성장했고, 급기야는 소금업의 명성을 능가하게 되었다. 가경嘉慶 연간(1796 1820년)에 마오타이의 양조업은 상당한 규모로 성장했다. 《쭌이遵義부지府誌》에는 이런 기록이 나온다. "마오타이주는 런화이성城 서쪽 마오타이촌에서 만든 술로서 구이저우성에서 제일가는 술이다. (중략) 마오타이의 소방燒坊(소주를 생산하는 양조장-역주)은 20곳을 넘고 거기서 사용되는 곡식은

2만 석에 이른다."

　1840년 마오타이 지역의 백주 생산량은 170톤을 넘어섰다. 그때까지의 중국 양조 역사에서 첫손에 꼽는 생산 규모를 기록한 것이다. 마오타이주의 독특한 회사 공법은 이 무렵 성숙 단계에 이르렀다.

　초기의 소방은 대단히 조악한 형태였다. 공정은 일반적으로 제국制麴, 발효醱酵, 고주烤酒, 저존儲存 등 몇 개의 부분으로 구성된다(마오타이주 공정에 대해서는 2장에서 상세히 기술한다-역주). 사용되는 설비래야 제국에 쓰이는 모구模具, 발효에 쓰이는 교지窖池, 즉 발효조와 고주에 사용하는 시루와 저존용의 대형 옹기 등 몇 가지에 불과하다. 소방의 규모는 그리 크지 않아서 1,000m³ 정도면 소방치고는 큰 축에 들어갔다. 일반적으로 앞쪽에는 매장, 뒤편에는 양조장이 배치됐다. 모든 양조공정이 수작업으로 이루어지는 까닭에 소방의 생산량에는 한계가 있었다. 대다수 소방의 연간 생산량은 원주原酒가 수백 근을 넘지 않는 수준이었다. 극히 일부의 소방들에서 연간 수만 근 이상을 생산하게 된 것은 훗날의 일이다.

　마오타이진에서 언제 처음 소방이 나타났는지는 아직 명확하게 고증된 사실이 없다. 명대에 편찬된 《오씨鄔氏족보》에 마오타이진에 관한 기록이 일부 전해질 뿐이다. 여기 실려 있는 오씨 주거지의 지형도에 술을 빚는 공방이 표시되어 있다. 오씨 가문은 명대 만력萬曆 27년(1599년) 전란을 평정한 이화룡李化龍을 따라 마오타이에 정주했다. 따라서 마오타이진에서 그 이전부터 제대로 된 형태의 양조장이 운영되고 있었음을 알 수 있다.

1990년 마오타이진과 런화이 현성縣城 사이에 있는 산바이티三百梯에서 비석이 출토됐다. 여기에는 '청 건륭 49년 마오타이 게성주호偈盛酒號'라는 글자가 새겨져 있었다. 이는 1784년에 '게성주호'라는 이름의 양조장이 일정한 규모로 영업을 하고 있었음을 의미한다. 전하는 바에 따르면 게성주호에서 생산된 소주는 이미 강희40년(1704년)에 정식으로 마오타이주라고 명명되었다고 한다. 그 외에도 게성주호와 관련된 문자 기록이 남아 있다. 대만에서 생산되는 위산玉山마오타이주도 게성주호에서 유래한 것이라 한다. 하지만 훗날 덧붙여 지어낸 이야기일 가능성이 있어 신빙성에는 의문이 남는다.

고증의 근거가 남아 있는 또 다른 소방은 '대화大和소방'이다. 현존하는 마오타이진의 양류완楊柳灣에는 청 가경 8년(1803년)에 만든 화자로化字爐(필요가 없어진 서류 등을 태우는 화로-역주)에 기부금을 낸 사람들의 명단이 주조되어 있는데, 거기에 '대화소방'이란 상호명이 적혀 있다. 이 기록으로 볼 때 대화소방은 마오타이진에서 비교적 대규모로 술을 생산하던 주방酒坊의 하나였을 것으로 생각된다. 대화소방과 관련한 다른 문자 기록은 별로 남아 있지 않다.

1854년 구이저우 북부의 퉁즈桐梓 농민이 봉기를 일으켰다. 청 조정은 진압군을 파병했다. 이후 2년 동안 마오타이진은 여러 차례 전란에 휩싸여 폐허가 되다시피 했다. 오씨 주방과 게성주호, 대화소방도 이때 피해를 입었을 것이다. 그러나 마오타이 소주의 전통은 이미 확립된 상태였다. 비록 소방이 파괴되더라도 살아남은 기술자들에 의해 마오타이 소주의 품질과 명맥이 이어졌다. 태평천국의 명장 스다카이石達開는 1860년대에 일곱 차례나 런화이에 와서 "무수히 많은 진주가 옹기 한 개에 담겨 있다. 군주라 해도 여기에 오면 머리를 숙인다. 붉은 뱀(츠수이허를 가리킨다-역주)이 하늘을 떠받치는 기둥을 들어 올리고 장강長江 물을 역류시켜 모두 마셔버렸다"는 만고의 명구를 남겼다. 필시 적지 않은 마오타이주를 마신 뒤 흥에 겨워 쓴 글임에 틀림없을 것이다.

전설의 3대 소방

청조 동치同治 연간에 마오타이진의 소방은 전란을 이겨내고 재건되었다. 그 후 세 곳의 대형 소방, 즉 청이成義소방과 룽허永和소방, 헝싱恒興소방이 차례로 생겨났다.

청이소방의 원래 명칭은 청위成裕소방으로 동치 원년(1862년)에 설립됐다. 창립자는 함풍咸豐 연간(1851~1861년) 향시鄕試에 합격했던 화롄후이華聯輝였다. 화롄후이의 원적은 장시江西 린촨臨川이었는데, 그의 조상은 강희 말년에 구이저우로 와서 상업에 종사한 뒤 쭌이遵義에 정착했다. 화롄후이는 원래 구이저우에서 첫손을 꼽던 소금 상인으로 '융룽위永隆裕'란 상호를 썼다. 그의 조모 팽彭씨는 일찍이 마오타이진의 맛 좋고 향기로운 술을 마신 적이 있었다. 그 술맛을 그리워하며 잊지 못하던 팽씨는 외지로 나가 장사를 하던 손자에게 마오타이의 소방에 가서 술을 사다 달라고 부탁했다. 화롄후이는 마오타이에 도착한 뒤 이미 양조를 그만두고 폐가가 된 소방을 발견했다. 그는 땅을 매입한 뒤 술 장인을 찾아내 원래 장소에서 술을 빚게 했다. 이 술을 맛본 할머니는 젊은 시절 마셔본 바로 그 미주의 맛과 똑같다고 기뻐했다. 그리하여 화롄후이는 소방을 재건하기로 결정했다. 당초 화씨의 소방에서 만든 술은 집안 사람들끼리 나눠 마시고 손님을 접대하는 용도에만 사용했으며 연간 생산량은 백 근 정도에 지나지 않았다. 그러나 차츰 화씨소방의 술을 찾는 사람이 줄을 잇자 비즈니스 마인드가 뛰어난 화롄후이는 즉시 외부 영업을 시작하면서 이름을 '청이소방'으로 개명했다. 여기서 생산한 소주는 '회사回沙 마오타이'라 이름 붙였다. 청이소방은 삼대를 거치는 동안 확장을 거듭했다. 파나마 만국박람회에서 금상을 획득한 뒤에는 연간 생산량이 9,000kg에 이르렀다. 1944년 찬첸川黔, 샹첸湘黔, 디안첸滇黔 도로(각각 구이저우성과 쓰촨, 후베이, 윈난성을 잇는 도로-역주)가 잇달아 개통된 뒤에는 연간 생산량이 21,000kg으로 뛰어올랐다. 청이소방이 생산한 '회사 마오타이'는 창시인의 이름을 따 '화마오華茅'라고도 불린다. 이것이 바로 1915년 파나마 만국박람회에서 금상을 수상한 그 상품이다.

청이소방이 창립된 지 10여 년 후 스룽샤오石榮霄, 쑨취안타이孫全太와 톈허天和 소금상 주인 왕리푸王立夫 등 쭌이 지방의 지주 세 사람이 공동으로 '룽타이허소방'을 차렸다. 1915년 쑨취안타이가 주주에서 물러난 뒤, 소방은 그의 이름에서 따온 '타이' 자를 지우고 '룽허소방'으로 개명했다. 1927년 왕리푸가 병으로 세상을 떠나자 소방은 스룽샤오 혼자서 관장하게 되었다. 룽허소방의 연평균 최대

생산능력은 1만 2,000kg을 넘었으나 부실한 관리로 인해 실제 생산량은 5,000kg 안팎에 머물렀다. 스룽샤오는 원래 왕王 씨였으나 양아버지의 성을 따라 스石 씨로 바꿨다. 그 뒤 소방을 계승한 손자들은 원래의 성으로 돌아갔다. 그런 연유로 룽허소방에서 생산된 소주는 '왕마오王茅'라 불린다. 왕마오는 1915년 마오타이주가 파나마 만국박람회에서 금상을 획득하는 데 기여했다. 당시 청이소방과 룽허소방의 상품은 모두 '중국 구이저우 마오타이주'라는 같은 이름으로 출품됐다.

룽타이허 소방이 성립된 후 반세기가 흘렀다. 마오타이진에는 역사적으로 중요한 또 하나의 소방이 등장했다. 1929년 구이양貴陽 사람인 저우-빙헝周秉衡이 마오타이에서 '헝창衡昌소방'을 설립한 것이다. 훗날 그가 아편 거래에 손을 댔다가 파산한 후 소방의 자산을 모두 빚을 갚는 데 써버리는 바람에 소방의 술 생산은 8년간 중단되기도 했다. 그러다 1938년 민족자본가 라이융賴永과의 합작으로 '다싱大興실업공사'를 창립했다. 라이융은 8만 인위안銀元(중화민국의 옛 화폐 단위, 일반적으로는 다양大洋이라 불렸다-역주)을 출자했다. 1941년 헝창소방의 모든 지분이 라이융에게 넘어가면서 소방은 '헝싱恒興소방'으로 개명됐다. 1947년에는 생산량이 3만 2,500kg에 이르렀다.

젊은 시절부터 상업에 손을 댄 라이융은 특산물 거래로 집안을 일으켰다. 1949년 신중국 수립 직전에는 이미 구이양의 신흥 부호로 은행을 세우고 광산을 경영하면서 정계에 뛰어들어 구이양시 참

의원이 되었다. 현대적 비즈니스 마인드가 뛰어난 라이융은 처음으로 휴대가 간편하도록 개량한 술독을 채용했을 뿐 아니라, 개성 있는 포장 도안을 만들고 '라이마오賴茅'란 상표를 등록했다. 라이마오는 끊임없이 광고와 마케팅을 펼쳤고, 한때 홍콩으로까지 판매망을 넓히기도 했다. 그러나 파나마 만국박람회보다 10여 년 늦게 창립했던 탓에 박람회 금상 획득의 후광은 누리지 못했다. 그럼에도 불구하고 후발주자 라이마오의 생산능력은 화마오와 왕마오를 훨씬 앞질렀다. 신중국 수립 이전에 마오타이진에서 가장 실력을 갖춘 소방을 보유했던 라이마오는 훗날 마오타이주창이 창립될 때 가장 중요한 창업 멤버가 되었다.

이런 과정을 거쳐 형싱소방은 선발주자인 청이 및 룽허에 조금도 밀리지 않는 명성을 지니게 되었고, 세 곳의 상품은 모두 다 마오타이주라 불리게 되었다. 1947년 출판된 〈런성仁聲 월간〉에 세 소방의 광고가 동시에 게재되었는데 광고의 형식이나 규모에 차이가 거의 없었다. 세 소방 모두 광고의 첫머리에 '진정한 마오타이주'란 문구를 쓰고 그 아래 각자의 고유 상호를 기재했다. 또한 큰 활자로 각각 '화마오' '라이마오' '왕마오'라 표기하고 마지막에다 각자의 주소와 전화번호를 인쇄했다. 실로 '삼모정립三茅鼎立'이라 부를 만한 양상이 1950년대 초반 세 소방이 하나로 합쳐질 때까지 이어졌다. 훗날 이름을 만천하에 떨치게 될 마오타이주창은 이 세 소방의 합병으로 탄생하게 된다.

'소방'이 빚어낸
파나마 엑스포
금상

만국박람회에서 술병을 깨뜨린 사연

1915년 미국은 파나마 운하 개통을 경축하며 서부 도시 샌프란시스코에서 파나마 태평양 만국박람회(약칭 파나마 만국박람회)를 개최했다. 파나마 만국박람회는 1915년 2월 20일에 개막하여 12월 4일 폐막할 때까지 9개월 동안 전시를 계속했고, 총 관람객 수는 1,800만 명을 넘었다. 엑스포 사상 최장 전시 기간, 최다 관람객 수의 기록이었다.

주최 측은 일찌감치 중화민국 정부에 출품을 요청했다. 일 년 전부터 관계자를 베이징으로 보내 중국의 참가를 설득했다. 중화민국 정부가 성립된 초기여서 국내 정국이 불안정했지만 베이징 정부는 신생 중화민국을 국제무대에 알리는 좋은 계기로 삼고자 했다. 농상부는 1914년 4월 파나마 박람회 참가에 관한 업무를 전담하는 부서를 출범시켰다. 각 성에도 박람회 출품을 준비하는 조직을 출범시키고 정관을 제정한 뒤 박람회에 출품시킬 상품을 모집했다. 2개월 후 농상부는 10만 건이 넘는 출품 후보 상품을 심사하기 위한 인원을 세 그룹으로 나누어 각 성에 파견했다.

마오타이진 청이소방의 화마오주, 룽허소방의 왕마오주는 구이저우성의 특산품으로서 출품작 후보의 대열에 뽑혔다. 농상부는 화마오와 왕마오를 합쳐 '마오타이 주조공사'의 이름으로 '마오타이주'라는 통일된 상품을 출품하기로 결정했다.

파나마 만국박람회에 출품된 세계 각지의 명주들이 전시장에 구름같이 모여들었다. 포장을 비롯한 외관이 소박한 마오타이는 사람들의 이목을 끌지 못했지만, 맛과 향기만으로 심사위원들의 탄복을 이끌어내고 금상을 수상했다.

마오타이의 파나마 만국박람회 금상 수상과 관련해서는 유명한 일화가 있다. 성난 중국인 요원이 술독을 깨뜨린 게 주효해 금상으로 이어졌다는 이야기다. 무슨 말인가 하면, 박람회에 처음으로 출품된 마오타이는 전혀 심사위원들의 눈길을 끌지 못했다. 마오타이주의 포장이 너무나 평범해 눈에 띄지 않았던 탓도 있지만, 중국술은 원래부터 서양인 심사위원들의 안중에 없었다. 주류 심사가 열리는 마지막 날, 한 명의 중국 대표가 마오타이주는 상을 받을 가능성이 거의 없다는 사실을 알게 되었다. 그의 마음 한구석에서 결코 용납할 수 없다는 기분이 일었고, 다급해진 마음속에 한 가지

계책이 떠올랐다.

중국 대표는 도자기 항아리에 담긴 마오타이주를 들고 뛰어갔다. 박람회에서 가장 붐비는 곳에 도착한 그는 실수인 척하며 술병을 바닥에 떨어뜨렸다. 순식간에 마오타이의 짙은 장향이 사방으로 퍼지면서 적지 않은 관객들의 주의를 집중시켰다. 중국 대표는 이 기회를 틈타 사람들에게 마오타이를 맛보게 했다. 이 일은 커다란 화젯거리가 되어 박람회장에 퍼졌다. 마오타이주의 진열대는 장사진을 이루게 되었고 구입 희망자도 속출했다. 마오타이주의 향기는 주류 심사위원들을 놀라게 했고, 중국에서 온 명주를 다시 평가하지 않을 수 없었다. 결국 마오타이주는 수상의 영예와 함께 금의환향했다.

이 아름다운 일화가 지금까지 전해 내려오는 것은, 파나마 만국박람회 금상에 빛나는 마오타이의 영광이 많은 사람들의 땀으로 만들어낸 결과라는 사실을 말해주기 때문이다. 하지만 오늘날의 시각으로 보면 마오타이주가 성공을 거둔 근본 원인은 역시 뛰어난 품질에 있다고 해야 할 것이다. 파나마 만국박람회에서 상을 받은 이후 100여 년간, 마오타이주는 국내외에서 무수히 많은 상을 휩쓸었다. 주류업계뿐 아니라 다른 업종과 비교해봐도 마오타이의 수상 실적은 선두 자리에 있다. 마오타이가 받은 상 가운데 일부는 상금이나 영향력에서 파나마 만국박람회에서의 금상을 훨씬 앞지른다. 1953년 홍콩과 마카오를 경유해 국제소매시장에 진출한 이래, 마오타이주는 150여 개 국가에 보급되었다. 중국의 전통주 가운데 수출량과 수출 대상 국가의 수가 가장 많을 뿐 아니라, 수출량 1톤당 순이익을 가장 많이 남기는 술이 되었다. 백 년 전 겨우 걸음마를 시작하던 때와 달리 지금의 마오타이는 전 세계 최일류 브랜드와 어깨를 나란히 하고 있다. 만국박람회 이후 백 년 동안 마오타이가 거둔 찬란한 성공은 백 년 전의 수상이 우연이나 잘못된 결정이 아니라 오로지 실력에 의한 것임을 증명하고도 남는다.

왕마오와 화마오 분쟁의 속사정

파나마 만국박람회 금상 수상으로 명성을 떨치기는 했지만 그것으로 마오타이의 도약이 저절로 이루어지는 것은 아니었다. 세계 최고의 미주美酒를 생산하는 마오타이의 각 소방은 여전히 조악한 수준의 전통 양조장에서 벗어나지 못했다. 값이 비싼 탓에 마오타이주는 여전히 보통의 서민들의 식탁에 오르기 힘들었고, 많은 사람들이 이렇게 비싼 술과 그들의 생활은 무관한 것이라 여겼다. 마오타이의 명성이 국내외에 퍼졌다고는 해도 그것은 제한적인 계층에만 국한되는 이야기였다. 절대 다수의 중국인, 심지어 뼛속까지 주당酒黨임을 자처하는 사람들까지도 아직은 마오타이가 어떤 물건인지 모르던 때였다. 일부 지방의 애주가들 중에는 마오타이의 맛과 향이 그다지 뛰어난 게 아니라고 저평가하는 사람들도 있었다.

그러나 이미 마오타이를 알고 있던 사람들에게는 새삼 마오타이의 가치를 재인식하는 계기가 되었고 마오타이의 발전 잠재력을 실감하기 시작했다. 마오타이주를 둘러싼 논쟁과 조화, 보수와 혁신, 중시와 경시, 찬양과 배척이 함께 떠돌아 다녔다.

왕마오와 화마오는 역사적 가치는 물론 장래에 커다란 경제적 가치를 가져올 수 있는 파나마 만국박람회 수상의 영예를 독점하려 했다. 박람회에 출품된 마오타이주는 원래 왕마오와 화마오가 따로따로 제공한 것이다. 하지만 농상부의 심사 과정에서 두 곳의 상품이 맛이나 향기, 제조 기법상의 차이가 거의 없다고 판단하여 실제로는 존재하지 않던 '마오타이 주조공사'란 이름을 달고 하나의 상품으로 출품한 것이었다. 유사한 상품 두 가지를 함께 출품함으로써 발생할 수 있는 혼란을 방지하고, 국제 관행에도 맞추기 위한 결정이었다. 그러나 단 한 개뿐인 수상 증서는 어떻게 처리할 것인가? 화마오와 양마오 양측은 3년간을 이 문제로 다퉜으나 결론을 짓지 못하고 최후에는 행정당국에 제소했다. 처음 이 문제를 맡은 런화이현 정부도 판단을 내리지 못하고 구이저우성으로 올려 보냈다. 1918년 성 정부는 구이저우성장 명의의 '공서령公署令'으로 분쟁이 결말을 지었다.

"이 안건을 심사해보니, 애초에 한 회사 명의로 출품을 한 까닭에 상장과 메달은 하나씩밖에 없다. 제소한 각 측에는 각자 그럴 만한 사정이 있겠지만, 이제 와서 상을 둘로 나눌 수도 없고 상을 다시 받는 것도 불가능하다. 이런 까닭에 지사知事는 상장과 메달을 두 주조업체에 주지 말고 현縣 상회商會사무소에 인도하여 진열함으로써 분쟁이 더 이상 일어나지 않도록 할 것을 명한다. 룽허와 청위

양측은 공동 수상자이므로 각자의 상표나 선전물에 상장과 메달을 인쇄할 수 있다. 이상의 결정을 준수하기 바란다."

이에 따라 상장은 관공서에 귀속하는 것으로 결정되었고 두 업체는 지존의 영예를 공유하는 것으로 화해했다. 왕마오와 화마오 모두 파나마 만국박람회 금상을 받았다고 선전할 수 있게 됨에 따라 상하이에서 발행되는 〈신보申報〉 등의 매체에 광고를 냈다. 두 업체는 수상을 축하하는 의미에서 각자 1915년에 만든 마오타이주를 밀봉해 별도로 보관했다. 이때 봉입된 술은 1995년 파나마 만국박람회 80주년 기념 행사에서 '80년 진양陳釀(빈티지라는 뜻-역주) 마오타이주'라는 이름으로 화려하게 세상에 나왔다.

중화민국 시기, 마오타이주는 구이저우에서 한 병당 2인위안가량에 판매되었다. 초등학교 교사의 월급보다 약간 더 높은 가격이었다. 이 때문에 마오타이주는 고관대작이나 맛을 볼 수 있을 뿐, 일반 서민에게는 그림의 떡이었다. 그들은 누군가가 마오타이주의 뛰어난 맛을 칭찬하는 것을 귀동냥하는 게 고작이었다. 1920년대에 잠시 구이저우를 장악한 군벌 저우시청周西城은 구이저우의 관·민 모두에게 명망이 높았다. 그는 구이저우의 정치권력과 군권을 손에 쥔 동안, 안으로는 교통 발전과 재정 정비, 실업 장려와 탐관오리 척결을 꾀하고, 밖으로는 전란 대비와 비적 토벌에 힘을 쏟았다. 3년간의 짧은 기간이었지만 그는 낙후와 빈곤, 전란과 자포자기 등 구이저우에 대한 부정적 인식을 상당히 개선시켰다. 또한 중국 대륙 서남부의 작은 성을 선진 지역의 대열에 진입시킴으로써 '남쪽의 구이저우와 북쪽의 산시山西'란 말이 이 시기 융성하는 지방의 대명사처럼 불리게 했다.

　그러나 저우시청에게는 두 가지의 결점이 있었다. 첫째는 인사의 편중이었다. 그는 고향 퉁즈桐梓의 친지들을 대거 성 정부의 관원으로 등용했다. 두 번째는 마오타이주를 너무 좋아하는 것이었다. 그는 평소 마오타이주를 대량으로 구입한 뒤 성 바깥의 고관들에게 구이저우 특산품으로 선물했다. 구이저우 민간에서는 이런 풍자가 나올 정도였다. "내정 방침: 고위 관리는 모두 퉁즈에 있다. 외교 의전: 마오타이가 아니면 술이 없다." 여기서 한 가지 사실을 엿볼 수 있다. 마오타이주는 이때부터 이미 군벌들이 주최하는 연회에서 진품珍品으로 대접받고 있었다는 점이다.

　물론 마오타이의 진가를 알아보지 못하는 사람들도 있었다. 1935년 우한武漢의 수정판綏靖辦 주임 허쉐주何雪竹가 쓰촨에 가서 서남 군벌 류샹劉湘을 만났다. 류샹은 허쉐주가 돌아갈 때 대량의 회사마오타이를 선물했다. 이 마오타이는 실로 상등품이었다. 발효조의 틈은 질이 좋은 강 진흙으로 평평하게 메운 뒤 찹쌀로 쑨 풀로 완벽하게 밀봉했다. 발효된 술에 '불기운'이 남지 않게 하기 위한 것이다. 그리고 나서 소형 도기에 옮겨 담은 뒤 뽕나무 껍질로 만든 종이로 외부를 봉했다. 하지만 강남江南의 황주를 마시는 데 익숙해 있던 허쉐주는 마오타이주를 높이 평가하지 않았다. 마오타이주에 전혀 흥취가 없었을 뿐 아니라 술독도 촌스럽게 생각했다. 그는 마오타이주 선물을 우한으로 가져간 뒤 한구석에 처박아놓았다. 오랜 시간이 지난 뒤 문득 생각이 떠올라 방치해둔 마오타이를 다른 사람에게 주었다. 이미 상등품 마오타이주가 절반은 증발되어 사라지고 난 뒤였다.

1946년, 후발 마오타이주의 으뜸인 '라이마오'가 다른 사업에서 번 자금을 이용해 상하이上海와 충칭重慶, 우한武漢, 광저우廣州, 창사長沙 등지에 마오타이 소매점을 열고 높은 매상을 기록했다. 라이마오에 자극을 받은 청이소방 역시 대도시에 자사 상품인 화마오 판매상을 열었다. 룽허소방도 충칭과 구이양貴陽 등지에서 전통의 식품점 타오샹춘稻香村 체인을 통해 왕마오를 팔기 시작했다. 이 시기에 이르러 마오타이주의 외지 판매가 시작되긴 했지만 그 양은 여전히 미미했다. 가장 많이 팔린 라이마오조차 상하이에서의 판매량은 연간 만 근을 넘지 못했다.

세계에 향기를 퍼뜨린 100년

마오타이주가 파나마 만국박람회에서 금상을 받은 것을 가장 오랫동안 적극적으로 활용한 기업은 훗날 설립된 마오타이주창이다. 신중국 초기, 마오타이주창이 창립된 이후 파나마 만국박람회에서의 금상 수상 실적은 마오타이주가 마오타이진을 벗어나 구이저우를 넘어 전 중국 대륙을 향해, 더 나아가 세계를 향해 뻗어나가는 동안 자신을 알리는 데 사용한 '최고의 명함'이었다. 전력을 다해 파나마 금상 수상의 역사적 가치를 발견해냄으로써 마오타이주의 문화적 함의를 풍부하게 만들고 마오타이주의 브랜드 이미지를 높였다.

오랜 시간 마오타이주창은 파나마 만국박람회 금상을 받은 사실을 소중히 여기고 그 가치를 드높여왔다. 박람회에서 함께 상을 받은 다른 기업들을 후회하게 만들 정도로 수상 실적을 기업 활동에 적극 활용했다. 마오타이주창의 파나마 박람회 기념 활동은 한 차례도 끊인 적이 없었다. 1986년에는 인민대회당에서 '구이저우마오타이 파나마 국제박람회 금상 획득 70주년' 경축행사가 열렸다. 일개 기업이 국가적 행사가 열리는 공간인 인민대회당에서 성대한 행사를 개최하는 것은 예나 지금이나 좀처럼 볼 수 없는 일이다. 그 이후로도 베이징과 구이양에서, 또 마오타이진의 본사에서, 심지어는 해외에서 매 10년 간격으로 마오타이 임직원들은 성대한 기념 행사를 개최하고 있다. 2015년에는 '세계에 향기를 퍼뜨린 100년, 민족의 부흥과 함께'라는 주제 아래 홍콩을 시작으로 모스크바와 밀라노 등 유럽을 거친 뒤 마지막에 100년 전 파나마 박람회 개최지인 샌프란시스코에서 100주년 기념 행사를 개최했다. 11월 12일은 샌프란시스코에서 '마오타이의 날'로 지정되기도 했다. 일개 중국 브랜드가 세계를 향해 나아가는 길에서 빛나는 기념비를 세운 것이다.

다른 상품들도 박람회에서 함께 상을 받았는데 왜, 오로지 마오타이만 이를 줄곧 기념하면서 수상의 효과를 극대화하고 있는 것일까?

파나마 금상은 줄곧 마오타이 사람들의 정신적 지주이자 마오타이주창의 기업문화를 형성하는 가장 중요한 요소가 되어왔다. 파나마 금상은 마오타이 임직원들이 시련과 좌절을 두려워하지 않고 가치와 전통을 지켜나가며 미래를 향해 나아가도록 힘을 북돋워주었다. 마오타이인의 내면세계에서 파나마 만국박람회 금상은 자신들을 가로막고 있던 큰 산을 뛰어넘어 스스로의 상품 가치와 브랜드 가치를 인식하고 현대 글로벌 비즈니스 세계로 나아가는 문을 열어젖히게 한 원동력이었다. 또한 마오타이인들에게 자신감과 책임감을 불러일으킨 원천이기도 했다. 세대가 바뀌는 동안 마오타이인들은 금상의 가치를 극대화하는 것이 곧 역사를 존중하고 영광을 소중히 하며 문화를 계승하는 것인 동시에 민족 브랜드의 발전과 확대에 책임을 다하는 것이라고 인식했다.

더욱 중요한 사실은, 마오타이인들이 결코 파나마 만국박람회 금상의 영예에 도취하지 않고 그 영광을 생명과 같이 소중히 여겼다는 사실이다. 그들은 제품 품질에 우직하게 집착했고, 빛나는 역사를 이어나갔다. 상품의 생명력을 유지하고 마오타이주를 더 높은 수준으로 끌어올렸다. 설립 초기 연간 생산량 100톤이 안 되는 향촌의 공방으로 출범한 마오타이주창은 이제 연간 생산량 1만 톤의 현대 기업으로 발전했다.

지난 100년간 이루어낸 찬란한 업적은 마오타이를 파나마 만국박람회 금상에 선정되었을 때의 기대를 저버리지 않고 그 초심에 부응했음을 의미한다. 마오타이는 파나마 금상의 힘을 빌려 상품 가치를 최대한도로 끌어올렸다.

홍색의 낙인

홍군, 대장정의 길에서 마오타이를 만나다

　대장정에 오른 공산당 중앙홍군이 1935년 3월 마오타이진에 도착했다. 이들은 마오타이주에 홍색의 낙인을 깊이 새겨놓았다.

　쭌이遵義회의(1935년 1월 구이저우성 쭌이시에서 개최한 중국 공산당 정치국 확대회의. 이 회의를 통해 노선투쟁에서 이긴 마오쩌둥이 처음으로 중국 공산당의 실권을 잡았다-역주) 이후 새롭게 전열을 가다듬고 깃발을 높이 든 중앙홍군은 투청土城과 타이핑太平 일대에서 두 차례 츠수이허를 건너면서 쳰베이의 퉁즈와 러우산관樓山關을 공략하고 쭌이를 재점령했다. 그 후 다시 쭌이를 출발해 쉼 없이 강행군한 끝에 마오타이진에 도착해 짧은 휴식과 정비의 시기를 가질 수 있었다.

　3월 16일 중앙홍군의 선두부대가 마오타이진으로 입성한 뒤, 마오타이 소학교 운동장에서 간략한 집회가 열렸다. 행사가 끝난 뒤 중앙군사위원회 정치부는 마오타이주를 가장 많이 생산하는 청이와 룽허, 헝싱 세 소방의 입구에 포고문을 붙였다. 병사들이 마오타이주 생산에 손실을 입혀서는 안 된다는 내용이었다. "민족 상공업의 발전은 장려되어야 마땅하며 우리 군의 보호 범위에 속한다. 사영 기업이 생산하는 마오타이주는 품질이 뛰어나고 파나마 만국박람회에서 금상을 받아 나라에 영광을 안겼다. 우리 군은 주창의 술을 공정하게 구입할 것이다. 화로와 술창고, 시루, 술단지 등 일체의 설비를 보호할 것이며 절대로 파손해서는 안 된다. 우리 군 장병 전원은 이를 엄중히 준수하기 바란다."

자고로 군과 술은 떼려야 떼기 어려운 관계다. 출정에 나설 때 술로써 독려하고, 전장에서는 술로써 사기를 북돋웠으며, 개선의 날에는 술로써 전공을 축하했다. 역대 문학작품 중에도 "맛 좋은 포도주 야광배 담아 마시려니 말 위에서 비파 소리 재촉한다葡萄美酒夜光杯欲飮琵琶馬上催"(당나라 시인 왕한王翰의 칠언절구 양주사凉州詞에 나오는 구절-역주)와 같은 기술을 쉽게 찾아 볼 수 있다. 홍군 역시 대장정 도중 주향酒鄕으로 이름난 고장을 지나며 술로 시름을 달래기도 했다. 마오타이진에 도착했을 때에도 휴식의 시간이 주어졌기 때문에 홍군은 술을 마셨다. 홍군을 환영하기 위해 마오타이진의 큰 소방들은 제각기 향기 그윽한 소주를 내왔다. 홍군 장병들은 제값을 주고 술을 사서 마셔야 한다는 지침이 있었다. 소방의 재산에 피해를 주지 말라고 강조한 것은 홍군의 일관된 규율에 따른 것이었다.

홍군 부대에는 노동자와 농민의 자제가 많았다. 그들 대다수는 마오타이진에 도착하기까지 이 가난한 시골 마을에서 그 유명한 마오타이주가 만들어지고 있다는 사실을 알지 못했다. 더구나 그 술이 만국박람회에서 금상을 받은 사실을 아는 사람은 더더욱 없었다. 그러나 박학다식한 홍군의 고위 간부들은 마오타이의 명성을 익히 알고 있었다.

홍군의 여전사 리젠전李堅眞은 이렇게 회고했다. "장정 도중 마오타이진을 지날 때 현지에서 생산되는 술을 마시고 피로를 씻어냈다. 이를 본 저우언라이周恩來 동지가 '무슨 술이냐'고 물었지만 우리는 '모른다'고 대답했다. 그는 '이게 바로 파나마 만국박람회에서 금상을 받은 마오타이 술'이라고 가르쳐주었다."

마오타이진에 가장 먼저 도착한 홍군 부대는 제3군단 11연대였다. 연대 정치위원 왕핑王平은 장병들에게 "마오타이진에는 대단히 훌륭한 술이 있다. 그러나 아무리 술맛이 뛰어나다고 해도 결코 군기를 흐리는 일이 있어서는 안 된다"고 거듭 훈계했다. 마오타이진에서는 거의 모든 가정에서 술을 만들었으며 몇몇 가정의 저장고에는 수십 년씩 묵은 술도 보관돼 있었다. 마오타이진에 도착한 11연대 장병들은 사람을 혹하게 하는 주향酒香에 이끌렸지만, 함부로 주민의 집에 들어가 술을 내놓으라고 요구하는 사람은 단 한 명도 없었다. 왕핑은 강변에서 영업 중이던 술집에서 4인위안을 주고 술을 사서 장교와 사병들에게 나누어 주고 맛보게 했다.

홍군 총정치부에서 통신반장을 맡은 쩌우옌鄒衍은 당 중앙군사위원회의 직속 기관을 따라 마오타이진에 진주했다. 그는 한 오래된 술가게에 커다란 술독이 여러 개 있는 것을 보았다. 술독마다 소주가 가득했고 향기는 술독 바깥으로 퍼져 나왔다. 이 술이 병을 낫게 하고 피로를 풀어준다는 말을 들은 그는 술값을 치른 뒤 병사들로 하여금 술독에서 적당량의 술을 퍼가게 했다. 원래 쩌우옌은 술을 한 방울도 못 마시는 체질이었지만 도대체 마오타이주가 어떤 맛인지 궁금했다. 병사들의 권유에 따라 몇 모금을 삼켰더니 순식간에 입안과 혀가 바짝 타는 느낌이었다. 밤에는 낮 동안의 행군으로 인한 피로가 몰려왔음에도 불구하고 쉽게 잠을 이루지 못했다. 쩌우옌은 괜히 술을 마셨다고 후회했다. 다음날 행군을 하던 도중 큰비를 만났다. 산 중턱까지 반쯤 올라간 상태에서 병사들은 추위와 배고픔에 떨었다. 이때 누군가 술을 꺼냈다. 쩌우옌도 병사들과 함께 몇 모금의 술을 마셨다. 그랬더니 곧바로 피로가 싹 날아가는 것을 느꼈다. 그는 이 술이 경우에 따라 대단히 큰 도움이 된다는 것을 알게 되었다.

병사들을 치료하고 피로를 씻어준 술

군사위원회 산하 보급 담당부서는 4인위안에 죽통 두 개 분량의 마오타이주를 구매하는 것으로 가격을 정했다. 홍군은 그 가격에 따라 소방 주인들에게 값을 지불한 뒤 병사들이 마실 술을 크고 작은 술독에 담아 주둔지로 운반했다.

홍군 간부 중에서는 저우언라이가 특히 술을 잘 마셨다. 그의 주량은 사람들을 놀라게 할 정도였다. 그는 홍군 중에서 둘째가는 주량이라 말했다. 추측컨대 감히 저우언라이보다 술이 세다고 말하는 사람은 아무도 없었을 것이다. 훗날 항일전쟁에서 승리한 뒤 국민당과 벌인 충칭 담판 기간에 저우언라이는 술이 약한 마오쩌둥毛澤東을 대신해 많은 술을 마셨다. 그럼에도 불구하고 그의 설봉舌鋒은 예리했다. 혼자서 천 명의 군사를 물리치는 격이었다.

다시 대장정 기간인 1935년으로 이야기를 되돌리면, 저우언라이는 3월 17일 새벽 마오타이진에 도착했다. 번잡한 일들을 끝낸 그는 늘 그랬듯이 술 몇 잔으로 피로를 달래려고 생각했다. 저우언라이의 회상에 따르면 낮에 한두 잔만 마시려고 시작한 것이 어느덧 스물다섯 잔을 넘겨버렸다. 그럼에도 정신은 말짱했다. 오히려 더욱 술맛이 돋은 그는 마오쩌둥과 장원톈張聞天을 불러 소방을 구경하러 나갔다. 일행이 도착한 소방에는 마침 책임자가 부재중이었고 직공들도 자리를 비우고 집사 한 사람만 남아 있었다. 일행은 그의 안내로 짙은 술 향기가 풍겨 나오는 양조장과 저장고를 둘러보았다. 동행한 경호원에게는 다년간 숙성된 술을 사서 주둔지에 가져가 홍군 병사들이 나눠 마시게 했다.

주량이 적은 류보청劉伯承(1892~1986년, 항일전쟁과 국공내전에 공을 세우고 훗날 중앙군사위 부주석을 지냈다-역주)은 츠수이허 3차 도하 직전 저우언라이와 함께 세 사발의 술을 마시며 무운을 빌었다. 이는 고아한 선비풍의 류보청이 술을 마셨다고 해서 전해오는, 매우 보기 드문 사례 중 하나다.

술을 마심으로써 피로를 씻어내는 것 외에, 마오타이주는 병사들의 질병과 상처를 낫게 하는 용도로 쓰이기도 했다. 끝없는 행군으로 많은 홍군 병사들이 병들고 상처를 입었지만, 의사도 없고 약도 귀한 상황이었다. 사치스럽게 들릴지도 모르지만 술로 상처를 소독하는 것은 그리 나쁘지 않은 선택이었다.

나중에 여성 장군이 된 리전李眞은 이렇게 회고했다. "1935년 3월, 대장정 중이던 우리는 구이저우 런화이현 마오타이진에 도착했다. 먼 길을 행진하는 동안 피로가 누적되었고 장제스 부대의 추격과 포위망으로부터 잠시나마 멀어진 상태였기 때문에 모두가 한동안 편히 쉬고 싶어 했다. 그곳의 술이 뛰어나고 향기롭다는 이야기를 듣자 다들 크게 기뻐했다. 술을 받자 손발과 얼굴에 비벼대는 사람도 있었다. 그러자 근육의 긴장이 풀리고 피가 잘 통하게 되어 전신이 편안해졌다. 술을 마신 뒤에는 긴 행군의 피로도 금세 사라졌다. 감기가 들고 설사에 시달리던 동지도 증세가 호전되었다."

유명 작가 청팡우成倣吾는《장정 회고록》가운데 이렇게 썼다. "군사 상황이 긴박했기 때문에 술을 그다지 많이 마시지는 않았다. 술은 주로 행군으로 지친 발을 마사지하는 데 사용했다. 신기히게도 마오타이주로 발을 비비니 피로가 싹 가셨다. 모두가 칭찬을 아끼지 않았다."

저우언라이는 훗날 충칭에서 작가 야오쉐인姚雪垠에게 말했다. "1935년 장정 대오가 마오타이에 도착했을 때 현지 군중들은 마오타이주를 내놓고 우리를 환영해주었다. 병사들은 마오타이주로 발을 문질렀다. 상처를 소독하니 아픔이 가시고 염증이 가라앉았다. 마오타이주를 마시니 설사가 멈췄다. 의사도 없고 약품도 부족한 상태에서 오는 곤란한 사정들을 마오타이가 해결해주었다. 홍군이 대장정에서 승리를 거둘 수 있었던 데에는 마오타이주의 큰 공로를 무시할 수 없다."

긴 안목으로 보면, 홍군이 마오타이진에서 휴식을 취한 동안 일어난 일은 훗날 마오타이주가 영광스러운 지위를 누리는 데 매우 중요한 역할을 했다. 홍군 병사들은 오래 전부터 소문으로만 듣고 있던 명주 마오타이를 실제로 맛보게 되었고, 그 짜릿한 맛과 강렬한 향은 홍군 병사들에게 평생 잊을 수 없는 기억을 남겼다. 그들의 마오타이에 대한 애정은 세월이 갈수록 깊어졌다. 이는 훗날 마오타이주의 영향력 확대에 크나큰 역할을 했다.

1949년 10월 1일, 중화인민공화국 수립을 경축하는 연회가 베이징호텔에서 열렸다. 이 행사의 책임자는 저우언라이였다. '일의 성패는 디테일이 결정한다'는 신념의 소유자 저우언라이는 요리사에서부터 메뉴, 술 종류 등을 하나하나 직접 챙겼다. 마오타이주의 맛과 향을 단 하루도 잊지 못하던 그가 개국 리셉션의 연회주로 선택한 술은 단연 마오타이주였다. 십수 년 전 홍군 병사들의 부르튼 발을 씻고 상처를 낫게 해준 마오타이주가 새 공화국의 건국 축하주가 된 것이다. 마오타이주에 새겨진 '붉은 낙인'이 이때에 비로소 눈부신 빛을 발했다.

마오타이주의
새로운 탄생

위기의 소방, 국유화로 길을 찾다

구이저우가 공산당의 통치하에 들어가기 직전인 1949년, 마오타이진에 있는 3대 소방, 즉 청이와 룽허, 형싱의 생산 조건은 상당히 열악했다. 세 곳 소방을 합쳐 발효조는 모두 41개(청이 18, 룽허 6, 형싱 17)가 있었고 증류 가마는 5개(청이 2, 룽허 1, 형싱 2)였다. 또 원료를 분쇄하는 석구石臼(돌절구) 11개(청이 4, 룽허 3, 형싱 4)와 석구를 끄는 말이나 노새가 36마리(청이 15, 룽허 9, 형싱 12) 있었다. 1949년 소방 세 곳의 생산량을 합해도 고작 20톤에 지나지 않았다.

세 소방은 양조공정을 모두 사람의 손에 의지하고 있었다. 소방의 직공들은 세 직급으로 분류되는데 가장 직급이 높은 사람은 발효에서 '구태勾兌'(일종의 블렌딩. 2장에서 상세히 설명한다-역주)까지의 각 단계별 기술을 지도하는 책임자로 '주사酒師'라 불렸다. 매달 받는 임금은 7~8인위안 정도였다. '이파수二把手'(2인자란 뜻으로 중국어에서는 여러 분야에서 지금도 이 용어를 많이 쓴다-역주)라 불리는 그다음 직급은 각 단계별 책임자인 주사를 보조하는 것이 주 역할이었다. 임금은 5~7인위안 정도였다. 가장 아래 직급은 '잡공雜工'이라 불렸다. 누룩 만들기, 물과 짐 운반, 절구 관리, 청소, 제초, 술병 세척 등 잡다한 일을 하고, 매월 임금으로 3~4인위안을 받았다. 직공은 정규직과 임시직의 두 종류가 있었는데, 주사와 이파수는 대부분 정규직이지만 잡공은 대체로 임시직이었다. 비교적 규모가 큰 청이와 형싱에는 대략 40~50명의 직공이 있었다. 그중 정규직은 열 명에서 스무 명 사이였다. 규모가 작은 룽허의 경우 정규직이 여섯 명 정도일 때도 있었다. 직공들은 정해진 출근 시간이 없었는데 이는 술을 만드는 공정의 특수성 때문이었다. 대신 임금은 일정한 금액을 받았다. 누룩 만들기는 직공 한 사람이 하루에 1석石(약 50kg) 분량의 밀을 밟았다. 증류는 하루에 일곱 차례를 쪘는데 한 번에 한 시간 반 이상 걸렸다. 직공의 하루 노동 시간은 줄잡아 13~14시간이었다.

　세 소방은 품질 관리를 위해 대단히 엄격한 기준으로 직원을 고용했다. 두 가지의 필수 조건과 여섯 가지 불합격 조건이 있었다. 여섯 가지 불합격 조건은 방회幇會에 가입한 사람, 소문이 안 좋은 사람, 불성실한 사람, 영리하지 못한 사람, 결혼 경력이 있는 사람, 인근에 사는 사람 등이었다. 두 가지 필수 조건은 소개자의 보증이 있어야 하고, 반드시 시험 채용 기간을 거쳐야 한다는 조건이었다. 세 소방 모두 새로운 직공을 고용할 때에는 먼저 임금부터 결정했고, 어느 곳도 독단적으로 임금 인상을 하면 안 된다는 규약이 있었다. 초보자를 채용한 경우에는 먼저 3년 동안 말에게 먹일 풀을 뜯고, 말이 절구를 끌도록 하는 일을 2년 동안 담당한 후에야 비로소 술 빚는 공정에 진입할 수 있는 기회가 주어졌다.

1949년 11월 공산당과 국민당이 중국 서남부의 각 성을 장악하기 위해 싸운 '서남전역'이 일어났다. 시국 불안으로 마오타이진의 소방 대부분이 가동을 중단했다. 공산당 인민해방군은 1950년 2월 다시 마오타이진에 진주했다. 공산당이 국민당으로부터 마오타이진을 탈환하고 주변 일대에서 활개 치던 무장 토비를 소탕함으로써 마오타이진의 치안과 질서가 정상 회복되었다. 그러나 소방의 생산은 여러 가지 원인으로 곧바로 복구되지 못했다. 새로이 구성된 런화이현 인민정부는 세계적 명주의 생산을 이어가기 위해 소방에 대한 지원책을 내놓았다. 세 소방에 옛 화폐 2,400만 위안(중화민국의 구권 1만 위안은 신중국의 새로운 화폐인 인민폐 1위안에 해당)을 대출해 주고 밀 3,000kg을 제공해 생산 재개를 지원했다. 그러나 오랜 기간에 걸친 전란으로 퇴보한 소방의 생산 상황은 단시간에 호전될 기색이 보이지 않았다.

별다른 도리가 없는 상황 속에서 런화이현 공산당위원회와 인민정부는 상급 조직인 쭌이 지구와 구이저우성 정부의 전매 담당 부서에 파나마 만국박람회 금상 수상에 빛나는 소방 중 하나인 청이

소방의 국유화를 건의하고 동의를 받아냈다. 국유화를 통해 마오타이주의 생산을 촉진하려는 의도였다. 1951년 런화이현 세무 및 전매국장 왕샨자이王善齋는 청이소방 업주 화원취華問渠와 인수 협상을 벌였다. 런화이현 명사인 저우멍성周夢生이 보증인으로 입회한 가운데 양측은 1951년 6월 25일과 11월 8일 두 차례에 걸쳐 계약을 체결했다. 첫 번째 계약은 소방 작업장의 부동산 양도, 두 번째 계약은 부수 가옥의 양도에 관한 것이었다. 런화이현 전매국은 구권 1억 3,000만 원(인민폐 1만 3,000위안에 해당. 세금 등 1,000위안 포함)에 청이소방 전체를 인수하고, 11월 8일 두 번째 계약을 체결할 때 비용 전액을 지불했다. 인수된 청이소방의 토지와 부동산, 재물은 토지 1,800평방척과 증류용 가마 2개, 발효조 18개, 말 5필과 생산 공구 일부, 책걸상, 가구 등이었다.

인수 작업이 끝나자 구이저우성 전매사업공사 런화이마오타이주창이 설립되었다. 약칭은 마오타이주창으로 하고 왕산자이 국장이 관리를 대행했다. 1951년 말 런화이현 염업판매처 간부 장싱중張興忠이 마오타이주창의 초대 공장장으로 부임해 생산과 경영의 책임자가 되었다. 새롭게 출발한 마오타이주창은 청이소방의 종업원 두 명과 직공 아홉 명의 고용을 그대로 승계하고 외부로부터 관리직 간부와 직공을 추가 영입했다. 초기 직원 수는 합계 39명이었다. 이로써 마오타이주창의 새로운 장정이 시작되었다.

1951년 초 룽허소방의 전 자산은 런화이 현정부에 몰수되었다. 마오타이주창이 설립된 지 2년 뒤, 런화이현 재정위원회는 몰수된 룽허소방을 정리해 마오타이주창에 편입시키기로 결정했다. 자산은 작업장 토지와 증류용 가마 1개, 발효조 1개, 노새 1마리로 평가액은 구권 500만 위안(당시 인민폐 500위안에 해당)이었다. 이로써 파나마 만국박람회에서 금상을 받은 또 하나의 소방인 룽허소방도 마오타이주창의 일부가 되었다. 파나마 박람회 금상의 계승권은 당연히 새로이 설립된 마오타이주창으로 넘어갔다.

상대적으로 탄탄한 실력을 갖추고 있고 경영 상황도 양호했던 헝싱소방은 런화이현 정부 측의 여러 차례에 걸친 경제적·물적 지원에 힘입어 생산을 유지해나갔으나, 1952년 결국 정부에 접수되었다. 1952년 12월 구이양시 재경위원회는 '라이융추 헝싱주창의 자산 접수에 관한 통지'를 발표하고 헝싱소방을 마오타이주창에 합병시키기로 했다. 헝싱소방의 주주 대표인 웨이링韋嶺은 1953년 2월 헝싱소방의 옛 종업원 집회를 소집했다. 이 자리에서 마오타이주창 공장장 장싱충은 헝싱소방 합병에 관한 문건을 읽어 내려갔고 종업원들은 만장일치로 합병을 지지했다.

집회가 끝난 뒤 헝싱소방의 자산인 누룩 공방 33간, 증류용 가마 2개, 발효조 17개, 말 12마리, 원숭이 1마리 등 모두 합쳐 구권 2억 2,500만 위안(인민폐 2만 2,500위안 상당)의 자산이 마오타이주창으로 넘어갔다. 이에 따라 마오타이진의 3대 소방 가운데 가장 규모가 컸던 사영 소방이 국유화되고 구이저우성 전매사업관리국 산하의 런화이마오타이주창으로 합병되었다. 새로운 마오타이주창은 총면적 약 4,000km²에 발효조 41개, 증류로와 가마 5개, 석구 11개,

말과 노새 35마리, 그 밖에 약간의 설비를 보유하게 되었다.

백주의 이름을 얻다

　중화인민공화국이 건국된 1949년은 중국사의 분수령이었다. 오래고 낡은 중화대지의 모든 것이 새롭게 일신하는 천지개벽의 변화가 일어났다. 마오타이진에 있던 유구한 역사의 양조장들도 자연히 변화의 물결에 휩싸였다. 전통의 세 소방은 마오타이주창이라는 이름으로 통합되었다. 마오타이주는 새롭게 다시 태어났다. 이 변화가 위대한 가치를 갖는 것임은 역사적 견지에서 입증되었다. 당연하게도 마오타이주창은 마오타이주를 빚어온 선인들의 창조와 공헌을 잊을 수 없다. 마오타이진에 있는 국주문화성에는 청이소방의 설립자 화롄후이, 헝싱소방의 설립자 라이융추, 룽허소방의 설립자 스룽샤오의 동상이 세워져 있다. 세 사람은 마오타이주창의 후배들과 함께 마오타이주의 새로운 영광을 향유하고 있다.

　마오타이주는 신중국과 함께 성장하기 시작했다. 1952년 9월 베이징에서 신중국 최초의 전국평주회評酒會(술 품평 대회-역주)가 열렸다. 그전까지 소주 혹은 고량주 등으로 불리던 명칭을 대체하는 '백주'라는 이름이 등장한 것이 바로 이 품평회에서다. 곡물을 주된 원료로 삼고 대국大麴이나 소국小麴 혹은 부국麩麴(각각 보리누룩, 밀누룩, 밀기울누룩을 말한다-역주) 등을 당화발효제로 사용하며 증자蒸煮, 당화, 발효, 증류 등의 공정을 거쳐 만들어지는 증류주는 모두 백주라는 이름으로 통일되었다.

백주는 중국 고유의 술로서 브랜디, 위스키, 보드카, 진, 럼 등 세계 각지의 다른 증류주와 확연히 구별된다. 독자적인 분류 체계를 갖추기에 충분할 정도로 품종이 다양하고 맛과 향이 서로 다르다. 전국평주회를 개최하는 목적은 백주의 생산기술을 발전시키고 품질을 향상시켜 중국의 백주가 하루 빨리 국제 무대에 진출해 세계의 증류주들과 경쟁하도록 만드는 데 있었다.

중국의 백주 생산지는 헤아릴 수 없이 많다. 하지만 그 당시 일정 정도 이상의 규모를 가진 양조회사의 수는 아주 적었다. 신중국 초기 양조공업은 이제 갓 정리와 회복을 시작하는 단계였다. 국가에 접수된 소수의 관료자본가 기업을 제외한 대다수 주류기업은 여전히 개인이 경영을 계속하고 있었다. 이런 상황에서는 체계적인 선발과 추천을 통한 지원이 불가능에 가까웠고 평주회 주최 측이 품평 대상이 될 만한 술을 수집하는 것도 쉬운 일이 아니었다. 실제로 제1회 평주회에서 대상으로 삼은 것은 시장 판매를 통해 검증된 신뢰도와 화학 분석 결과를 바탕으로 추천된 술에 한정되었다.

백주, 황주, 과실주, 포도주 등 전국에서 모인 103종의 술이 품평 대상에 올랐다. 품질이 우수하고 고급주로서의 표준에 부합하며 위생 기준을 충족하는지의 여부, 전국 대부분의 사람들에게 환영받고 호평을 얻고 있는지의 여부, 역사가 길며 전국적 판매 시장을 확보하고 있는지의 여부, 제조 방법이 독특하고 모방하기 어려운 지역적 특징을 갖추고 있는지의 여부 등 4가지 기준에 따라 심사한 결과

평주회는 중국의 8대 명주를 선정할 수 있었다. 마오타이는 그중에서도 단연 선두였다.

1949년 개국대전 이후 마오타이주는 매년 국경절 리셉션에서 항상 '국연國宴 지정주'로 선정되었다. 많은 외국 지도자들도 마오타이주를 호의적으로 평가했다. 특히 대장정 당시 마오타이진에 가본 적이 있는 홍군 병사들은 마오타이에 대해 더욱 강한 애착을 가졌다.

신중국 건국 당시의 지도자들 가운데 마오쩌둥은 술이 약한 편에 속했다. 하지만 술을 잘 못 마신다는 사실은 마오쩌둥의 마오타이주에 대한 관심과 애정에 아무런 영향을 미치지 못했다. 1949년 12월 마오쩌둥이 소련을 방문하는 중에 스탈린이 70회 생일을 맞았다. 마오쩌둥은 스탈린에게 줄 선물로 차량 가득히 당근, 파, 사과 등 농산물을 싣고 갔고, 비록 자신은 술을 좋아하지 않지만 나라를 대표하는 예물로 마오타이주를 선물하는 것을 잊지 않았다. 1950년 초 마오쩌둥이 귀국할 때, 스탈린은 답례품으로 자신의 이름을 딴 스탈린 자동차공장에서 만든 고급 자동차를 마오쩌둥에게 선물했다. "마오타이주가 고급차로 둔갑해 왔다"는 말은 중국 공산당사에 기록된 외교의 전설이자 마오타이주창에 오래도록 전해져 내려오는 미담이 되었다. 마오쩌둥은 1958년 3월 쓰촨성 청두成都에서 열린 공산당 중앙정치국 상무위원회 확대회의를 소집했다. 그는 회의가 열리지 않는 틈을 이용해 구이저우성 공산당 서기인 저우린周林을 데리고 두보초당杜甫草堂을 방문했다. 마오쩌둥은 저우린과 한담을 나누던 중에 마오타이주의 현재 상황은 어떤지, 물은 무엇을 사용하고 있는지 물었다. 저우린은 생산 실적이 좋고 물은 츠수이허를 사용하고 있다고 답했다. 대답을 들은 마오쩌둥은 그 자리에서 마오타이주를 연간 1만 톤씩 생산하되 품질을 유지할 것을 지시했다.

외교 무대를 빛내는 국주國酒

중화인민공화국의 초대 총리 저우언라이는 진정한 마오타이주 애호가였다. 그는 각종 외교활동에서 만난 외국의 벗들에게 마오타이주를 추천했다. 마오타이주는 세계에 중국을 알리는 창구이자 우호의 가교가 되었다. 마오타이는 외교 무대에서 맹활약하는 '국주國酒'가 되었고 저우언라이는 '국주의 아버지'라 불러도 손색이 없었다.

저우언라이는 1954년 4월 중국대표단을 이끌고 스위스에서 열린 제네바 정치회의에 출석했다. '젊은 홍색 외교사절' 저우언라이가 '더 젊은 홍색 외교관들'을 데리고 국제정치 무대에 데뷔한 것이다. 그는 미국 국무장관 덜레스, 소련 외상 몰로토프, 영국 외무장관 앤서니 이든, 프랑스 외무장관 조르주 비도 등 한 시대를 풍미한 정치인 및 외교관들과 친하를 논했다. 저우언라이는 제네바 회의에서 범상치 않은 지혜와 재능을 발휘해 사람들을 놀라게 하며 적극적인 외교활동을 펼쳤다. 회의 이틀째에는 중국 대표단 주최의 파티를 열고 각국 대표단과 신문기자, 우인友人들을 초대했다. 마오타이주는 그 뛰어난 맛과 품질로 순식간에 파티장의 화젯거리가 되었다. 주최 측도 손님들도 모두 기쁨으로 잔을 부딪치며 교류했다. 마오타이주는 나라를 대표하는 사람들이 모인 자리에서 자신의 역할을 다했고 "진정한 사나이가 마셔야 할 미주"라는 찬탄을 받았다. 저우언라이는 귀국 후에 제출한 보고서에서 감개무량하게 기술했다. "제네바 회의에서 우리의 성공을 도와준 두 개의 '타이'가 있다. 하나는 마오'타이'주이고 또 하나는 '양산박과 축영대祝英臺'의 주잉'타이'이다."(남녀의 비련을 줄거리로 하는 중국의 민간 설화. 저우언라이는 이를 토대로 촬영된 1953년 작 동명의 영화를 제네바 회의 때 각국 대표들을 대상으로 시사회를 열었다-역주)

주량을 알 수 없다는 말을 들을 정도로 호주가였던 저우언라이는 그 이후에도 키신저, 닉슨, 다나카 가쿠에이田中角榮 등 국빈을 접대할 때마다 마오타이주를 활용하며 미소微笑 외교를 펼쳤다. 저우언라이는 주탁酒桌 외교를 개척한 선구였고 그의 외교에는 은은한 향기가 감돌았다.

이처럼 국가 지도자들로부터 각별한 사랑을 받은 마오타이주는 정치와 외교의 중요한 현장에서 적지 않은 공을 세웠다. 중앙과 지방의 각급 정부기관은 더더욱 마오타이주를 소중히 여기게 되었다. 1949년 연말에 공산당이 구이저우성을 장악한 직후 당 중앙은 구이저우성 위원회와 런화이현 위원회에 전보를 쳐서 당의 상공업 정책을 정확하게 집행하여 마오타이주의 생산설비를 보호하고 술 생산을 계속하라고 지시했다. 구이저우성은 중앙의 지시에 따라 청이, 룽허, 헝싱 등 3대 소방에 경제적으로 강력한 지원을 행사했다. 소방 경영자들은 정치적으로 우대했고 정부 직책을 부여했다. 1957년 나라 전체가 피폐한 상태였음에도 불구하고 중앙정부는 두 차례에 걸쳐 100만 위안 이상을 마오타이주창의 확장에 투자했다. 중앙정부와 구이저우성은 마오타이주의 바탕이 되는 생산용수의 수질을 유지하기 위해 츠수이허 상류에 어떠한 공장도 짓지 못하게 했다. 1951년 마오타이주창으로 창립한 후 1997년 기업화된 경영으로 전환할 때까지 수십 년 동안 마오타이는 줄곧 이렇게 국가로부터 재정 보조를 받는 혜택을 누렸다.

신중국은 마오타이에 눈부시게 찬란한 색채를 입혔다. 이 색채에 힘입어 새롭게 태어난 마오타이주는 왕자王子로서의 본색을 드러내며 급성장을 이루었고 위대한 민족 브랜드의 모범이 되었다. 그리하여 중국 제조업의 역사에 쉬이 뛰어넘을 수 없는 불후의 기념비를 세웠다.

마오타이주는 술이 아니다

•

리샤오슈李紹書

베이징 딩후이定慧투자유한공사 회장,
중국 디테일경영연구소 이사장

무협소설의 대가 구룽古龍은 작품 《소십일랑蕭十一郎》의 한 대목에서 술에 대해 이렇게 썼다. "사람이 한 세상을 살면서 흡족할 때가 있는가 하면 당연히 뜻대로 되지 않을 때도 있다. 그래서 인간은 술을 발명했다. 술은 인류의 친구이다. 실의에 빠진 사람이 술을 마시는 건 술을 빌어 근심을 씻기 위해서이다. 기분이 좋은 사람도 술을 마시는데, 그것은 사람이 살면서 몹시 만족스러우면 기쁨을 한껏 누려야 한다는 걸 나타내기 위해서이다."

확실히 옛날부터 지금까지 술은 줄곧 사람들 곁을 지키며 희로애락과 영락성쇠를 함께한 듯하다. 장구한 역사와 오랜 세월은 이루 헤아릴 수 없이 많은 미주를 빚어냈다. 그리고 좋은 술에 대한 이야기를 꺼낼 때마다 많은 사람들이 보이는 첫 반응은 역시나 마오타이주인 듯하다.

민가에서 직접 술을 빚어 마시던 때부터, 조금 큰 규모의 '소방' 양조 시대를 거쳐 마오타이 백 년 영광의 계기가 된 '청이成義소방' '룽타이허榮太和소방'이 나오고 마침내 마오타이주를 영원한 고전古典의 반열에 올린 마오타이주창에 이르기까지 백여 년 간, 큰 역할을 한 것은 천혜의 지리적 환경과 유일무이한 제조 공법, 빛나는 문화 전통이었다. 마오타이 사람들은 마오타이주의 품질을 엄격히 제어하고 관리하여 술 한 병을 최고 경지로 끌어올려 천하무적으로 만들었다.

　　그러나 천하에 명성 자자한 마오타이주라 하더라도 시장화를 향한 길이 결코 순풍에 돛을 단 상황은 아니었다. 사람들이 생각하듯 "술맛 좋은 주점은 골목이 깊다 한들 무엇이 두려우랴"는 식으로 저절로 소비 행렬이 끊이지 않는 호황이 이루어진 것은 아니었다는 얘기다. 1990년대 말에 이르기까지 줄곧 어려운 국면에 시달리다가 위기 속에 간신히 구원을 찾기 시작했고, 시장 개척이라는 고난의 행보에 나서게 되었다. 그렇게 이십여 년의 힘든 노력 끝에 드디어 시기가 무르익고 조건이 갖춰지게 된 것이다. 마오타이 사람들은 여러 차례 시장의 시험을 받아야 했고, 위기를 하나씩 하나씩 극복했다.

　　2012년 연말, 소비환경의 변화로 인해 고급주 시장은 또 한 번 불경기에 직면했고 마오타이 역시 짧은 위기에 빠졌다. 하지만 짧은 판매 불황 후에 빠른 반등에 성공했고 새로운 루트를 개척하면서 화려한 변신을 이뤄냈다. 마오타이는 비범한 기세, 백여 년간 축적한 깊은 소양, 수십 년간 태만함 없는 품질 추구를 통해 이러한 시장 위기에 침착하게 대응할 수 있게 되었다. 반등의 형세 속에서 업계 큰형님 마오타이의 풍채는 더욱 빛을 발했다.

　마오타이주에 대한 일반인들의 통념은 값이 비싼 술이라는 데 머물러 있지만, 진정한 마오타이 팬이라면 그 독특한 공법과 유서 깊은 문화를 훤히 알고 있다. 입신의 경지에 올랐다고 해도 좋을 전통공법 덕분에 마오타이주는 종류가 무엇이건, 오랜 숙성을 거쳤건 갓 나온 새 술이건 저마다의 장점이 있다. 다른 백주와 달리 페이톈 마오타이는 포장출고 때부터 숙성주의 계열에 들어간다. 누룩 제조에서부터 원료 투입, 저장, 배합을 거쳐 병입 출고에 이르기까지 5년의 시간이 걸리기 때문이다. 좋은 것과 더 좋은 것의 차이는 전적으로 배합 시에 연식 오랜 노주를 얼마나 사용하느냐에 달려 있다. 연륜이 쌓인 마오타이 팬이라면 2014년 출고분과 2015년 출고분 마오타이의 맛과 느낌이 2012년 출고분보다 조금 더 낫다고 여길 것이다. 배합 시 노주의 비율이 조금 더 높아졌기 때문이다. 자신이 직접 30년 보관해온 술과 갓 출고된 30년산 술의 맛도 역시 다른데, 이건 노주의 정의와 관련된다.

　직접 술을 보관하는 환경이 그리 좋지 않으면 장기간 보관하는 동안 다소의 증발이 다소 일어날 수 있다. 몇십 년간 보관했던 술병을 땄더니 간혹 술이 절반밖에 남아 있지 않더라 하는 건 이런 이유 때문이다. 반면 갓 출고된 30년산 술은 저장고 안에서 장기 저장된 것이고 세심한 배합을 거쳤기 때문에 개인이 직접 장기 보관한 술보다 품질이 더 낫다. 마오타이주창에도 이런 일이 있었다. 우연히 아주 오래된 술을 회수했는데 그 맛과 느낌이 새 술만 못했다. 일반적으로 출고 후 5~10년을 더 보관하면 가장 마시기 좋은 때가 된다. 만약 더 오랜 보관 햇수를 추구한다면 과유불급의 가능성이 한층 커진다.

술에 대한 입맛은 사람마다 다르다. 각각의 품평자마다 술에 대해 다르게 받아들이기 때문에, 어느 것이 가장 뛰어난 술인지는 일정한 기준이 없다. 하지만 마오타이주는 그 특유의 풍부한 향과 꽉 차는 느낌 덕분에 시장과 소비자로부터 한결같은 인정을 받았다. 이는 마오타이주가 다른 백주에 비해 가격이 좀 비싼 원인이기도 하다. 마오타이주의 맛과 느낌이 이처럼 높게 평가받는 이유는 시장영업의 요인 외에도 생산원료의 품질, 산지 자원의 희소성과 생산기술의 독특함 때문이다.

마오타이 사람들은 전통 양조기술과 공정을 엄격히 지켰고, 꾸준히 품질을 추구함으로써 장인 정신의 전범이 되었다. 작은 술잔 하나에 담긴 마오타이주는 약 30개 공정, 165개 기술 단계, 5년의 숙성 시간을 거친 것으로, 품질에 대한 추구는 마오타이 사람들의 영혼이 되었다. 마오타이 사람들은 "스스로 어려운 문제를 내고, 스스로 번거로움을 찾고, 스스로 사서 고생하고, 스스로 압박하고, 스스로 강해짐을 멈추지 않는다"라는 다섯 가지 '스스로 정신'을 통해 한계를 뛰어넘고 끊임없이 탁월卓越의 경지를 추구해왔다. 여러 세대를 거치는 동안 마오타이 사람들은 전통공법과 기술 혁신의 충돌 속에서도 초심을 잊지 않으면서 절차탁마하여 마침내 '매혹의 53도'(3장에서 자세히 기술-역주)를 이뤄내고 백주업계 지존의 지위를 차지했다.

마오타이에게 경쟁 상대가 있는가? 마오타이를 바짝 뒤쫓을 가능성이 가장 높은 자는 누구인가? 마오타이는 현대화의 물결이라는 시련에 어떻게 대처할 것인가? 첨단지능 제어기술의 도전에 어떻게 응대할 것인가? 마오타이의 다음 백 년은 어떻게 흘러갈 것인가? 나는 마오타이의 미래에 대해 자신만만하기도 하고 걱정이 되기도 한다.

마오타이의 대부라 불리는 지커량 선생과 함께 처음 마오타이를 마셨던 때를 기억한다. 선생은 내 오른편에 앉아 계셨다. 전형적인 마오타이 팬으로서 당연히 그에게 술 한 잔을 함께 하자고 청했다. 하지만 문득 어르신이 잔을 들면서 조금 언짢아하는 것을 어렴풋이 느꼈다. 그는 술잔을 손에 들고 절반쯤 농담조로 말했다. "이걸 마오타이'주'라 불러서는 안 된다네. 이건 이미 술이 아니라, 술과 물분자가 특수한 공정을 통해 하나로 결합된 걸작품일세. 그 이름이 마오타이라네."

백여 년 동안 섬세하게 빚어져온 마오타이는 확실히 그저 술의 일종이 아니라, 하늘처럼 높고 땅처럼 두터운 기질이요, 유구한 역사 속에 깃든 신비로운 운치이며, 귀한 보배를 품은 대자연의 이치요, 황홀하게 사람의 마음을 끄는 영원함이다.

문득 루위즈盧郁芷(1831~1879년)의 시가 떠올랐다. "향기로운 마오타이주가 기름처럼 진하니, 벗 서넛을 불러 작은 배를 샀다. 취하여 푸른 물결에 쓰러져도 아무도 알지 못했다가, 늙은 어부가 부르는 소리에 깨어보니 어느덧 갈고리달 기울었다." 장면 하나하나가 머릿속에 떠오르는 듯하다. 다함께 마오타이의 오묘함을 맛보고, 그 뒤에 있는 신비로운 이야기를 감상하고, 향기롭고 두터운 운치와 매력을 느끼고, 아울러 옛 마오타이 사람들이 심혈을 기울여 만든 마오타이의 내적 아름다움을 즐겨보지 않겠는가?

2장

신비의 15.03

미주美酒의
계곡

백 리 밖으로 나가지 않아도 반드시 좋은 술이 있다

　다양한 종류의 백주 중에서 마오타이는 의심의 여지 없는 '술의 귀족'이다. 만약 마오타이의 찬란한 역사와 문화를 귀족 가문의 대물림과 닮았다고 한다면, 특수한 공법과 엄격한 양조 과정은 자기 수양과 비슷하고, 마을을 휘돌아 흐르는 츠수이허赤水河는 마오타이주의 귀족적 품질을 빚어내는 뛰어난 환경이 된다.

　윈난雲南에서 발원한 츠수이허는 구이저우貴州를 지나 쓰촨四川에서 창장長江(양쯔강) 상류로 합류하는, 전체 길이 500km의 창장 지류다. 독특한 인문지리와 자연지리, 기후 조건을 갖춘 강이다.

　건륭乾隆 연간(1736~1795년)에 막대한 예산을 들여 츠수이허를 준설했다는 기록을 보면 당시 츠수이허가 퇴적물로 인해 흐름이 상당히 둔화되어 있었다는 것을 알 수 있다. 이는 츠수이허의 수문水文(물의 변화, 이동, 순환 등을 총칭하는 용어-역주)적 특징과 관계가 있다. 매년 단오절(음력 5월 5일)부터 중양절(음력 9월 9일) 사이의 우기가 되면 양쪽 강둑의 진흙이 빗물에 쓸려 내려와 강물에 섞이며 강물 색이 붉게 보인다. 붉은 물이 흐르는 강이란 뜻의 '츠수이허'라는 이름도 여기서 유래했다. 중양절이 지나면 이듬해 단오절 전까지 강물은 다시 맑고 투명해진다. 건륭 연간의 준설이 끝난 뒤 소금을 실어 나르는 배들이 쓰촨에서 구이저우 각지로 약 700리 길을 다녔다. 육로 교통이 발달하지 못했던 서남 산악지대에서 츠수이허는 쓰촨과 구이저우를 잇는 황금수로로 오랫동안 명성을 떨쳤다. 강을 따라 화제華節, 진사金沙, 구린古藺, 마오타이茅臺, 시수이習水, 허장合江 등 유명한 진鎭들이 자리 잡고 있음에도 불구하고, 도처에 큰 강이 여럿 있는 중국인지라 츠수이허의 명성은 긴긴 세월동안 서남 일부 지역에만 국한되었다.

1935년, 중국 공농홍군中國工農紅軍은 투청土城진, 얼랑탄二郎灘, 마오타이茅台진, 타이핑두太平渡 네 곳에서 융통성과 기민함을 살린 역동적 전술로 츠수이허를 도하했고, 국민당 대군의 틈새로 교묘하게 침투해서 마침내 수십만 적군의 포위와 차단을 뚫었다. 이 유명한 작전 전투를 계기로 츠수이허는 천하에 널리 알려지게 되었고, '영웅의 강'이라는 별칭도 얻게 되었다.

츠수이허는 식생이 뛰어나고 경치가 아름다우며, 고운 샘에서 생겨난 물줄기들을 한데 모아 동쪽으로 흘러간다. 강을 따라 세계자

연유산 츠수이단샤赤水丹霞를 비롯한 국가급 자연보호 지역이 있으며 곳곳에 공룡이 살던 시대의 식물종이 다수 남아 있다. 마오타이진으로부터 상류 몇십 km 안만 해도 츠수이허에 흘러드는 여러 지류의 수십 곳에 진기한 개천, 온천, 폭포 등이 있다. 여기에는 200종에 가까운 어류가 살고 있으며, 그중 30여 종은 희귀 어종이다. 츠수이허는 이 어류들의 마지막 피난처이다. 약 500km에 달하는 츠수이허 본류는 오늘날까지 댐과 발전소, 화학공장이 없는 창장 중상류 유일의 미개발 일급 지류이다. 그리하여 츠수이허는 '절경의 강' '생태의 강'이라는 별명도 가지게 되었다. 몇 년 전 츠수이허 강둑을 따라 놓인 전체 길이 160km의 자전거길은 자전거 동호인들이 "자전거는 풍경 속을 달리고 사람은 그림 속을 노닌다"며 찬탄할 정도로 신비롭고 아름다운 체험을 선사하고 있다.

뭐니 뭐니 해도 츠수이허가 사람들에게 가장 잘 알려진 건 술 때문이다. 원시에 가까운 생태환경을 흐르는 강물은 양조업에 큰 축복을 가져다주었다.

가파른 산봉우리로 겹겹이 둘러싸인 츠수이허 계곡에는 사람을 매혹시키는 향기가 감돈다. 천 개가 넘는 양조장과 숙성고가 강변 양쪽에 늘어서서 천하에 명성 높은 전설적 장향醬香을 빚어내며 츠수이허를 세계에서 유일무이한 '미주美酒의 강'으로 탈바꿈시켰다.

독특한 지리환경과 수문, 기후적 특성 때문에 전체 길이 약 500km의 츠수이허 유역에는 백 리 밖으로 나가지 않아도 반드시 좋은 술이 있다. 마오타이를 필두로 동주董酒, 시주習酒, 랑주郎酒, 탄주潭酒, 화이주懷酒 등 중국 국내외에 명성 높은 술들이 강변 양쪽에 도열해 저마다 신비로운 아름다움을 뽐낸다. 츠수이허 주변에서 생산하는 명주를 다 합치면 중국 명주의 60% 이상을 차지한다. 츠수이허 강변의 마오타이와 랑주는 말할 것도 없고, 북쪽으로 창장과 이어지는 지역에는 농향濃香주를 대표하는 우량예伍糧液와 루저우라오쟈오瀘州老窖가 있고, 역시 북쪽으로 쓰촨과 이어지는 미엔양綿陽, 서홍射洪에는 퉈파이취주沱牌麴酒, 젠난춘劍南春, 취엔싱다취全興大麴, 수이징팡水井坊(수정방), 티엔하오천天號陳 등의 명주가 모여 있다. 미엔양에는 펑구주豐穀酒, 핑창平昌에는 샤오쟈오로우小角樓와 장커우춘江口醇, 충라이邛崍에는 원쥔주文君酒와 충주邛酒, 완저우萬州에는 스시엔타이백주詩仙太白酒(시선태백주)가 있다. 남쪽으로 구이저우 안순安順, 두윈都匀 일대까지는 전위엔칭주鎭遠靑酒, 두윈윈주都匀匀酒, 핑바쟈오주平壩窖酒, 안순안주安順安酒, 진사쟈오주金沙窖酒, 구이양다취貴陽大麴, 싱이구이저우춘興義貴州醇이 있다. 서쪽으로 쭌이遵義에 가면 동향董香형의 동주董酒가 있다.

츠수이허 유역에 널리 퍼져 있는 민요 한 가락은 중국백주의 이런 신비로운 경관을 "위쪽 마오타이에서 놀다가, 아래쪽을 바라보면 루저우라네. 배를 타고 얼랑탄에 이르면, 다시 랑주를 마셔야 하네"라는 가사로 생생하게 그려내기도 했다.

츠수이허는 전체 길이 500km이고, 강바닥 폭은 40~88m에 평균강폭 63m, 정상正常 수심은 1~5.4m이다. 츠수이허는 강물이 붉은 색을 띤다는 데서 이름이 유래했지만 그렇다고 일 년 내내 붉은 건 아니고 물이 맑아져 강바닥이 들여다보일 때도 있다. 매년 5월 단오절부터 9월 전후까지는 강물이 가장 혼탁한 시기였다가, 중양절이 되면 강물은 다시 더없이 맑게 변한다. 바로 이때가 강변 양조장들이 대량으로 물을 끌어다 원료를 준비하고, 증류하고, 술을 받아내는 시기이다. 츠수이허가 구이저우성 안에서 흐르는 300km 남짓한 구간 가운데 런화이 시내 구간은 119km이며, 마오타이진 내 구간이 바로 마오타이양주장 생산용수의 주요 취수원이다.

츠수이허는 중국에서 유일하게 전문 법규로 보호받는 하천이다. 2011년 구이저우성 인민대표대회상임위원회는 '구이저우 츠수이허 유역 보호조례'를 반포해 츠수이허 본류와 희귀 특수 어종이 사는 주요 지류에서의 수력발전 개발, 물막이둑 조성 등 강의 자연적 흐름에 영향을 줄 수 있는 건설 프로젝트의 진행을 엄격히 금지시켰다. 또한 츠수이허 유역에는 대규모 가축 사육 시설을 짓지 못하게 했고, 이미 지어진 시설은 기간 내에 옮기거나 폐쇄하도록 했다. 그리고 츠수이허 유역 수질 오염물 배출권의 유상 사용 및 양도 제도를 단계적으로 실시했다. 이 조례에서 츠수이허 생태환경은 대단히 중요시되었다. 강변 양쪽에 양조장이 끊임없이 늘어남에 따라 츠수이허에 대한 환경보호 의식과 법 집행 범위는 한층 더 강화되고 확대되는 중이다.

환경 측정 결과에 따르면 츠수이허 유역의 자홍색 토양에는 사질砂質과 자갈 함유량이 매우 높아, 토양이 성기고 틈새 구멍이 크며 삼투성이 강하다. 지표수와 지하수는 대지로 유입되었다가 츠수이허로 흘러나갈 때 충충이 여과, 흡수, 전환되는 과정을 거친다. 그 사이 맑고 달고 맛있는 천연 샘물로 환원되며, 토질 속의 여러 유익한 광물질도 함유하게 된다. 츠수이허의 물은 무색투명하고 잡맛이 없이 살짝 달짝지근하면서도 시원한 맛이 나며, 인체에 유익한 성분이 여러 종 들어 있다. 강물 경도는 7.8~8.46, 산-알칼리 균형은 pH 7.2~7.8, 칼슘과 마그네슘 이온 함량도 음용 위생 기준에 부합한다. 한마디로 말해 좋은 술을 빚기 위한 최적의 수원水源이다.

'백주대국'의 꿈

천혜의 지리환경은 츠수이허 유역에 전통 양조업을 발달시켰다. 수백 리 이어지는 계곡에는 술 양조의 장인들이 셀 수 없을 만큼 많다. 그들은 예외 없이 자신들만의 전통 양조방식을 굳게 지켰다. 요령을 부려 사리사욕을 취하지 않았고, 술을 빚는 데 필요한 원료와 품을 아끼지 않았다. 현대적인 기술 수단과 설비는 아주 제한적으로만 받아들였다. 츠수이허에서는 자연광과 바람을 이용해 주기적으로 술을 빚고, 제 시간만큼 숙성·저장한 뒤 정해진 공정대로 배합하는 것이 엄격한 전통이었다. 술을 빚는다는 것은 사람을 만드는 것과 같아서, 섣부른 요령을 부린 사람은 신용을 잃고 품과 원료를 줄이면 술은 품질을 잃게 된다. 누군가는 이런 말을 하기도 했다. 이곳에서 만든 술에는 생명이 있는데, 하늘과 사람이 하나가 되어야만 비로소 생명이 있는 술을 만들 수 있다고.

츠수이허의 술은 미생물의 번식을 촉진하는 지리와 기후환경에 힘입은 것이기도 하고, 이처럼 술의 장인들이 전통공법을 고집스럽게 지켜온 덕분이기도 하다. 사람과 자연이 고도의 조화를 이루고 하늘과 인간이 하나가 되는 양조 환경은 이렇게 오랜 세월에 걸쳐 점차 형성되었다. 그곳에 있는 사람 모두가 공기조차 술 향기로 가득 찬 환경에는 일체 손을 대지 않고 면면히 전통을 계승했다.

1980년대 개혁개방의 봄바람이 불어오자 츠수이허 사람들도 소식을 듣고 움직이기 시작했다. 그들은 세상 사람들을 향해 자신들의 특기인 신묘한 양조기술을 펼쳐보였다. 어느 순간 갑자기 츠수이허 양쪽 강변에 술 향기가 짙게 피어오르며 크고 작은 양조장이 빼곡히 들어찼다. 절정기에는 양조장이 3,000군데를 넘기도 했다. 양조업은 츠수이허 계곡을 중심으로 구이저우 성내로 신속히 확대되었다. 일정 규모 이상의 백주기업은 성 전체를 통틀어 100개가 넘게 되었다. 구이저우성 경제 판도에서 백주업은 가장 전도유망한 분야가 되었다. 마오타이주, 동주 등 전통의 명주 이외에도 야시鴨溪, 메이쟈오湄窖, 윈주匀酒 등 다수의 백주 브랜드가 혜성처럼 나타나 전국 각지의 사람들을 '사람도 말도 나동그라질 정도로 취하게' 만들었다. 사람들은 전례 없는 구이저우 백주의 전성기를 '주풍시대酒瘋時代'라 불렀다.

이처럼 급격한 발전은 일부 사람들에게 '백주제국'의 꿈을 촉발시켰다. 1996년, 마오타이진으로부터 약 50km 거리에 있는 홍군의 2차 츠수이허 도하 장소인 얼랑탄二郎灘에서는 '백리 주성酒城'이라는 원대한 계획을 본격적으로 추진했다. 얼랑탄 절벽 위에는 헬기 이착륙장이 만들어졌다. 여기에 서면 츠수이허 건너편 쓰촨성 경내에 있는 랑주郎酒 양주장의 전경을 내려다볼 수 있고, 몸을 돌리면 계획 중인 '백리 주성' 터가 한눈에 들어온다. 설계도는 완성되어 있었으며 아름다운 미래는 계곡 상공에 걸려 있어 손만 뻗으면 닿을 것만 같았다.

사람들이 기쁨에 가득 차 아름다운 미래를 꿈꾸고 있던 바로 그때, 전 세계를 강타한 금융위기가 닥쳐왔다. 츠수이허 백주제국의 꿈도 이로 인해 사라지고 말았다. 글로벌 금융위기의 영향으로 다수의 백주기업이 도산했는데, 쭌이遵義 지구가 가장 심각했고 츠수이허 강변의 업체들도 심대한 피해를 입었다. 동주董酒, 야시鴨溪, 전주珍酒, 시주習酒 등 유명 기업이 폭풍우에 휘청거리면서 한때 차량 홍수를 이루었던 양조장 앞은 순식간에 인적조차 뜸해졌다. 백주업계의 맏형인 마오타이주창도 처지는 딱히 다르지 않았고, 연일 고통을 호소했다.

백주기업의 줄도산 광풍이 지나간 뒤, 사람들은 과거의 일을 돌이켜보기 시작했다. 결국 술을 너무 많이 만들었던 게 아닌가, 아니면 제대로 잘 만들지 못했던 것이 문제였나, 판매경로에는 문제가 없었나, 혹은 생산 규모가 남들보다 뒤처졌던 것인가? 꼬리에 꼬리를 무는 의문에 자문자답하는 가운데 이성이 돌아왔고 최종적으로 가장 주요한 원인 세 가지를 찾아냈다. 첫째, 단기간에 갑자기 생긴 대다수 양조장은 자기만의 핵심기술 없이 인근 유명 양조장의 꾸밈새와 브랜드만 판박이처럼 베낀 나머지 상품 경쟁력을 잃어버렸다. 둘째, '크게' '빠르게'를 추구하며 맹목적 확장을 거듭하고 거래 규모를 지나치게 키우는 바람에 탄탄한 자금의 뒷받침이 결여되었다. 셋째, 판매 능력이 부족했고 유통채널 건설이 미비했다. '주풍시대'에 내재해 있던 이런 결함들이 금융위기를 맞아 한꺼번에 터져 나왔고, 각종 리스크가 겹치다 보니 위기를 피할 수 없었던 것이다.

당시의 금융위기는 츠수이허 유역, 나아가 전체 구이저우의 백주업을 10여 년의 긴 침체기로 몰아넣었다. 츠수이허 주변 양조업자들을 더욱 낙담하게 만든 건 이 시기 쓰촨을 중심으로 한 다른 지역의 백주업이 급속히 발전해 뛰어난 실적을 냈다는 사실이다.

그러나, 역시 마오타이주창이었다. 결정적으로 중요한 시기에 오직 마오타이주창만이 구이저우 백주의 수복收復이라는 중책을 짊어질 수 있었다. 중국 최고 증류주로서의 명성은 마오타이주의 용기를 북돋웠다. 마오타이주는 구이저우 어르신들의 기대를 저버리지 않고 거의 혼자 힘으로 구이저우 백주를 다시금 소비자의 식탁으로 가져왔다. 호재가 많아진 후에는 구이저우 백주산업이 새로운 융성기를 맞게 하는 데 앞장을 섰다. 츠수이허 유역의 런화이仁懷시는 구이저우 백주산업 발전 촉진의 교두보가 되어 '중국의 주도酒都'를 만드는 것을 사명으로 받아들였다. "앞으로 십 년, 중국백주는 구이저우를 보라!"는 말은 이 무렵 런화이에서 나왔다.

그리하여 마오타이진부터 하류의 얼허二合진에 이르는 길이 30여 km의 츠수이허 계곡의 산기슭에 많은 백주 공방이 순차적으로 세

위졌다. 깊은 산골에 위치한 얼허진은 환경이 마오타이와 매우 흡사하다. 12.29km² 면적의 명주名酒공업지구도 빠른 속도로 건설되었다. 2016년 연말 기준으로, 런화이시에 정식등록 허가된 백주기업은 300여 개이며 연간 생산량은 30만 톤 이상이다. 앞으로 5년 동안 런화이시는 매출액 1,000억 위안의 기업 1개가 앞장서고, 100억 위안 기업 3개가 뒷받침하며, 10억 위안 기업 10개가 이끌고, 1억 위안 기업 40개가 뒤따라 나아가는 '1314 프로젝트'와 '백주+문화+여행'을 연동시킨 발전 전략을 수행하기로 했다.

쭌이遵義시는 츠수이허에 연해 있는 산하 5개 현에 300리 백주회랑回廊을 구축하기로 했다. 츠수이허의 지역 브랜드를 키우고 생태 시범구를 정비해 백주업을 천억 위안대의 산업으로 키운다는 원대한 목표를 향해 나아가고 있다.

발전의 열기는 츠수이허 중하류의 시수이習水현과 츠수이赤水시까지 뻗어나갔다. 두 지역에도 작지 않은 규모의 백주 공업기지가 착착 건설되고 있다. 뿐만 아니라, 강을 사이에 두고 마주보는 쓰촨 랑주郎酒 그룹 역시 구이저우 백주의 발전에 자극을 받아 원래의 양조장과 맞먹는 규모로 신 양조장 단지를 조성했다.

복제가 불가능한
마오타이주

사계절 미주의 향기로 가득한 마을

미주의 강 츠수이허가 만들어낸 최고의 양조기지는 역시 마오타이진이다.

마오타이진은 츠수이허의 물길을 따라 형성된 마을이다. 높고 험준한 산이 주위를 에워싸고 있어 골짜기 지역은 준準분지를 형성했으니, 그야말로 하늘이 설계한 '술시루'다. '술시루'라 말한 건 물론 비유적 표현이지만, 지형과 기후 면에서 볼 때 상당한 일리가 있다. 마오타이진은 평균 해발 400m 정도로, 토양은 산도酸度(pH)가 적당하고 탄소·질소화합물과 미량원소를 풍부하게 함유하고 있으며 삼투성이 뛰어나 다양한 미생물의 번식과 천이遷移에 적합하다. 이곳의 기후는 습도가 대체로 높은 편이며, 겨울은 따뜻하고 여름엔

덥다. 연평균기온은 17.4℃로, 여름철 온도는 최고 40℃까지 올라가며 낮과 밤의 온도차가 적다. 서리 내리는 기간이 짧아 연평균 326일 동안 서리가 없고, 연간 강우량은 800~1000mm, 연 일조량은 1,400시간이다. 이처럼 움푹 팬 저지대, 적당한 토양, 비교적 높은 기온, 아주 약한 바람과 적은 비 등을 특징으로 하는 환경 속에서 공기 흐름이 상대적 안정성을 띠고 다양한 미생물의 번식과 적절한 분포가 이뤄졌다. 이는 양조 미생물의 생장에 유리한 폐쇄적 환경을 조성했다. 작은 요정과 같은 미생물은 개방식 발효 과정을 통해 누룩과 주배酒醅(곡식 원료가 발효되어 알콜 성분이 생겨난 것을 말한다. 이를 거르면 발효주, 증류해서 받아내면 증류주가 된다-역주) 전체로 퍼지게 되고, 오묘한 술 향기를 내는 성분이 다양하게 생겨난다. 바로 이와 같은 이유로 인해 마오타이진은 집집마다 좋은 술을 빚게 된 것이다.

불완전한 통계지만, 런화이시에는 마오타이진을 중심으로 크고 작은 양조장이 총 1,700여 곳 있다고 한다. 그러니 마오타이진에선 너 나 할 것 없이 술을 만들어 판다는 말이 과장은 아닐 것이다. 매년 중양절 무렵이 되면 마오타이진의 거의 모든 사람들이 새 술 빚기 준비에 분주하다. 마오타이진의 토지 면적과 지역총생산액GRDP 통계로 계산해보면 마오타이진은 1km²당 연간 생산액이 3억 위안 이상으로 전 세계에서 경제적 가치가 가장 높은 지역 중 하나다. 이 놀라운 수치는 거의 전부 양조업에서 비롯된 것이다.

마오타이진의 공기에는 사계절 내내 미주의 향기가 떠다니기 때문에 사람들은 누구나 그 안에서 공짜로 술에 '도취'할 수 있다. 마오타이진 대다수의 양조장에서 생산되는 백주는 품질이 좋고 가격이 싸다. 특별히 상표를 따지는 사람이 아니라면, 1근(원래는 무게의 단위이나 여기서는 500ml을 말한다-역주)당 100위안이면 상등품의 술, 1근당 300위안이면 햇수가 오래 묵은 상등품, 1근당 500위안이면 특급의 원장주原漿酒(증류한 뒤 배합 블렌딩을 하지 않은 상태의 술-역주)를 살 수 있다.

당연하게도 마오타이 사람들은 술 마시는 것도 유리한 조건을 타고 났다. 항상 술 속에서 지내고 있는데, 어떻게 술을 잘 못 마실 수가 있단 말인가! 물론, 술이 센 사람이 있으면 약한 사람도 있는 법이다. 이는 마오타이진이나 다른 지역이나 다르지 않다. 필자는 다년간 빈번하게 마오타이진을 오가면서 런화이시의 각계 인사, 마오타이주창 간부와 직공, 마오타이진 주민들과 여러 차례 술자리를 가진 바 있다. 주거니 받거니 술잔을 나누면서 필자는 오는 잔을 거절하는 법이 없었는데, 그럼에도 불구하고 취했던 적이 결코 없다. 왜 그런가 생각해보니 뛰어난 맛도 하나의 요인이지만, 중국을 대표하는 '주향酒鄕'으로서의 마오타이가 보여준 친절하고 순박하면서도 격조 있는 손님맞이야말로 가장 결정적 원인이 아니었나 싶다.

당연한 말이지만, 마오타이진에서 가장 유명한 양조장은 마오타이주창이다.

술·담배의 세계에는 예전부터 "술은 마오타이를 따라 잡겠다고 하지 말고, 담배는 중화中華를 이기겠다 하지 말라"는 말이 있었다.

실제로 그 어느 양주장도 대외적 홍보 자료에서 감히 지신과 마오타이를 나란히 놓고 논한 적이 없다. 규모가 비교적 큰 업체는 '마오타이진에서 두 번째로 큰 양조장'이란 표현으로 자신을 선전했다. 마오타이는 소금 상거래에서 뿌리내린 고염문화古鹽文化와 대장정의 장정문화長征文化, 그리고 술 문화가 한 데 합쳐진 고장이다. 천하 명주 마오타이주를 빚어냈기에 '중국 제일의 주향酒鄕'으로 칭송을 받게 되었다.

총면적 15.03km²의 신비의 구역

마을을 가로질러 흐르는 츠수이허는 그리 넓지 않은 마오타이진을 둘로 나눈다. 세계적으로 칭송받는 중국백주의 맏형님 마오타이 그룹은 위풍당당하게 강의 남쪽을 차지하고 있다. 누룩 제조실과 술 제조실 수십 동, 술 저장고 200여 동이 강을 따라 가지런하고 빽빽하게 세워져 있어 장관을 이룬다. 마오타이진이 '술시루'를 꼭 빼닮았다고 한다면, 마오타이주창은 시루의 밑바닥에 자리 잡은 형상이 된다. 마을 전체에서 술을 빚기에 최적의 장소이다. 마오타이주의 여러 신비함 중 가장 중요한 것은 바로 미생물군群이다. 이름이 알려졌거나 혹은 알려지지 않은 대량의 미생물이 술 제조 단계마다 침입해 스며들어야만 맛과 향이 독특하고 풍부한 마오타이주가 빚어진다. 그런데 마오타이주창이 자리 잡은 구역은 마오타이진뿐 아니라 전체 츠수이허 유역에서도 타의 추종을 불허할 만큼 미생물군이 풍부한 구역으로 측정을 통해 입증됐다. 마오타이주창을 벗어나면 담장 하나 차이의 인접 구역이라 해도 같은 품질의 술이 절대로 빚어지지 않는다. 이곳이 바로 총면적 15.03km²의 신비의 구역이자, 사해四海에 명성 높은 마오타이주의 유일한 생산지이다.

15.03km² 범위 안에서 최소 100여 종의 미생물이 마오타이주 양조에 직접적 영향을 미치면서 '생명이 있는' 장향주 마오타이를 만들어냈다. 이 신비한 구역을 벗어나면 같은 공법, 같은 원료를 쓰더라도 마오타이주를 만들 수 없다. 이 구역의 맞은편 강변에도 많은 양주장들이 빽빽이 들어차 있지만, 여기서 생산된 백주는 맛과 향의 풍부함이나 입안에서의 느낌에서 마오타이주와는 완전히 별개의 술이다. 여러 해에 걸친 마오타이주창의 확장 증축도 이 신비의 15.03km² 범위 이내에서만 조심스럽게 이루어졌고, 바깥으로는 반 발짝도 감히 나가려 하지 않았다.

마오타이그룹의 수석 기술사이자 국가백주 평주評酒위원인 왕리 王莉는 2015년《양주과기釀酒科技》에 발표한 연구논문 〈장향형 백주 고방庫房의 바닥 진흙에 함유된 미생물 구성 분석〉에서 발효 고방과 주변에서 채취한 토양 시료 속의 미생물 구성에 대해 측량 분석한 결과를 수록했다. 왕리가 이끄는 프로젝트팀의 연구 결과는 장향형 백주 양주장 주변 토양은 미생물 다양성이 매우 풍부하며, 고방 바닥 진흙의 미생물 구성과 비교했을 때 한층 더 복잡하다는 것을 보여준다. 토양이 고방 바닥 진흙으로 숙성되는 과정에서 미생물군의 복잡도는 점차 떨어지고, 부단한 숙성을 거치는 동안 락토바실

루스, 클로스트리듐, 루미노코카시에 등의 혐기성 미생물이 전차 우세를 점한다. 토양미생물은 고방 바닥 진흙 숙성 과정에 중요한 미생물 원천을 제공하며, 장향형 백주 생산 지역 주변의 토양은 고방 바닥 진흙 형성에 일정 정도 영향을 준다. 이 연구 성과는 마오타이주 핵심 생산 구역의 독특함에 대해 과학적 근거를 제공했다.

마오타이진을 벗어나면 더는 마오타이주가 아니다. 자원의 독점성은 마오타이주를 복제 불가능하게 만들었다. 마오타이주의 독특한 양조기술은 대외비인데, 보통의 마오타이주 한 병은 원료 투입부터 공장 출고까지 30개 공정, 165개 세부 단계를 거치는 동안 총 5년의 시간이 걸린다. 설령 마오타이주의 모든 양조기술과 비법을 복제한다 하더라도, 양조 과정에 꼭 필요한 신비의 미생물군만큼은 옮겨 갈 수 있는 방법이 없다. 그렇기 때문에 다른 장소에서는 제대로 된 마오타이주를 한 병도 만들어 낼 수 없는 것이다.

청나라 말기 이래, 잘 팔리고 이윤 높은 마오타이주를 타 지역에서 모방해 만드는 자가 많았다. 쭌이遵義에 위치한 지이集義 양조장, 구이양貴陽에 위치한 룽창榮昌 양주장 등이 마오타이주창의 기술자를 스카웃하여 마오타이주의 전통공법을 이용한 유사품 제조를 시도했다. 항일전쟁 승리 이후에는 유사품을 제조하는 이들이 더욱 늘어났고, 구이양의 진마오金茅, 딩마오丁茅, 왕마오王茅 등이 사람들 눈을 어지럽게 했다. 하지만 타 지역의 유사품 제조업자들은 그 누구도 성공을 거두지 못한 채 도산하거나 업종 전환으로 끝을 맺었다.

복제 불가능을 증명한 이상한 실험

1960년대부터 70년대까지, 마오타이주창은 줄곧 마오쩌둥이 지시한 '1만 톤 달성' 목표를 달성하기 위해 노력했다. 당시는 15.03km²에 대한 과학적 측정 결론이 없을 때였다. 최초의 계획은 마오타이진 내에서 생산을 확대하는 것이었다. 하지만 조사 결과, 츠수이허 양쪽 모두 산사태 발생 위험 지대에 속해 양조장을 만들기에는 부적합하다는 것이 밝혀졌다. 당시 상황으로는 기존 시설에서 마오타이주의 생산 규모를 확대하는 것은 투자 부담이 클 뿐만 아니라 해결하기 곤란한 기술적 문제도 많았다. 때문에 중앙정부와 구이저우성 관련 부서의 연구를 거쳐, 기존 시설에서 가능한 최대치로 생산 규모를 확대하는 동시에 다른 장소에서도 실험을 진행한 후 확실한 자신이 생길 때 외부 지역에도 공장을 건설하여 생산 부족을 채우기로 했다.

다른 지역에서 마오타이주를 생산하는 역지易地 실험안은 신속히 국가 비준을 얻어 제6차 5개년계획의 중점과학 연구항목에 들어갔다. 당시 국무원 부총리 겸 국가과학위원회 주임이던 팡이方毅가 직접 나서 국가과학기술위원회, 경공업부, 마오타이주창의 기술 전문가로 구성된 역지 시험 제조팀을 꾸렸다. 이 팀은 마오타이진 이외의 지역 중 장향형 백주 양조에 부합하는 필수조건을 갖춘 여러 장소에 대한 현지조사를 실시했다. 과학적 분석 끝에 최종적으로 쭌이시 북쪽 교외의 스즈푸十字鋪 일대가 마오타이주 역지 생산을 위한 시험기지로 선정됐다. 마오타이진에서 130여 km 떨어진 스즈푸는 사면이 산으로 둘러싸인 지형이 마오타이주창의 협곡 지대와 매우 유사했다. 수질, 토양 등의 자연환경도 마오타이진과 큰 차이가 없었다. 게다가 촨첸철로川黔鐵路(쓰촨성과 구이저우성을 연결하는 철로-역주)와 인접해 있어 교통이 편리했기 때문에 마오타이주 복제를 위한 시험기지로 적합했다.

1974년 말, 쥰이시가 〈마오타이주 역지 시험장 건설에 관한 통지〉를 내려 보내면서 역지 시험 프로젝트가 정식으로 시작되었다. 시험이 순조롭게 진행되도록 지원하기 위해, 전 마오타이주창 공장장 겸 당위원회 부서기 정광셴鄭光先, 전 수석기술사 양런멘楊仁勉, 실험실 부주임 린바오차이林寶材, 그리고 1949년 이전 화스마오타이주華氏茅臺酒 양조사 정잉차이鄭英才의 마지막 제자인 장즈윈張支雲 등 28명의 인재를 마오타이 양주장에서 데려왔다. 이 28명 중에는 관리자는 물론, 일류 양조장인, 과학연구 전문가, 영업 전문가도 있었고, 작업현장의 직공, 평주評酒기사 등 중요 부서의 공장 노동자도 포함됐다. 그들은 정통 마오타이주 양조기술뿐만 아니라 마오타이주 생산, 경영 및 영업에 이르는 조직 관리 경험도 가지고 왔다. 처음에는 시험용 원료와 보조재료, 생산설비 등 일체를 모두 마오타이주창에서 옮겨왔다. 심지어 마오타이주창의 지표면 흙먼지 등 미생물 환경에 관한 재료가 될 만한 것들까지 모두 다 시험제조장으로 가져왔다.

1975년 10월, 마오타이주 역지 시험장에 정식으로 재료가 투입되고 시험 생산이 진행되었다. 특수한 역사적 배경 아래 진행된 역지 시험 양조 작업은 대단히 어렵고 힘든 것이었다. 장장 10년의 세월에 아홉 차례의 생산주기를 지나는 동안 63회에 걸쳐 3,000여 건의 화학분석 실험을 하는 등 지난한 탐색을 거친 끝에 역지 마오타이는 1985년 10월에 국가과학기술위원회의 감정을 통과했다. 마지막으로 작성된 감정보고서는 역지 복제한 마오타이주가 색이 맑고 살짝 황색을 띠며 장향이 빼어나고 맛이 길게 감돌면서 빈 잔에 향이 오래 남는다는 것을 확인했다. 그러나 맛과 향, 미량원소 성분이 마오타이주와 기본적으로 같다 해도 차이는 여전히 존재했다. 따라서 '마오타이주의 기본 풍격을 갖추었음'이라고 판정하는 데 머물렀다.

팡이는 마지막으로 역지 생산된 술에 '술 중의 보배酒中珍品'라는 기념 문구를 썼다. 여기서 이름을 따 시범 제조된 복제품 이름을 '전주珍酒'라 명명하고, 마오타이주 역지 시험장 역시 '구이저우 전주양주장'이라고 이름 붙였다. 그 후로 줄곧 사람들은 전주를 '역지 마오타이'나 '마오타이 자매품'이라 불렀다. 하지만 엄밀히 말하면 역지 복제 마오타이주의 실패를 선고한 셈이자, 마오타이주는 복제할 수 없다는 사실에 대한 증명이었다.

붉은 고량

중국백주의 주원료

증류주의 원료는 아주 다양하다. 거의 모든 곡식으로 술을 빚을 수 있다. 대체로 증류주의 원료는 양곡류와 말린 고구마 등의 서류薯類, 그리고 대용원료의 세 가지로 나뉜다. 원료의 차이에 따라 빚어지는 술도 양곡주, 서류주와 기타주의 세 종류로 나뉜다. 중국백주는 원료가 대부분 양곡류여서 술도 거의 양곡주이다. 서류 원료는 고구마, 카사바, 감자 등이 있는데, 이것들로 빚어진 술은 일반적으로 '과간주瓜干酒'라 불리며 비교적 알싸한 맛이 난다. '일구몽一口夢'이란 별명으로 불리기도 하는데, 한 모금만 마셔도 바로 '몽롱'해진다는 의미다. 양곡이 풍부한 요즘 과간주는 사람들의 시야에서 멀어졌다. 하지만 감자로 빚은 술은 여전히 유행하고 있는데, 보드카가 대표적이다. 대용원료는 사탕수수, 사탕무 등이 있다. 대용원료로 빚은 술은 대부분 독한 럼주가 된다. 럼주는 입에 들어갈 때는 불덩어리 같고 배 속으로 넘어가면 오장육부를 활활 태우는 느낌이 든다. 일찍이 뱃사람들이 가장 애호하는 술이었다. 럼주는 스트레이트로 마시는 것 외에 칵테일을 제조하고 케이크나 아이스크림의 맛을 내는 데에도 많이 쓰인다.

중국백주는 품종이 다양한 만큼 원료도 제각각이다. 대다수의 명주名酒는 고량高粱, 즉 수수를 원료로 한다. 마오타이도 고량주이다. 어떤 술은 여러 종의 양곡을 혼합해서 빚기도 한다. 예컨대 우량예伍粮液는 이름처럼 다섯 가지 양곡을 혼합해 빚어낸 것으로, 지금 이름으로 바뀌기 전에는 '자량주雜粮酒'라 불렀다.

흔히 쓰이는 백주 원료는 고량, 쌀, 밀, 옥수수로 네 종류이다.

고량(수수)

홍량紅粮이라고도 하며, 중국백주의 주요 원료 중 하나이다. 고량은 이삭 색깔에 따라 노랑, 빨강, 백색, 갈색 4종으로 나뉜다. 낱알에 함유된 전분 성질에 따라 멥수수와 찰수수 2종으로 나뉘기도 한다. 멥수수는 아밀로스 함량이 비교적 높고 조직이 촘촘하며 물에 잘 녹지 않고 단백질 함유량이 찰수수보다 높다. 찰수수는 거의 완전히 아밀로스인데 물을 빨아들이는 성질이 강하고 호화糊化가 쉬우며 전분 함량이 멥수수보다 낮다. 하지만 술을 만들어내는 효율을 뜻하는 출주율出酒率은 멥수수보다 높아서 양조 원료로 사용된 역사가 길다. 고량을 원료로 해 술을 빚을 때에는 보통 고태固態 발효(누룩을 딱딱하게 만들어 구덩이에 넣은 뒤 발효시키는 기술-역주) 방식을 택한다. 쪄낸 고량은 적당히 푸석하고 익어도 엉겨 붙지 않아 발효가 잘된다.

쌀

쌀은 전분 함량이 70% 이상이며 단백질, 지질, 섬유질 등은 비교적 적다. 질감이 단순하고 구조가 성글며 호화가 잘되고 완만한 저온발효에 좋다. 쌀에도 멥쌀과 찹쌀 구분이 있다. 멥쌀은 단백질, 섬유질 및 회분 함량이 비교적 높으며, 술을 빚으면 주질酒質이 맑다. 찹쌀은 전분과 지방 함량이 비교적 높으며, 전분 구조가 성글고 호화가 쉽다. 하지만 제대로 찌지 못하면 발효 온도 제어가 어려워지기 때문에 단독 사용은 잘 하지 않고 다른 원료와 배합해 사용하는 게 일반적이다. 찹쌀로 빚은 술은 맛이 달다. 일본 청주는 기본적으로 쌀을 이용한다. 쌀알의 겉껍질을 깎아내고 35~40% 정도 남은 속심을 사용하기 때문에 공정이 복잡하고 공이 많이 들어간다.

밀

누룩을 만드는 주요 원료이자, 술을 양조하는 원재료 중 하나이다. 밀은 풍부한 탄수화합물, 전분, 소량의 당질 및 미량원소를 함유하며, 점착력이 강하고 영양이 풍부하다. 다만 발효 중에 나오는 열량이 비교적 많아 단독으로 사용하면 온도 제어가 어렵다.

옥수수

옥수수는 품종이 다양한데, 전분은 주로 배유胚乳에 집중되어 있다. 일반적 분석 결과에 따르면 전분 함량은 고량과 비슷하나 출주율은 고량보다 낮다. 알갱이 구조가 치밀하고 질감이 딱딱해서 장시간 쪄야만 그 내부 전분이 충분히 호화된다. 옥수수 배아에는 원료 중량의 약 5%를 차지하는 지방이 함유되어 있어 발효 과정 중에 산화되며 생긴 잡맛이 술에 들어간다. 따라서 옥수수주는 깨끗함과 맑음이 고량주보다 떨어진다.

곡식은 술의 몸통이라 할 수 있다. 원료의 차이에 따라, 그리고 같은 원료를 쓰더라도 원료 질의 차이에 따라 술의 품질과 품격에 막대한 영향을 미친다. 경험 많은 술꾼이라면 백주 한 모금을 맛보는 것만으로도 원료가 무엇인지 판별할 수 있다. 술을 갓 따랐을 때 곡식 향을 맡을 수 있으면 고량주이다. 고량이 발효 과정 동안 향을 증대시키는 작용을 하기 때문이다. 한 모금 마셨을 때 혀끝에 약간의 달콤함이 느껴지면 옥수수주이다. 단맛이 평소에 먹는 사탕옥수수와 같다. 술로 입안을 가득 채웠을 때 단맛과 알싸한 맛, 신맛의 층이 지는 것이 느껴지면 밀주이다. 목넘김이 부드럽고 자극적이지 않으면 찹쌀수이고 뒷맛을 음미할 때 입안에서의 느낌이 상쾌하고 깨끗하면 쌀주이다. 간단히 요약하면 "향기롭게 코끝을 스치는 고량주, 혀끝에 달콤한 옥수수주, 투박하게 혀를 지나가는 밀주, 목넘김이 부드러운 찹쌀주, 뒷맛이 깨끗한 쌀주"라 표현할 수 있다.

마오타이의 원료는 고량이다. 구체적으로 말하면 츠수이허 주변에서 나는 홍영자고량紅纓子高粱(붉은술수수)이다.

츠수이허 유역 특유의 지리와 기후조건은 세계적으로 드문 찰고량, 속칭 붉은술수수를 키워냈다. 동북 지방 등 다른 지역에서 생산한 고량과 달리 츠수이허 주변의 붉은술수수는 껍질이 두껍고 알갱이가 작으며 수분기가 없어 증자蒸煮(쪄 삶기) 공정에 적합하다. 전분 함량이 높은데(다른 지역의 고량보다 삼분의 일 더 많다), 그중 아밀로스가 88% 이상이다.

'소홍량小紅粮'이라고도 불리는 이 찰고량은 전국 각지에서 재배 가능하지만 오직 츠수이허 유역에서 생산된 것만이 최고의 품질을 자랑한다. 직관적 사례를 하나 들어보자. 온전한 찰고량 한 알을 두 쪽으로 자르면 단면이 흡사 유리섬유처럼 단단하고 매끄러운 구조를 이루고 있다. 오직 이런 찰고량이라야 일곱 번의 취주取酒(술 받기)와 여덟 번의 탄량攤晾(펼쳐 말리기), 아홉 번의 증자蒸煮(쪄 삶기)라는 전통공법에 적합하다. 또 매번 술을 받을 때마다 발생하는 열량 소모가 합리적 범위 안에 있게 된다. 외지에서 사온 고량의 경우, 칼로 자르는 순간 가루 상태가 돼버려 깔끔하게 갈라질 가능성이 거의 없다. 게다가 여러 번 쪄 삶기 위한 필요조건에도 미치지 못해 대부분 다섯 번쯤 술을 받으면 더 이상 쥐어짤 여지가 없게 된다.

작자 미상의 다음 시는 츠수이허 지역에서 생산된 붉은술수수를 구체적으로 그려냈다.

언 강에서 짧은 시를 읊다

색은 장미와 같아 꽃 피는 봄날이면 바람 따라 날아다니고,
정신은 겨울매화 같아 눈밭 밟으면 향기 피어올라 사람 돌아보
게 한다.
계곡 혼백은 향기에 천 년을 취했다가 어디로 돌아가야 하나,
비파 경쾌한 소리 뜯으며 호박 빛깔로 밤새 술잔 채웠다.
옛 시절 돌이켜보면 한무제가 그 맛 좋다며 감탄했고,
마오타이진의 영웅을 오래도록 그리워하며 노래를 불렀다.
츠수이 강변에 조수 차오르고 빠지는 건 다 때가 있는 법,
장차 술이 나오리니 동풍이 쓰다듬는 버들가지 아득히 바라본다.

원료부터 앞서가는 마오타이주

붉은술수수는 장향주 양조에 가장 적합하기 때문에 마오타이주
창뿐 아니라 마오타이진의 다른 양조장들도 모두 붉은술수수로 술
을 빚는다. 마오타이주창은 다른 양조장에 비해 재료 선별에 엄청
난 신경을 쓴다. 주원료는 전량 현지에서 오염 없이 천연 유기농법
으로 재배한 붉은술수수를 쓴다. 매우 섬세한 선별 과정을 거치는
데, 낟알이 완벽해야 마오타이주의 생산 공정과 품질 조건에 들어
맞기 때문이다. 오염 없는 천연 유기재배 품종이라는 점도 반드시
보증되어야 한다. 그 때문에, 마오타이주창에서는 붉은술수수밭을

마오타이주 생산의 첫 번째 작업장이라고 말한다. 마오타이주에 쓰이는 고량을 위해 선진화된 친환경 관리시스템이 도입되어 있음은 물론이다. 씨앗부터 비료, 수확에 이르는 모든 재배 과정 및 수매, 운반 과정 모두 정보화 관리를 적용함으로써 마오타이주 양조에 쓰이는 고량의 품질을 유지하고 있다.

마오타이주창은 유기농 붉은 고량의 공급을 한층 더 확실히 해두기 위해 2010년부터 친환경 원료를 들여오는 공급망을 구축했다. 마오타이주창은 츠수이허 주변 고량 재배농가와 계약을 맺어 고량 재배를 친환경 유기원료 공급체계의 중요 부분으로 삼았고, 모든 과정을 정보화관리 플랫폼에 편입시켰다.

츠수이허 주변 25만 묘畝(중국식 토지면적 단위로, 1묘는 666.7m²-역주)에 달하는 붉은술수수 재배농가들은 모두 마오타이주창과 런화이시 정부가 제공하는 재배 교육과정을 이수해야 하고, 농업표준화 규정을 준수해야 한다. 이들은 계약 재배 방식으로 마오타이주창에 우수한 품질의 원료를 제공한다. 마오타이주창은 농민들에게 고량 씨앗과 농업용 필름, 바이오 기술을 활용해 술지게미로 만든 유기비료를 농민에게 공급한다. 이렇게 함으로써 유기고량과 유기밀은 씨앗과 비료에서부터 수매에 이르는 각 단계별 이력 추적이 가능해졌다.

토양과 관련해서는 가축의 분변을 퇴적발효시켜 고량밭의 비료로 쓰고, 화학비료는 전혀 쓰지 않는다. 전통방식의 경작법에 따라 봄에 파종하고 가을에 수확하며, 제초 작업과 비료 공급까지 사람

손으로 하여 친환경 유기농업이 확실하게 이뤄지도록 했다. 어떠한 농업살충제도 쓰지 않고 살충등燈만으로 벌레를 없애거나 쫓는다. 이로써 오랜 기간 고민거리였던 잔류농약 문제를 원천적으로 해결했다.

검수 단계가 되면, 검수요원이 고량포대를 열어 눈으로 살폈을 때 알갱이 속이 꽉 차 있으면서 홍갈색 입자를 띠어야 첫 번째 관문을 통과한다. 청백색을 띠거나, 해충이 있거나, 입자가 고르지 않거나, 속이 차지 않은 알갱이가 발견될 경우 되돌려 보낸다. 관문을 무사히 통과하면 농약 잔류 등 일련의 계량화 지표에 대한 샘플링 검사가 기다리고 있다. 이 검사를 통과해야 비로소 마오타이주의 원료로서 창고에 들어갈 수 있다. 찰고량 역시 마오타이그룹 원료 창고에 들어가려면 반드시 엄격한 심사의 과정을 통과해야 한다. 수확, 탈곡, 포장, 운송 등 모든 단계에서 플라스틱 제품 사용은 엄격히 금지된다. 고량은 전량 순수 천연 마대로 포장되며 운송차량 역시 청결하게 유지된 전용 차량을 이용한다.

마오타이주창은 농민과 고량 수매 계약 때 수매가를 시장가격보다 높게 매긴다. 어떤 해는 시장가격의 갑절로 수매한 적도 있는데, 이는 고량 재배 농가가 안정된 수입을 유지할 수 있도록 보장하기 위해서였다. 2011년부터 마오타이주창은 수천만 위안을 투입해 고량 재배농가에 우수 종자와 농업용 필름 등을 제공하는 한편, 농가가 자연재해를 당할 경우 지원하기 위한 기금을 조성해 재배농민들의 걱정을 덜어주고 있다.

근래에는 마오타이주창의 생산 규모가 거져서 10년 전에는 연생산 3,000여 톤이던 것이 현재 연생산 4~5만 톤이 되었다. 이에 따라 필요한 원료의 양도 끊임없이 증가하고 있다. 곡식 5근당 술 1근이라는 비율로 계산하면, 현재 매년 필요한 고량은 20만 톤이 넘는다. 마오타이진, 런화이시 및 주변 지역의 다른 주창도 근래에 런화이 붉은술수수의 다량 구매 행렬에 동참함에 따라, 재배농가의 주가는 성큼 뛰어올랐다. 고량의 재배면적은 끊임없이 확대되고, 고량 가격 역시 끊임없이 오르고 있다. 양조 원료의 공급과 품질을 보장하고 가격파동에 대비하기 위해 마오타이주창은 원료기지를 설치해 운영하고 있는데, 2년 내에 유기농 밀을 재배하는 원료기지 20만 묘를 더 건설함으로써 필요한 유기농 재료의 공급을 확보해나갈 방침이다. 마오타이주창은 한발 더 나아가 생산주기보다 1년 앞서 원료 수매를 진행한다는 정책을 채택했으며, 10만 톤 규모의 유기 원료 저장고를 지어 천재지변으로 인한 고량 생산 감소나 시장가격 파동에 대비하고 있다.

　　백주 양조에서는 몇몇 요소가 백주의 풍격을 결정하거나 바꿀 수 있다. 그중 원료야말로 백주의 풍격을 결정짓는 핵심요소이다. 고품질 백주 양조의 첫걸음은 원료를 잘 장악하는 것이다. 이 점에서 고급 백주 마오타이는 털끝만큼도 나태해지지 않을 것이다.

단오절
누룩 밟기

좋은 술의 첫 단계, 누룩

술을 빚으려면 반드시 누룩부터 만들어야 한다. 술누룩은 양곡을 발효시켜 만드는 양조주의 전제이다. 그러므로 술 빚기의 첫 번째 단계는 제국制麴, 즉 누룩 제조이다.

마오타이주 양조 공정에는 '삼고三高'가 있다. 바로 고온 제국, 고온 발효, 고온 적주摘酒를 말한다. 고온 제국을 하는 이유는 간단하다. 고온 환경에서 미생물의 빠른 번식이 가능하고 술누룩을 빨리 흡수할 수 있기 때문이다.

매년 단오절이 지나고 기온이 높아지면 마오타이의 주사酒師들은 누룩을 만들기 시작한다. 이를 기점으로 마오타이주의 1년 생산주기가 정식으로 시작된다. 사람들이 흔히 말하는 '단오절 누룩 밟기'

이다. 누룩 밟기를 채국踩麴이라 하는데, 마오타이 지역의 많은 양조장들은 마오타이주창과 마찬가지로 단오절에 사람 힘으로 누룩을 밟는 옛 방식을 따른다. 다만, 마오타이주 생산량이 끊임없이 늘어나면서 누룩 사용량도 덩달아 큰 폭으로 증가했기에, 지금은 누룩 밟기를 단오절로만 제한하지 않고 복날伏日에도 허용하고 있다. 고온의 환경에서 발로 밟아 만든 누룩은 높은 품질을 보장한다.

술누룩은 밀로 만든다. 누룩을 뜻하는 한자 '麴(국)'의 부수가 밀을 뜻하는 '麥(맥)'인 데서도 알 수 있다. 밀가루에 모국母麴을 넣고 반죽한 뒤 나무상자 모양의 틀에 채워 넣고 직공이 맨발로 올라가 상자 안을 정성스럽게 밟는다. 여름철 누룩 제조 작업장은 온도가 종종 40℃까지 올라간다. 고온에서 빠른 속도로 번식한 미생물이 누룩덩이에 섞여 들어가면서 대량의 효소를 분비하여 전분과 단백질이 당분으로 바뀌도록 촉매 역할을 한다. 누룩 제조 작업장에는 대량의 국문麴蚊(누룩에 달려드는 벌레-역주)이 꽉 차게 되는데, 직공이 입을 벌려 숨을 쉬는 사이에 이 작은 벌레가 빨려 들어가기도 한다. 누룩덩이 밟기가 끝나면 짚풀로 싸는 장창裝倉을 하고 10일 후 누룩덩이의 위아래를 뒤집어 둔다. 누룩덩이가 골고루 미생물과 접촉되도록 하는 이 작업을 번창翻倉이라 부른다. 번창은 두 차례 반복하는 게 보통이다. 30~40일이 지나면 누룩덩이를 창고에서 꺼내 포개둔다. 전체 과정을 합치면 술누룩 한 덩이를 생산하는 데 걸리는 시간만 3~5개월이다.

단오절 누룩 밟기는 옛 풍습을 계승한 것이다. 단오절이 되면 자연의 누룩麴을 채취해 술 빚기를 준비하던 풍습이 있었다. 이는 자연만물의 순리에 따른 택일이다. 천인합일天人合一을 높이 받든 중국 민족은 매사에 택일을 중시해 건축과 공사, 이사와 출행, 혼례와 상제 등에 모두 좋은 날, 좋은 시를 골라서 했다.《제민요술齊民要術》에는 "7월 첫 인일寅日에 누룩을 만든다"는 기록이 있고, 강남 민간에도 "6월 6일에 옷을 볕에 말리고 물을 가둬 모으며 누룩과 장을 만든다"는 속담이 있다. 누룩 제조를 위해 때를 고르고 정확히 그 날짜에 맞추는 것은 천인합일의 실천이다. 마오타이의 단오절 누룩 밟기 역시 처음에는 현지의 술 빚기 관례를 따르면서 시작된 것으로 보인다. 그 후 반복된 실천과 검증을 거쳐 이 오래된 관례야말로 마오타이주 양조 과정에 꼭 필요한 핵심사항이라는 것을 알게 되었다. 이것을 한 마디로 정리한 것이 바로 '고온 제국'이다.

양조기술 발전사의 측면에서 보면 누룩을 밟아서 인공 누룩을 제조하는 방식은 양조기술이 어느 정도 발전한 단계에서 나타난 것이다. 그전에는 '누룩 밟기'가 아닌 '누룩 따기', 즉 술누룩과 유사한 자연적 생성물질을 채집하는 방식으로 술을 만들었다. 이는 완전히 천시天時에 순응하는 것이다. 곰팡이가 슬거나 싹이 난 곡물에다 자연계에서 채집한 누룩을 보태면 술이 만들어졌다. 누룩 따기 역시 계절을 중요하게 따졌다. 후대에 양조 경험을 전수할 때 선조들은 눈에 잘 띄는 날짜를 골라서 계절에 민감한 작업 시기를 기억하기 쉽게 했다. 따라서 6월 6일, 7월 첫 인일寅日, 혹은 단오절 등과 같이 예로부터 존재했던 절기를 고르는 게 가장 적절한 방법이었다. 양조기술이 발전함에 따라 인공적으로 누룩을 만들기 시작했고, 사람들은 복날에 밟아 만든 술누룩이 다른 때 만든 술누룩보다 백주 생산에 더욱 좋다는 것을 경험적으로 알아냈다. 이렇게 해서 복날의 누룩 밟기 역시 지금까지 전해질 수 있게 됐다.

단오 누룩 밟기가 오랜 전통에서 나왔다는 것을 증명하는 또 다른 설명도 있다. 중국에는 예부터 단오에 약을 캐는 풍습이 있었다. 술은 고대에 약의 일종이었고 지금도 민간에는 술을 약으로 삼는 요법이 전해지고 있다. 술이 약이라면, '술의 어머니'라 칭해지는 술누룩도 자연히 약이다. 주국酒麴의 별칭으로 주약酒藥, 국약麴藥 등이 있다는 사실 역시 이 점을 충분히 증명한다. 구이저우 두산獨山의 소수민족인 수이水족 마을 웡타이翁臺향鄉에는 지금도 "신을 믿지 말고 뇌신雷神을 믿어라, 약을 믿지 말고 주약酒藥을 믿어라"라는 말이 전해져 온다. 주국이 약이라면, 당연히 단오에 약을 캐는 풍습을 따라야 하는 법이다. 단오에 누룩 따기采麴, 또는 누룩 밟기踩麴를 하면 술을 빚을 때 주약酒藥의 위력을 더욱 잘 발휘할 수 있다고 생각했기 때문이다.

젊은 여성들이 누룩을 밟는 까닭

마오타이주 누룩 제조와 관련한 또 하나의 신비한 특징은 여자 직공들이 누룩 밟기를 한다는 점이다.

마오타이진의 여직공 누룩 밟기는 600여 년의 역사가 있다고 전해진다. 단오가 되면 각 양주장은 마오타이진의 20세 이하 여성들을 고용해 누룩을 밟게 했다. 누룩 밟는 여성이 많고 예쁠수록 그 양조장의 술이 잘 팔린다는 소문이 퍼졌다. 기온 높은 누룩 제조방에서 젊은 여성들이 맨발로 누룩 원료를 밟으면서 웃고 재잘거리는 것 자체가 아름다운 광경이었다. 전통사회에서 상품은 통상 산지 부근에서 판매되곤 했으므로, 여직공의 누룩 밟기는 일종의 살아 있는 광고나 마찬가지였다. 마오타이주창은 지금도 여직공에게 누룩을 밟게 하는 전통방식을 유지하고 있다.

여직공의 누룩 밟기 역시 자연의 규율에 근거해 생긴 전통풍습일 것이다. 고대에도 '처녀채국'이란 말이 있었다고 전해지는데 이는 단오절 당일에 미혼여성이 생화生花로 발을 씻은 뒤 술누룩을 밟는 것을 가리킨다.

하필이면 왜 젊은 여성이 누룩 밟기를 했을까? 몸집 우람한 남성의 힘이 더 힘이 세지 않은가?

이는 누룩의 특징 때문이다. 술누룩은 고량에 섞여 들어가 곡식 발효를 촉진시킴으로써 술이 만들어지는 것을 돕는다. 이때 누룩덩이는 겉은 촘촘하고 속은 성기어야 분쇄 발효에 용이하다. 젊은 여성은 몸이 가벼워서 누룩을 밟는 힘의 세기가 딱 알맞다. 기골 장대한 사내나 비만 여성이 누룩을 대충대충 밟게 되면 효과는 크게 떨어진다. 또한, 누룩 제조는 고온에서 해야 하는데 여성이 생리적으로 남성보다 더위를 더 잘 견딘다. 이런 점들을 고려하면, 과학기술이 발달하지 않았던 고대에 여직공을 고용해 누룩 밟기를 했던 것은 지극히 '과학적'인 선택이었다.

현대 미생물학과 미생물 생태학의 연구 성과에 비춰보면 고대로부터 내려오는 여성들의 누룩 밟기 풍습은 과학적으로도 의미가 있다. 음력 5월 단오 무렵의 마오타이진은 기후가 따뜻하고 습도가 높다. 풍속은 느리고 일조량이 충분해, 각종 미생물의 번식이 왕성하고 자연환경 속 미생물의 종류와 수량도 많다. 누룩 밟기를 통해 이런 미생물이 술누룩 원료와 충분히 접촉하게 함으로써 고품질의 양조 미생물군을 만들어낼 수 있었다. 미혼여성의 발은 분비물이 비교적 적고 곰팡이도 적으며, 누룩 밟기 작업 중에 땀을 좀 흘릴 수는 있지만 술누룩의 산도酸度에 변화를 줄 만큼 양이 많지는 않을 것이다. 이에 술누룩 원료의 천연성이 유지되는 가운데 다양한 양조미생물이 균형을 유지하면서 신속히 생장 번식하여 우수한 품질의 누룩을 만드는 것이다.

과거에 미혼여성들에게 누룩 밟기를 맡긴 데에는 나름대로 또 다른 논리도 있었다. 중국문화는 음양 조화를 중시하는데, 특히 고대에는 이 사상이 유달리 성행했다. 단오는 천지가 '양기의 극至陽'에 이른 때로, 이날 누룩 밟기를 시작하려면 '음기의 극至陰'으로 조화를 맞출 필요가 있었다. 이에 옛사람들은 음을 대표하는 미혼여성이야말로 누룩 밟기에 가장 적합하다고 여겼다. 물론 오늘날의 관점으로는 과학적 근거가 전혀 없는 이야기이다.

마오타이의 시간은 거꾸로 흐른다

　현대 과학기술의 진보는 전통 수공업이라는 낙인이 찍혀 있던 양조업계에 강한 충격을 주었다. 양조업계는 신기술의 도움을 받아 자동화 생산라인을 설치했고, 선진화된 생산도구를 이용해 생산효율을 높였다. 하지만 동시에 전통적 양조공법의 간소화에 따른 제품 품질의 변화 가능성도 높아졌다.

　중국의 많은 양조기업들은 오늘날 현대적인 기계식 공법으로 누룩을 제조하고 있다. 특히 양허주창洋河酒廠은 현대식 대형 누룩 제조동을 보유하고 있다. 사람의 힘에 의존하는 과거의 작업장 광경은 이미 자취를 찾기 어렵고, 그 자리는 높고 큰 공장 건물과 구조물, 가지런히 배치된 작업대, 질서정연한 기계설비, 빠르고 안정적인 기계식 누룩 제조 공정이 대신하게 되었다. 원재료와 보조재료의 처리부터 누룩덩이 성형에 이르기까지, 공정의 많은 단계를 중앙제어실에서 네트워킹으로 제어해 진정한 제어 일원화와 자동화를 실현했다. 기계식 누룩 제조는 전통적 인공작업 방식의 단점, 즉 노동강도가 세고 누룩 품질이 안정적이지 않고 위생이 떨어지는 등의 문제점을 극복했다. 또한 대폭적인 인력 절감과 노동강도 경감, 원료 배합의 정확성과 균등성 제고, 누룩덩이의 균등한 밀도 유지 및 모양새의 통일 등이 이루어졌다. 하지만 양허주창의 생산기술은 다른 양조장에 비해 뒤처지는 면이 있어, 기계식 누룩 제조를 확대 보급할 가치가 있는지 여부를 아직 논쟁 중에 있다.

후베이湖北성의 비이원볜白雲邊 주업은 10년 전에 기계화된 생산 설비를 도입해 고온 누룩을 생산하기 시작했다. 당시 중국 국내에는 기계를 사용한 고온 누룩 생산에 관한 연구가 적었고 이렇다 할 문헌자료도 없었다. 2년여의 연구와 생산 실험 끝에 기계식 고온 누룩 완성품이 나왔는데, 정해진 품질 기준에 대체로 부합했고 바이원볜주의 생산에 응용한 결과도 성공적이었다. 바이원볜의 기계식 고온 누룩 제조 공법은 문서화되어 누룩 생산을 지도하는 데 쓰이고 있다.

바이원볜의 고온 누룩이 마오타이의 누룩 제조 공법과 비슷하다는 사실은 마오타이 입장에서도 참고할 만한 가치가 있다는 걸 의미하지 않을까? 사실, 마오타이주창은 1980년대에 외국의 유명 기업과 합작해 대규모 기계식 누룩 제조를 시도한 적이 있었다. 마오타이주창의 1세대 누룩 제조기는 벽돌 성형의 원리를 본떠 만든 것이었다. 한 번 압착으로 즉시 누룩덩이가 성형되기 때문에 직공들의 노동강도를 대폭 줄이고 노동력을 절약할 수 있었다. 하지만 기계로 압착해 만든 누룩은 지나치게 촘촘해서 발효 시 안과 밖의 온도차가 크게 벌어지고 열 발산율이 떨어지며 누룩 단면의 중심이 타버리고 발효력이 저하되는 등의 문제가 발생했다. 이는 완성된 술 제품의 품질에까지 큰 영향을 미쳤다. 이 때문에 마오타이주창은 기계식 누룩 제조 시도를 포기하고 다시금 사람이 직접 하는 누룩 밟기로 돌아갔다. 그 이후 다른 양조기업이 기계식 누룩 제조에 관한 기술적 성과를 거두었다 하더라도 마오타이주창은 아무런 동요

없이 전통방식대로 누룩 밟기를 지속하고 있다.

마오타이진에 함께 있는 궈타이주좡國臺酒莊은 과거에는 마오타이주창과 기본적으로 동일한 생산방식을 따랐다. 그러다 2013년부터 기계식 누룩 제조로 대체하면서 직공들의 노동강도를 50% 이상 절감했고, 경험과 감각에 의존한 데 따른 조작의 부정확성을 개선함으로써 누룩 품질을 단일화했다. 하지만 궈타이 제품의 품질은 줄곧 마오타이에 견줄 바가 되지 못했다. 혹시 누룩 제조가 그 원인 중 하나인지는 아무도 모른다. 마오타이주창 입장에서 보자면, 기본적으로 주류업계에서 차지하는 특수한 지위가 있다 보니, 어떤 기술이 완전히 검증되기 전에는 도입 여부를 섣불리 고려할 수 없다. 그리하여 마오타이주창은 지금까지도 전통적 방식의 누룩 밟기를 고집하고 있다.

사람의 힘에 의존하는 누룩 밟기는 노동강도가 대단히 세다. 주로 경험과 감각에 의존하는 이 노동은 지금도 여전히 마오타이주창의 모든 공정 중 가장 노동집약적인 작업이다. 공장을 참관하는 관람객들은 소녀들의 누룩 밟기를 하나의 구경거리로 보지만, 작업장에 갓 배치된 여직공들은 대부분 노동강도를 견디기 어려워하고 이틀 후면 시큰한 요통과 엄청난 다리통증에 시달리게 된다.

마오타이주창은 시방도 누룩 밟기에 쓰는 오래된 건물을 한 채 가지고 있다. 낡은 건물이다 보니 남아 있는 미생물이 많고, 거기서 만들어진 술누룩은 장향이 유달리 도드라진다. 이 낡은 건물에서 현대화된 설비라 부를 수 있는 건 누룩 재료를 흩뜨리고 섞는 데 쓰는 기계 한 대가 유일하다.

건물 한쪽에서는 젊은 여직공들이 삼삼오오 무리를 지어 나무틀에 누룩 재료를 채워 넣은 뒤 발로 밟아 누룩덩이를 만들어낸다. 누룩덩이는 최종적으로 봉긋한 거북이등 모양을 띠며 네 변은 촘촘하고 가운데는 성기게 만들어진다. 그렇게 되지 않으면 완전발효가 진행되지 않아 제대로 된 효모를 만들어내지 못한다. 짚풀로 싼 누룩덩이는 효모 창고에서 40일간 고온발효를 한 후 다시 몇 개월간 쌓아두는 퇴국堆麴 과정을 거쳐야 마오타이주 양조에 쓰일 수 있다.

습하고 더운 누룩 창고 안의 기온은 35℃ 이상이며, 한참 발효 중인 누룩 내부는 너끈히 60℃를 오르내린다. 누룩 창고 안에는 전등이 없고 아주 작은 창문 하나를 통해서만 빛이 들어온다. 40일간의 발효 기간이 지난 뒤 여직공들이 누룩덩이를 감싼 짚풀을 복도 불빛에 의지해 세심하게 걷어내면 누룩 창고 안에 짙은 장향이 가득 피어오른다.

완전한 자연 상태에서 미생물이 누룩덩이의 발효 생성을 일으키게 하려면 고온다습한 환경을 유지해야 한다. 따라서 에어컨이나 제습기 등 현대화된 설비로 작업환경을 개선할 수가 없다. 그래서 누룩 밟기 직공들은 보통 새벽 5시부터 작업을 시작해 오전 10시쯤 하루 작업을 마친다.

이러한 '원시'적 작업 장면을 본 사람들은 마치 시간이 거꾸로 흐른 듯한 느낌을 지우기 어렵다. 하지만 누룩 밟기 여직공들의 현실

생활은 최신 트렌드를 따르고 있다. 직장에서의 일과 직장 바깥에서의 일상생활이 선명한 대조를 이루는 것이다. 그들은 대부분 자가용을 몰고 출근하여 극히 원시적인 근무환경에서 전통적 작업을 반복한다. 그러다 퇴근 시간이 되어 샤워를 하고 작업장을 나서면 다시금 화사한 차림새의 현대여성으로 되돌아간다. 누룩 밟기 여직공들의 강인함과 부지런함이 있었기에 누룩 밟기라는 전통공법이 계승될 수 있었고, 궁극적으로는 마오타이주의 독특한 품질에 빼놓을 수 없는 요소가 되었다.

중양절의
원료 투입

!

'중양하사重陽下沙'의 전통을 지키다

중국 전통 절기인 중양절을 전후해 츠수이허 강변의 잘 익은 붉은술수수를 수확하고 나면, 마오타이주 생산 공정의 새로운 단계인 하사下沙가 엄숙하게 시작된다. 하사란 투료投料, 즉 원료 투입을 말한다. 마오타이주 생산과정 전체를 통틀어 투료는 오직 중양절 전후에만 두 차례로 나눠 이루어지기 때문에 '중양하사重陽下沙'라는 말이 생겼다.

츠수이허 일대는 여름철에 비가 잦기 때문에 물가 흙이 유실되어 수질이 좋지 않다. 중양절을 전후한 시기는 일 년 중 가장 수질이 좋은 때다. 강바닥이 훤히 비치고 햇빛이 내리쬐는 물속을 헤엄치는 물고기가 보일 정도로 강물이 맑아진다. 용수 처리 능력이 그

다지 발달하지 못했던 옛 시절, 천시天時와 지리地利에 순응하기 위해 투료를 시작하는 시기로 중양절을 선택한 것이다. 또 하나의 요인은 기후다. 현지의 여름 기온은 35~40℃까지 오르는데, 고량은 전분 함량이 매우 높기 때문에 저장 장소에 넣어둔 동안 기온이 지나치게 상승하면 시큼한 맛이 과도해져 양조 원료로 쓰기에 적절하지 않다. 9월이 되면 기온은 25℃ 정도로 내려가고 고량도 익기 때문에, 이때야말로 양조 투료를 시작할 최적기가 된다.

중양절에 투료를 하고 나면 입춘이나 음력 섣달그믐 전에 1차 고주烤酒를 마쳐야 한다. 입춘이나 섣달그믐 후 오르기 시작한 기온은 3차, 4차 고주를 할 무렵이 되면 장향주의 술과 향을 생산하는 미생물이 번식·생장하기에 적당해진다. 전분의 당화 진행 정도와 수분, 산도, 투과성이 딱 알맞게 되는 것이다. 따라서 3, 4차 고주는 장향주의 향기를 만들어내는 데 가장 중요한 시기이다.

중양 투료는 오랜 세월에 걸쳐 발전한 양조기술의 계승이자 천시와 지리에 순응하는 중국의 전통적인 제조업 문화를 실현한 것이라 할 수 있다. 마오타이진 일대에 살았던 사람들은 매우 이른 시기부터 천시와 지리에 순응해 과일과 곡물로 술을 빚었고, 이것이 오랜 세월 지속되면서 자연환경을 숭배하게 되었다. 술 빚기란 물과 뗄 수 없기 때문에, 마오타이진 선조들의 첫 숭배 대상은 끊임없이 흐르는 츠수이허였을 것이다. 해마다 중양절이면 마오타이진 선조들은 강물에 제사를 지내는 의식을 성대하게 거행했다. '초룡招龍', '제수祭水', '안룡安龍' 등의 제사 식순을 경건하게 치름으로써 자연 신령에 대한 감사와 숭배를 표하는 한편, 하늘에 오곡풍성과 평안길상을 기원하고 미주와 양곡이 창고에 가득하길 빌었다.

중양절 제수는 마오타이진의 오랜 양조 역사에서 변하지 않는 풍습이었고, 지금도 계속되고 있다. 해마다 음력 9월 9일 중양절이 되면 마오타이진 츠수이허 강변에서 옛 모습 그대로의 제수 의식이 거행된다. 북소리가 울리는 가운데 사람들은 경건하게 하늘과 땅에 절하고, 향과 술을 올린 뒤 제문을 낭독하며 츠수이허에 대한 감사를 표시한다.

중양하사의 '사沙'는 마오타이주의 주요 양조 원료인 고량과 보조 원료를 가리킨다. 원료 투입 전의 초벌 가공 과정에서 일부 양조 원료가 분쇄된다. 현지인들은 방언으로 이를 '사'라 불렀다.

원료의 분쇄 정도와 기술에 따라 '사'는 여러 유형으로 분류된다. 각기 다른 '사'가 만들어내는 술은 품질에서 차이를 보이는데, 때로는 그 차이가 매우 큰 경우도 있다.

곤사坤沙

방언을 음역한 것으로, '완전한 사'라는 뜻이다. '捆沙', '圖沙'로 표기하기도 한다. 곤사는 완벽하게 온전한 고량을 가리키지만 실제로는 100%의 곤사를 사용하지 않고 파쇄율 20% 전후의 고량을 사용한다. 원료 전체가 온전할 경우에는 발효가 잘되지 않고, 어느 정도 파쇄된 부분이 있어야 발효가 잘되기 때문이다. 곤사주는 출주율이 낮지만 품질은 가장 우수하다. 곤사주의 핵심기술은 유명한 회사回沙 공법, 즉 두 차례 원료를 투입하고, 아홉 차례 증류하고 여덟 차례 발효시키고 일곱 차례 술을 거두는 것이다. 그러고 나서 3년에서 5년을 묵힌 뒤 마실 수 있다.

쇄사碎沙

글자 그대로 빻아 부순 고량으로, 원료를 100% 파쇄한 뒤 갈아서 분말 상태로 만든다. 쇄사를 사용하면 상대적으로 빨리 술을 만들 수 있고 출주율도 높은 편이다. 엄격한 회사 공정이 필요하지 않으며, 일반적으로는 두세 차례 증류로 알코올 성분을 모두 추출해낼 수 있다. 술지게미는 다시 쓸 수 없다. 이런 술은 장향이 비교적 엷고 뒷맛이 오래 가지 않지만 장시간 놓아두면 장향이 강해지고 입안 느낌도 좋다. 단점은 정통 장향에 비해 맛의 깊이가 없고 단조롭다는 점이다. 장향주를 처음 접하는 사람 중에는 쇄사주가 더 잘 받는다는 사람도 종종 있다. 100% 순수 쇄사주는 여러 해 묵혀도 향의 변화는 크지 않지만 입안 느낌이 부드러워 마시기가 한층 쉽다. 백주계에서 종종 일어나는 농울파濃鬱派와 청담파淸淡派 간의 다툼은 사실 곤사주와 쇄사주 간의 다툼이다. 품질 좋은 쇄사주는 곤사주와의 배합 없이 판매가 되고 있지만, 보통 품질의 쇄사주는 통상 곤사주와 혼합을 거쳐 판매에 들어간다.

번사翻沙

아홉 번 증류한 뒤 버려지는 곤사주 술지게미에 새 고량과 새 누룩을 디한 것이 번사이다. 번사주는 생산주기가 짧고 출주율이 높지만 품질은 떨어진다. 주정주酒精酒에 비해 장향이 약간 더 나는 정도다. 어설프게 만들었다가는 쓱쓱하거나 찐득거리는 잡맛이 나기도 한다. 번사주는 한 번 사용한 재료를 재활용한 것으로 술로서의 가치는 높지 않다.

찬사竄沙

천사串沙, 천향串香이라고도 한다. 아홉 번 증류한 뒤 버려지는 곤사주 술지게미에 식용 주정을 더한 것이 천사이다. 이를 증류해서 만든 상품을 찬사주라 하는데, 생산비가 저렴한 대신 품질이 떨어진다. 한때 시장에서 팔렸던 병당 수 위안짜리에서부터 이십 위안대까지의 장향주는 기본적으로 찬사 종류였다. 장향과 관련한 GB/T(국가표준)이 마련된 후, 찬사주는 그 기준에 미치지 못하여 도태되었다.

고급 중의 고급, 곤사주를 대표하는 마오타이

찬사주는 이미 도태되었고, 번사주는 한 모금 마셔보면 곧 바로 알 수 있다. 하지만 곤사주와 쇄사주의 구분은 쉽지 않다. 둘 다 자연물 발효 과정에서 나오지만 그 제조 공정은 다르다. 곤사주는 전통 제조법을 사용해 고온의 대국大麴을 당화효소제로 쓰며, 생산비에 구애받지 않고 품질에만 신경을 쓴다. 반면 쇄사주는 현대기술을 받아들여 개량된 제조법을 사용하며 일반적으로 부국麩麴을 당화효소제로 쓴다. 한 모금 들이켜 보면 곤사주는 향기가 풍부하고 입안에 술맛이 꽉 들어차며 살짝 쌉쌀한 가운데 단맛이 감돈다. 약간 시큼하고 떫으면서도 향기롭다. 화려하지 않고 나직하되 엷지 않으며, 층차가 뚜렷하고 뒷맛이 길게 남는다. 쇄사주는 향기가 단일하고 입에 넣으면 부드러운 느낌이 들며, 쓴맛 없이 달고 뒷맛이 담백하다. 처음 마시는 사람의 경우 종종 그 꽉 들어차는 느낌을 맵싸하게 느끼고 담백한 맛을 부드럽다고 받아들일 수 있기에, 곤사주보다 쇄사주를 좋아하는 사람이 더 많다. 물론 좋은 쇄사주 중에는 품질이 떨어지는 곤사주보다 더 고급인 것도 있다.

곤사주에도 품질의 차이가 존재한다. 고급 곤사주는 입에 들어갔을 때 장향이 도드라지며 약간 쌉쌀한 맛과 단맛이 감돌고 은은히 눌은 향과 꽃향이 배어난다. 입안에서 향이 점점 퍼지면서 뚜렷한 층차감이 펼쳐졌다가, 그윽하고 우아한 뒷맛이 섬세하게 이어진다. 보통 등급의 곤사주는 입에 들어갔을 때 장향이 도드라지지만 쓴맛도 센 편이고, 눌은 향이 부각되고 꽃향은 엷다. 층차감이 충분히 풍부하진 않지만 뒷맛은 그윽하고 우아하다. 갓 빚어낸 곤사주는 장향이 도드라지나 입에 들어갔을 때 화끈거리면서 활력이 과한 느낌을 주고 건조함이 강한 편이며 미각을 마비시키기 쉬워 섬세한 감상에는 어울리지 않는다.

같은 장향주이면서 왜 어떤 것은 한 병당 백 몇십 위안 정도이고 어떤 것은 한 병당 수천 위안까지 나가는지는 이로써 설명이 가능히다. 브랜드의 프리미엄 외에도 양조공정과 생산원기가 가격을 결정하는 것이다.

마오타이주는 곤사주이며 그 품질이 다른 곤사주보다 월등히 높다. 가히 곤사주의 대표이자 경전이다. 마오타이주의 누룩 제조장과 술 제조 작업장 및 보관 창고는 마오타이진 핵심산업 구역에 있고 그중에서도 가장 좋은 위치를 차지하고 있기에, 다른 곤사주보다 뛰어난 지리적 환경을 누리고 있다. 양조공정에서 필수적인 미생물 군 역시 가장 풍부하다.

마오타이주가 사용하는 양조 원료는 전부 츠수이허 주변 특유의 붉은술수수에서 온다. 고량 재배의 유기농화를 특별히 중시하여, 근래에는 대규모 재배 기지를 세우고 양조 원료가 오염되지 않도록 했다. 마오타이주는 전통적 회사回沙 공법을 철저히 따르며 곤사의 파쇄율은 10% 전후로, 두 차례의 원료 투입, 아홉 차례의 찌기(증자蒸煮)와 여덟 차례의 발효, 일곱 차례의 취주取酒 등 복잡한 공정 중 어느 것 하나 소홀히 하지 않는다. 마오타이주는 최소 5년을 묵혀 두었다가 다시 세심한 배합(블랜딩)을 거친다. 마오타이주 저장고에 는 오랜 시간 묵혀둔 술이 풍족하게 보관되어 있다. 이처럼 오래 묵힌 술과 새 술을 배합해서 시장에 내놓을 상품을 만드는데, 그 배합의 기법 또한 풍부하고 신기하다.

원료 투입의 다섯 단계

마오타이주의 원료 투입(투료)은 두 차례에 나눠 한다. 적당한 기온에 수질이 가장 좋고 고량이 잘 익을 무렵인 중양절 전에 제1차 투료를 시작하기 때문에 이를 중양하사라고 부른다.

제1차 투료는 총 원료의 절반을 차지한다. 첫 단계는 '윤량潤糧'이라 부르는데, 약 10%의 고량 원료를 분쇄한 뒤 파쇄하지 않은 곤사에 섞어 넣고 발양수發糧水라 부르는 뜨거운 물을 끼얹는다. 물을 끼얹는 동안 원료를 잘 섞어주어 물을 고루 흡수하게 한다. 물을 두 번으로 나누어 뿌려도 되는데, 한 번 뿌릴 때마다 세 번 뒤섞는다. 물이 바깥으로 유실되어 원료가 충분한 수분을 흡수하지 못하는 일이 생기지 않도록 주의한다. 그 뒤 모조母糟를 넣고 발양수와 골고루 섞은 후 잠시 쌓아둔다. 모조는 이전 해의 마지막 발효 때 증류시키지 않고 남겨둔 우수한 품질의 주배酒醅를 말한다.

두 번째 단계는 곡식, 즉 생사生沙를 찌는 증량蒸糧이다. 시루 위에 왕겨를 한 층 깔고 김이 올라오기 시작하면 원료를 흩뿌려 1시간 이내에 시루에 안치는 작업을 끝낸다. 김이 완전히 오르면 원료를 찌고, 다 쪄지면 시루에서 꺼낸다. 시루에서 꺼낸 후에는 다시 뜨거운 물을 뿌린다. 이때 뿌리는 물은 양수量水라 부른다. 발양수와 양수의 양은 투료량의 56~60% 정도이다.

세 번째 단계는 펼쳐 말리면서 누룩과 섞는 것이다. 물 뿌린 생사를 가볍게 흩뜨려 펼치면서 식히는 한편, 증발해 사라진 수분을 적당량 보충한다. 온도가 일정 범위 내로 내려오면 미주尾酒와 누룩을 넣고 잘 섞는다(백주 증류 과정에서 처음 나온 술을 두주頭酒, 그 뒤에 나온 술을 중단주中段酒, 가장 마지막에 나온 술을 미주尾酒라 한다-역주).

네 번째 단계는 쌓아두고 발효시키는 퇴적발효다. 생사를 수북하게 모아 쌓아두고 4~5일간 두면서 온도가 상승하기를 기다린다. 쌓아둔 더미 속에 손을 넣어 주배酒醅를 끄집어냈을 때 향긋하고 달콤한 술 냄새를 풍기면 이제 발효조에 넣을 수 있다.

마지막인 다섯 번째 단계는 발효조에 넣어 발효시키는 것이다. 쌓아둔 채 발효시킨 생사生沙 더미에 다시 적당량의 미주尾酒를 넣고 잘 섞은 후 발효조에 넣는다. 거기다 왕겨를 얇게 한 겹 뿌리고 진흙으로 발효조를 밀봉한 후 발효시킨다. 이것으로 제1차 투료가 완성된다.

중양절이 지난 뒤 발효조를 열고, 위에 기술한 순서대로 제2차 투료를 한다. 즉 새 고량을 시루에 안쳐 쪄낸 다음 누룩을 넣고 퇴적발효를 시킨 뒤 발효조에 넣는다. 이 공정을 '조사造沙'라고 한다.

조사를 끝내면 한 해의 원료 투입이 완성되며 해당 생산주기 내에는 더 이상 투료를 하지 않는다. 이것은 마오타이주의 독특한 특징으로, 다른 백주가 사계절 모두 투료를 하는 것과 완전히 다르다. 또한 마오타이주는 투료 과정 중에만 원료에 물을 부을 뿐, 그 후의 공정에는 물을 넣는 일이 없다. 투료 과정 중 하사와 조사 단계로 나누어 두 번을 찌는데, 이렇게 두 번 찔 때는 결코 취주取酒, 즉 술을 받아내지 않는다. 또 하나 신기한 점은 발효 시간 결정이 전적으로 직공의 손에 달려 있다는 점이다. 경험이 풍부한 직공은 손을 발효 퇴적물에 찔러 넣었을 때의 감촉만으로 발효조에 넣을 만한지 아닌지를 판단할 수 있다.

조사 이후 1개월쯤 지나면 발효조를 열어 발효된 곡식을 꺼내고, 증류와 취주의 단계로 넘어간다.

아홉 번 찌고
여덟 번 식혀서
일곱 번 술을 받다

고유의 회사 공법을 고집하는 이유

곤사주를 대표하는 마오타이주는 유명한 회사回沙 공법으로 빚는다. 회사란 간단히 말해 같은 원료(곤사)를 반복해서 찌고 발효시켜 술을 받아내는 것으로, 곤사 속 술 성분이 완전히 다 빠질 때까지 공정을 반복하는 것이다. 회사 공정을 한 바퀴 다 돌리면 마오타이주 생산주기 한 바퀴가 완성된다. 이를 '구증 팔효 칠취주九蒸八酵七取酒'라 한다(구증이라 한 것은 원료 투입 단계에서 수수 원료를 찌는 두 차례의 증량蒸糧과 술을 받기 위해 반복하는 일곱 차례의 증류蒸溜를 합친 것이다-역주).

중양하사 후, 곤사는 두 차례 찌기와 두 차례 발효를 마친 뒤 제1차 취주를 시작할 수 있다. 취주는 고체증류법을 이용한다. 제1차 증류에서 받아 낸 술을 '조사주造沙酒'라 부른다. 조사주 증류가 끝나면 주배酒醅를 시루에서 꺼낸 뒤 펼쳐서 식힌다. 새로운 원료는 추가하지 않는다. 그 다음 미주尾酒와 누룩가루를 넣어 잘 섞고 퇴적한다. 이것을 발효조에 넣고 1개월간 발효시킨 다음 다시 꺼내서 술을 증류하면 제2차 원주原酒를 얻을 수 있는데, 이를 '회사주回沙酒'라 부른다. 이러한 작업 절차와 공정에 따라 다시 3차, 4차, 5차 원주를 증류하는데, 이를 통칭 '대회주大回酒'라 한다. 동일한 공정으로 얻은 제6차 술을 '소회주小回酒', 제7차 술을 '고조주枯糟酒' 또는 '추조주追糟酒'라 한다. 여기까지 하면 취주取酒(술 받기)가 끝나고, 완전한 생산주기 한 바퀴도 끝이 난다. 최초 투입되었던 원료는 여러 차례 찌기와 취주를 거쳐 술지게미로 바뀌고 버려진다. 이것이 속칭 '주조丢糟'이다. 마오타이의 장인들은 이처럼 찌고 발효시키는 것을 반복하는 회사 공정을 거쳐 천천히 술을 짜낸다.

일곱 차례에 걸쳐 증류해낸 술은 제각각 맛과 느낌이 다르다. 제1차 조사주는 시고 떫고 맵다. 제2차로 증류한 술은 조사주에 비해 향기롭지만 여전히 떫은맛이 있다. 제3차, 4차, 5차 증류에서 나온 대회주는 향기가 짙은 데다 맛이 진하고 풍부하며 나쁜 잡맛이 없다. 제6차 소회주는 부드러우면서 맛이 오래도록 이어지고 걸쭉한 곡식 향이 나지만 살짝 쓰고 지게미 맛이 진한 편이다. 마지막 차수의 고조주는 눌은 맛과 쓴맛이 난다. 이처럼 서로 다른 매 차수 술마다 각각의 쓰임새가 있는데, 마오타이주 배합에는 바로 이런 다양한 풍미가 꼭 필요하기 때문이다.

마오타이주의 회사 공법은 다른 백주들의 양조공법과 차이가 크고 특징이 뚜렷하다.

마오타이주의 생산주기는 유독 길다. 중양절의 하사下沙부터 다음 해 8월의 주조丟糟까지, 마오타이주의 생산주기 1바퀴는 꼬박 1년이 걸린다. 그 사이에 2회의 원료 투입과 9회 찌기, 8회 발효, 7회 취주 등의 공정을 완성한다. 3회차부터는 새 원료를 투입하지 않고 오직 누룩과 미주尾酒만 넣는다. 원료가 곤사이기 때문에 분쇄 상태가 거칠고 주배酒醅 속 전분 함량이 높은 편이다. 발효 횟수 증가에 따라 점차적으로 전분이 소모되기는 하지만 그래도 전체 생산주기가 마무리된 뒤의 지게미 속 전분 함량은 여전히 10% 정도가 된다. 그렇기 때문에 이 지게미가 번사주와 찬사주 생산에 계속 쓰일 수 있는 것이다.

마오타이주는 상당히 많은 고온 누룩을 사용한다. 마오타이주 발효 과정에서 누룩 사용 총량과 원료 투입 총량의 비율은 1:1에 달한다. 하지만 매 발효 회차마다 누룩의 추가량은 기온 변화, 전분 함량, 주질 상황 등을 살피며 융통성 있게 조정해야 한다. 기온이 낮으면 양을 많게 하고 기온이 높으면 양을 적게 하는데, 그중 3회차, 4회차, 5회차 때는 조금 많이 넣고, 6회차, 7회차 때는 누룩 사용을 줄인다.

마오타이주의 퇴적발효는 다른 백주와 구별되는 독특한 공법이다. 매번 증류를 마친 주배酒醅는 펼쳐 식히고 누룩을 추가한 뒤 꼭 4~5일 동안 퇴적발효를 시켜야 한다. 이는 주배酒醅를 새롭게 하고 미생물을 풍부하게 모아 누룩 속의 곰팡이균, 호열好熱성 바실러스균, 효모균 등이 한층 더 번식토록 함으로써 2차적인 누룩 제조制麴 작용이 일어나게 한다. 퇴적더미의 온도가 일정 범위에 도달할 때면 미생물은 이미 꽤 왕성하게 번식했기 때문에, 다시 발효조에 넣어 발효시키면 미생물이 '절대적 우위'를 점하게 되어 정상적인 발효가 진행된다.

주배로 발효조를 배양하는 것과 회주回酒(증류해 얻은 술 일부를 발효 중인 원료에 되돌려 넣는 것-역주) 방식으로 발효하는 것도 마오타이주 생산 공정의 또 다른 특징이다. 이때 주배를 발효조에 넣고 꺼내는 것을 반복함으로써 누룩으로 발효조를 배양하고 발효조로 누룩을 키우는 효과를 얻는다. 퇴적발효를 마치고 발효조에 넣기 전, 미주尾酒를 발효조에 뿌려 발효가 원활하게 진행되고 좋은 향이 만들어지도록 한다. 회주의 양이 적지 않기 때문에 주배酒醅를 발효조에 넣을 때의 알코올 함량은 용적의 2%가량이 된다.

마오타이주 생산용 발효조도 다른 술들과 다르다. 네모진 돌과 점토로 만드는 발효조의 용적은 $14\sim25m^2$로 제법 크다. 매년 발효조에 원료를 넣기 전 장작으로 발효조를 태움으로써 내부의 잡균을 살균할 뿐만 아니라 말라붙은 지게미 맛도 제거하고 발효조 온도를 높인다. 주배가 발효조 안 어디쯤에 위치했는지에 따라 술의 품질도 달라진다. 발효조 상층부에 있던 주배를 증류해 나오는 장향형 풍미의 술은 마오타이주 품질의 주요 성분을 이룬다. 발효조 바닥의 진흙 쪽에 가까이 있던 주배를 증류했을 때 나오는 술에서 생기는 향은 교저향窖底香이라 부른다. 발효조 중간 부분에 있던 주배를 증류한 술에서는 진하면서도 달콤한 순첨향醇甛香이 나온다. 증류 시 이 세 부분의 주배는 반드시 따로 증류해야 하고 주액도 따로 보관해야 한다.

최고의 명주를 생산하는 최대의 수공업 작업장

마오타이주는 전통공법 수호의 대표자라 할 수 있다. 그 공법의 오랜 역사는 물론, 복잡한 공정을 지금까지 유지하고 있다는 사실만으로도 살아 있는 화석이라 표현할 만하다. 어떤 이는 마오타이주창을 중국 최대의 '수공업 작업장'이라고 표현하기도 했다. 실제로 '구증 팔효 칠취주'와 그전의 누룩 밟기, 원료 투입 등의 생산 공정 가운데 기계의 힘을 빌리는 것은 재료를 운반하거나 발효조에 넣는 등 극히 일부 작업에만 허용된다. 수공업의 흔적은 아직도 상당히 완고하게 남아 있다. 곡식 적시기, 펼쳐 말리기, 쌓기, 시루 안치기 등 곳곳에서 수작업을 볼 수 있다. 마오타이주 장인들은 오랜 경험을 바탕으로 각 단계별 작업을 끝낼지 계속할지를 판단한다.

중양절 전후 원료 투입이 진행될 무렵은 일 년 중 마오타이주창이 가장 바쁜 때이다. 해마다 기후환경이 다르고, 같은 해라도 날마다 기온과 공기 습도가 다르다. 따라서 물로 원료를 적시는 윤량 작업 때 물을 얼마나 뿌릴 것인지는 기후 조건에 맞춰 직공들이 융통성 있게 정한다. 과거에 현대화된 기기를 시험적으로 사용해본 적이 있었으나, 직공들은 기기가 경험적 판단보다 미덥지 못하다고 생각했다. 그들이 보기에 기기를 사용해 분석한 가수량加水量은 항상 오차가 있었다.

퇴적발효는 직공의 공력을 가장 잘 드러낸다. 언제 퇴적하고 언제 거둬들여 언제 발효조에 넣을지는 모두 경험에 따라 결정한다. 이 단계에서 중요한 것은 온도 파악인데, 노련한 직공들이 발효된 곡식 더미의 온도를 측정하는 방법이 가히 일품이다. 손을 발효더미 안으로 쑥 넣기만 하면 그 순간의 온도가 어떤 공정에 적합한지 아닌지를 즉시 판단할 수 있다.

취주는 1년에 일곱 차례 하는데, 농도가 매번 다 다르다. 어떤 온도에서 취주하며 얼마만큼 취주할지를 결정하는 것 역시 전적으로 직공의 판단에 달려 있다. 가장 놀라운 솜씨는 손에 약간의 주액을 적시고 잠깐 비벼 문질러 봄으로써 알코올 농도를 판단하는 수념手捻이다. 감촉이 매끄러우면 알코올 농도가 높아서 취주가 가능하다. 감촉이 껄끄러우면 아직 알코올 농도가 취주 기준에 이르지 못했음을 의미한다. 더욱 신기한 건 많은 주사들이 수념으로 술의 알코올 도수까지 측정 가능하다는 것이다. 기기로 측정한 결과와 거의 차이가 나지 않는다.

수념 외에도, 증류된 술이 나올 때 이는 거품으로도 알코올 도수를 알 수 있다. 이는 알코올의 농도가 다르면 주액의 표면장력이 달라져서 거품의 크기와 꺼지는 속도도 달라지기 때문이다. 거품이 노란 콩만 한 크기로 가지런하고 빨리 꺼지면 알코올 함량은

65~70%이다. 주화 크기가 녹두만 하고 꺼지는 속도가 좀 느리면 알코올 함량은 약 50~60%이다. 주화 크기가 쌀알만 하고 겹층(2층이나 3층으로 쌓일 수도 있음)을 이루며 거품 유지 시간이 비교적 길면(약 2분) 주정 함량은 40~50%이다. 거품의 크기가 다르면 술의 도수와 맛도 다른데, 일반적으로 거품이 크고 꺼지는 속도가 빠를수록 주정 도수가 높다. 만약 수넘이나 거품으로 정확한 판단을 할 수 없을 경우에는 입으로 맛을 보는 수밖에 없다. 직공들의 열쇠꾸러미에는 딱 5g 용량의 작은 술잔이 달려 있는 경우가 많은데, 이는 증류되어 나오는 술을 맛볼 때 쓰는 것이다. 직공들 다수는 평소 술을 마시지 않지만, 술맛을 보고 그에 따라 신속히 술의 품질에 대한 판단을 내리는 것은 그들의 기본 업무이다.

마오타이 양조 원가의 고공행진

마오타이주의 회사回沙 공법은 주기가 길고 사용 원료가 많으며 단계가 복잡해서, 공법을 철저히 지키는 것이 쉬운 일이 아니다. 양조 원가도 다른 백주보다 많이 든다. 상품화된 백주의 가격은 무엇보다도 브랜드파워에 의해 결정된다. 물론 시장의 수요공급과 기업의 경쟁전략 등 기타 요인도 가격과 관련이 있다. 마오타이주 가격이 높은 이유는 위에 기술한 요인들 외에 또 하나가 있으니, 바로 양조 원가가 높다는 것이다.

원료 원가

마오타이주는 출주율이 낮다. 양곡과 술의 비율은 5:1, 즉 양곡 5근당 술 1근이 생산된다. 이는 각종 브랜드 백주 가운데 가장 낮은 것으로, 다른 백주의 경우 2근 남짓한 양곡으로 술 1근을 생산하기도 한다. 마오타이주가 쓰는 양곡은 현지에서 생산한 붉은술수수로, 유기농으로 생산하는 까닭에 생산량은 적고 수매가는 높다. 또한 마오타이주는 모든 증류주 중 누룩 사용량이 가장 많다. 양곡과 누룩의 비율은 1:1, 즉 고량 1근당 누룩 1근을 소모한다. 마오타이주의 고온 누룩은 술을 양조하는 당화효소제인 동시에 양조 원료의 일부분이기도 하다. 누룩의 향은 다양한 마오타이주 향의 중요한 원천이 된다. 종합하자면, 일반 백주보다 마오타이주의 원료 원가가 훨씬 높다는 것을 어렵지 않게 알 수 있다.

작업 원가

마오타이주의 회사回沙 공법은 복잡한 만큼 작업 원가도 일반 백주보다 높다. 중양절 전후로 두 번에 나눠 하사하고, 아홉 번 찌고 여덟 번 발효하는데, 매번 펼쳐 말리기, 누룩 섞기, 쌓기, 발효조에 넣기 등 고강도 작업이 필요하다. 또 발효 횟수가 많고 시간이 길 뿐더러 취주 역시 다른 백주보다 훨씬 횟수가 많기 때문에, 작업이 복잡하고 생산주기가 길다.

저장 원가

장기 저장은 마오타이주 품질을 보증하는 중요한 요건이다. 갓 증류한 술은 불순물이 많고 향이 풍부하지 않아 바로 마시기에 적합하지 않다. 증류 회차마다 품질도 다르다. 이 때문에 마오타이주는 저장 보존이라는 대단히 중요한 단계를 거쳐야 한다. 마오타이주는 증류 회차나 주체酒體, 향형香型, 즉 냄새별로 분류해 저장한다. 마오타이주창에는 현재 술 제조 작업장이 23개, 작업조가 거의 600개 있는데, 각 작업조마다 만들어낸 술맛이 다 다르다. 이는 마오타이주에 대한 다양한 요구를 만족시키지만, 한편으로는 분류 저장의 어려움을 높이기도 한다. 마오타이주 저장 보존 기간은 상당히 긴 편이다. 작업장에서 증류한 술은 5년간 보존 저장을 거쳐야 비로소 포장해 출고한다. 마오타이의 연간 생산량은 5~6만 톤이므로, 이는 평소 보존 저장량이 총 30만 톤 전후가 된다는 뜻이다. 따라서 창고 저장, 보관, 안전, 자금 적체 등에서 발생하는 비용이 상당히 높다.

노주老酒 원가

5년을 보존 저장한 술이라고 꼭 맛있고 좋은 술이 되는 건 아니다. 반드시 배합(블랜딩)과 조정을 거쳐야만 향미가 풍부하고 입에 착착 감기는 느낌이 드는 마오타이만의 맛을 만들어낼 수 있다. 그리고 블랜딩은 반드시 노주, 즉 여러 해 묵혀둔 술을 일정 비율 섞어야 한다. 일반적으로 5년 이상 묵힌 술이면 노주로 치는데, 블랜딩에 쓰이는 노주로는 10년 이상 묵힌 것이 가장 좋다. 그래야 새 술에 블랜딩의 신기한 효과를 낼 수 있다. 마오타이주창에서는 현재 80년을 묵힌 노주도 보존하고 있다.

기타 원가

양조업은 자산 집약적인 제조업으로서, 다른 제조업과 마찬가지로 인력 자원, 물류, 환경 보호, 포장 등의 비용을 부담해야 한다. 마오타이주는 전통공법으로 생산하다 보니, 대다수의 작업 과정을 아직도 사람 손으로 완성하고 있어 인건비 비용이 높은 편이다. 또한 마오타이주 생산은 환경에 대한 조건이 까다롭기 때문에 환경 보전에 들어가는 금액도 다른 일반 제조업보다 높다. 게다가 마오타이주 산지는 중국 내륙의 외딴 지역이고 교통이 불편하여, 물류 비용이 높은 선에서 떨어지지 않고 있다.

블랜딩은
예술이다

▼

7할은 공정, 3할은 솜씨

총 7회에 걸쳐 증류한 마오타이주는 향과 맛이 아직 마실 수 있는 수준이 아니어서 세심한 구태勾兑(고우두이)라 불리는 배합과 조정을 거쳐야만 비로소 포장을 하고 출고해 소비자들에게 공급될 수 있다.

먼저 독자들께 가장 기본적인 업계 상식 하나를 알려드리자면, 주객들이 평소에 마시는 백주 완제품은 전부 다 배합 과정을 거친 것들이다. 배합은 백주 양조에 필수 불가결한 작업 공정으로, 그 어떤 백주도 예외가 없다.

백주는 닭이 계란을 낳는 것처럼 한 번에 쑥 나오는 것이 아니다. 적어도 두주頭酒, 중주中酒, 미주尾酒의 구분은 해야 한다. 두주는 도수가 70도 또는 그 이상이고, 그 후로 나오는 술은 도수가 점점 낮아진다. 그래서 배합을 하지 않을 수 없으며, 최소한 고루 섞기라도 해야 한다. 일부 큰 양조장들은 술을 생산하는 매 회차마다 기후, 발효조, 작업 인원이 다 다르기 때문에 술의 풍미가 완전히 똑같을 수가 없다. 이 역시 배합을 해야만 하는 또 하나의 이유이다. 백주 업계에는 "7할은 작업 공정, 3할은 솜씨"라는 말이 있는데, 여기서 3할 솜씨가 가리키는 것이 바로 배합이다. 백주를 만드는 데 있어 배합이란 필수적인 것일 뿐만 아니라, 극도로 신경 써야 하는 것이기도 하다.

마오타이주 역시 배합이 필요하다. 그리고 이 배합 과정의 정교함과 복잡함이란 마치 예술작품을 창작하는 것과 같다.

배합은 각종 미량 성분을 적절히 섞어 마오타이주의 기준을 충족시키고 이상적인 향미와 운치를 내는 것이 주목적이다. 마오타이주에는 세 가지 향미의 전형이 있으니 바로 장향醬香, 교저향窖底香, 순첨향醇甛香이다. 마오타이주는 7회로 나누어 취주하므로 각 회차마다 세 가지 향미의 양과 품질이 다 다르다. 바로 이런 다양성 때문에 전 세계에 유일무이한 마오타이주라는 성취를 이룰 수 있었지만, 한편으로는 생산 표준화의 난점이 되기도 한다. 따라서 일곱 차례의 증류를 거쳐 받아낸 3종 전형의 술을 배합하여 독특한 향미의 장향주를 이루는 것이 대단히 중요하다.

갓 나온 새 술은 옹기 술항아리에 넣고 밀봉 보관하여 '기주基酒'를 만든다. 첫 해에 하는 작업은 '반구盤勾'라 불린다. 즉 장향, 순첨,

교저의 세 가지 주체酒體별로, 같은 유형끼리 모은 뒤 3년간 보관한다.

3년 후, 주체별로 '구조勾調'를 한다. 수십 종, 심지어는 일이백 종의 기주를 이용해 다른 비율로 섞는다. 이 작업에 의해 마오타이주의 맛과 향, 마실 때의 느낌이 형성된다.

마지막 할 일은 '조미調味'다. 이때는 '조미주'를 넣어야 한다. 조미주는 오래 묵힌 술일 수도 있고, 특수공법으로 만든 술일 수도 있다. 조미주는 맛이 특별해서 매번 소량만 넣어도 술맛이 크게 달라지는 신비한 효과가 있다. 마오타이주가 매년 공장에서 출고하는 완제품 술은 5년 전 생산한 술의 75% 정도로, 나머지 25%는 남겨두었다가 노주로 만들어 훗날 배합 과정에 쓴다. 배합과 조미는 각 양조장의 핵심 비밀이다. 배합과 조미가 완성된 후에도 계속 반년에서 일 년쯤 순화醇化되고 숙성되도록 놓아두었다가 마침내 병에 담아 시장으로 내보낸다.

공정 전체를 다 합칠 경우, 마오타이주는 생산부터 출고까지 아무리 짧아도 5년이 걸린다. 오래 저장하면 저장할수록 마오타이주는 더욱 부드러워지고 향기는 한층 우아해진다. 마오타이주에는 아무런 첨가제가 없다. 배합 때에는 향미를 내는 성분이나 물을 포함한 그 어떤 외부 물질도 첨가가 허용되지 않는다. 오로지 술과 술만의 배합이다. 이 술을 저 술에 섞고, 묵힌 술을 새 술에 섞는 것이다. 마오타이주 기주는 알코올 도수가 낮아서 생산과정에서 적주摘酒하면 52~57% 정도다. 완성된 술을 배합할 때는 술과 술을 섞을 뿐, 다른 성분을 타지 않는다. 원주의 알코올 도수가 70% 이상이고 배합 때 원주 이외의 것을 타는 다른 증류주와는 공법이 다르다.

배합은 전문성이 매우 두드러지는 기술로, 신비로운 예술이라고도 할 수 있다. 마오타이주 한 잔을 배합하려면 일반적으로 30~40종, 많을 때는 200여 종의 기주를 섞어야 한다. 전 과정에 걸쳐 아무런 공식도, 매뉴얼도 없다. 오직 경험과 느낌에 의지하고, 장인 개인의 독창성으로 영감을 추구할 뿐이다. 느끼고 깨달을 수는 있지만 말로 표현할 수는 없는 영역이다. 서로 다른 종류의 원주를 배합하고 조화시키는 과정을 통해 부드러우면서도 침투력이 있는 향을 만들어내고 맛의 평형을 이루어낸다. 블렌딩은 기계적 조합이 아니라 새로운 창작이다. 따라서 마오타이주 배합사는 풍부한 경험과 뛰어난 기술뿐만 아니라 영민한 감각과 미각, 나아가 타고난 재능이 필요하다.

마오타이주의 품질은 물리학적 지표와 화학적 지표만으로는 나타낼 수 없다. 지금까지 마오타이주에 포함된 물질 중 정밀한 함유량 데이터가 있는 것만 300종이 넘는다. 물질의 존재는 확인되었으나 정밀 함량 데이터가 없는 것은 2,000종이 넘는다. 따라서 마오타이주 품질이 매번 완전히 똑같기란 이론적으로 거의 불가능하다. 실제 통용되는 마오타이주의 품질 기준은 매번 출하 때마다 품질에서 큰 차이가 없이 엇비슷하게 맞출 수 있게 하기 위한 대략의 기준일 뿐이다.

국가 공인 배합사들의 레시피 경쟁

마오타이는 매년 표준주를 선정한다. 국가 공인 자격증을 가진 회사 내의 일급 감정사들이 그해 생산된 마오타이 가운데 특정 회차의 술을 표준주로 선정해 이듬해 배합 때 품질 기준의 비교 대상으로 삼는다. 마오타이주는 저장 기간이 길어질수록 숙성에 의한 품질 변화가 크다. 따라서 반드시 매년 한 차례 표준주 확정 작업을 해야 한다.

배합 생산은 연간 계획에 따라 실행된다. 그해 생산 가능한 전체 양을 미리 계산하고, 1,000톤을 1단위로 해서 한 번의 대규모 배합 때마다 5~10단위의 완제품 술을 생산한다. 매번 대규모 배합에 들어가기 전 '소배합小勾'을 한 차례 실시한다. 소배합은 기계화된 공장으로 치면 시험 생산에 해당하는 것으로, 소배합 단계를 통과해야 대배합이 진행된다.

배합은 소배합에서 확정된 방안으로 하며 이것 역시 4단계의 엄격한 심사를 거친다.

첫째, 소배합 팀의 내부 평가이다. 화학적 지표 이외에 코로 냄새를 맡고 혀로 맛을 보는 과정은 기계 설비로 대체할 방법이 없다.

둘째, 생산 작업장에서 평가단을 꾸려서, 배합팀이 제출한 배합 방안에 대해 2차 평가를 한다.

셋째, 국가 공인 감정사로 구성된 전문 평가단이 대배합에 들어갈 예정인 배합 방안에 대해 마지막 평가를 한다.

넷째, 대배합을 마친 완제품 술은 6개월간의 저장을 거친 다음 전문 평가단이 공장 출고 전 마지막 평가를 한다.

마오타이에는 뛰어난 기술력의 배합 전문가들을 보유하고 있다. 이 가운데 6명은 성급省級 배합사, 3명은 국가급國家級 배합사이다. 마오타이 고용 시스템상 이들은 '정치 심사'(정치적·사상적 성향과 경력 등에 대한 심사로 일종의 신원 조회와 같다. 중국은 모든 국민을 대상으로 출생 때부터 일생 동안 학교, 직장에서의 경력과 활동사항, 평가내용 등이 기재된 신상 자료를 작성한다-역주)를 받는다. 고용 계약에는 대외 겸직 금지 조항이 포함된다. 국가 공인 배합사들은 소속 직장에서 수십 년을 하루같이 같은 일에 매진하며 '장인 정신'으로 무장한 고급 기술진이다.

이들은 매번 배합 작업 때마다 생산 회차, 생산 작업장, 저장 기간이 각기 다른 200종의 샘플 중에서 선택을 해 조합을 짠다. 모든 샘플을 대상으로 음미와 숙고를 거쳐 최종적으로 배합한 결과물은 이 200여 종의 샘플 종류 중 90% 이상을 포함한다. 이러한 과정을 거쳐 마오타이주의 품질 표준에 가장 정밀하게 접근한 것으로 스스로 판단하는 배합 방안을 결정해 제출한다. 배합사 각자가 만든 방안 간에 서로 차이가 있기는 하지만 그 차이가 크지는 않다.

마오타이주 품질을 철저히 지키기 위해, 배합사는 개별적으로 배합 작업을 한 뒤 자신이 정한 방안(레시피)을 제출한다. 이 가운데 대부분이 자신이 속한 배합팀 내의 선발 단계에서 폐기된다. 소배합 레시피에 대한 심사는 블라인드 평가로 이뤄지며 엄격한 도태

제도로 운영된다. 배합팀은 모두 4개이며 각 팀당 6, 7명이 각자의 배합 방안을 만드는데, 최종적으로 그중 1명의 방안만 채택된다. 배합사가 각자 배합 방안을 만든 뒤 십여 명의 감정사들이 블라인드 평가를 실시하고, 여기서 가장 뛰어난 평가를 받은 것이 최종 배합 방안이 된다. 블라인드 평가에서 어떤 배합사는 일 년 내내 한 번도 선발되지 못하는 경우도 있다. 뛰어난 기술을 가졌어도 실력을 펼칠 기회가 좀처럼 찾아오지 않는다는 뜻이다. 연속 2년간 한 번도 배합 방안이 채택되지 못한 배합사는 반드시 부서가 교체된다.

백주 배합 이론이 업계의 인정을 받게 된 건 앞서 언급한 바 있는 뛰어난 글 한 편이 계기가 되었다. 1965년에 리싱파李興發, 지커량李克良 등이 집필한 과학연구 리포트 〈우리는 어떻게 술을 배합하는가〉이다. 백주업계에 거대한 변혁을 일으킨 이 리포트 덕분에 리싱파는 한 세대를 대표하는 배합사로서 그 지위를 굳혔고, 동시에 마오타이주의 과학적 배합을 위한 튼튼한 기초를 닦았다.

정식 백주 생산 공장에서는 배합 시 절대로 물 섞기나 알코올 섞기를 하지 않는다. 그것은 술에 대한 모독이다. 타이완 작가 탕루순唐魯孫은 중국 곳곳의 명주를 탐방한 뒤 남긴 작품들로 유명하다. 그런데 마오타이주에 대한 회고 가운데 말하기를 마오타이주는 섞어 만든 술인데 가장 좋은 마오타이주는 오래 숙성한 노주를 배합한 것이고, 푼돈으로 살 수 있는 보통의 마오타이주는 일반증류주를 배합한다고 했다. 근거도 없이 주워들은 풍문으로 말한 탕루순은 가짜 마오타이주를 적잖게 마셨거나 마오타이주 생산 공정에 대해 무지하다는 것을 알 수 있다. 마오타이주는 물론 섞어 만드는 술이지만, 섞는 것은 서로 다른 해, 서로 다른 생산 회차에서 만들어진 마오타이끼리 섞는 것이지, 어떤 다른 술을 섞는 일은 결코 없다.

선물용으로 쓰이건 비즈니스 접대로 사용되건 마오타이주 입장에서 가장 소중한 것은 "품질이 천하에 통한다"는 관념, 그리고 한결같은 지속성이다.

마오타이주 배합에서 가장 핵심적이고 비밀스러운 단계는 '소小배합'이다. 배합사는 블랜딩을 반복해 향형香型과 맛을 확정하는데, 반복적 배합에 쓰이는 술은 적어도 3, 40종이고 많을 때는 300종을 넘기도 한다. 기준이 확정된 후에 대량 배합을 한다. 이 소배합 단계만큼은 기계가 감당할 수가 없다. 마오타이주창의 베테랑 공인 조주사 왕화汪華는 위스키 공장 견학 후 모든 좋은 술은 기계가 아닌 혀로 말을 한다고 감격에 젖어 말했다. 스코틀랜드의 여러 오래된 양조장의 배합과 감정 과정이 기본적으로 마오타이가 채택한 방식과 같다는 것을 확인했기 때문이었다.

시간이 주는 선물, 노주의 특별한 맛과 향

마오타이에는 감정의 고수들이 구름처럼 모여 있다. 감정사들의 코와 혀는 매우 소중하며, 기계나 다른 사람으로 대체하기 매우 어렵다. 한 외국인이 양주대사釀酒大師 지커량季克良을 일컬어 '세계에서 가장 귀한 코의 소유자'라고 말한 적이 있는데, 바로 그 감정 능력을 가리킨 것이었다. 감정 회의에서 감정사들은 끊임없이 자기 앞에 놓이는 두 종류의 술 가운데 한 종류를 골라낸 후 투표를 한다. 최종적으로 그날 제출된 8종의 술 가운데 가장 좋다고 뽑힌 것이 대량 배합의 배합 방안이 된다. 이 8종의 술 하나하나는 모두 배합 대가들의 작품이다. 감정사들은 평소 미각 손상을 방지하기 위해 고추와 같은 자극적 음식물은 물론 사탕도 먹지 않는다. 탕을 끓이거나 밥을 볶을 때 항상 고추를 넣는 구이저우 사람에게 이것은 괴로운 일이다.

감정사들은 '좋은 술은 다 오래 묵힌 향과 맛이 있는데, 그 맛의 유일한 제조자는 시간'이라는 말을 종종 한다. 저우언라이周恩來가 과거 닉슨을 초청해 마셨던 마오타이주는 각종 다른 숙성연수의 술을 배합해 만든 것이다. 거기에는 30년 묵은 술도 포함되어 있었는데, 전문가들은 그 노향은 절대로 흉내낼 수 없는 것이라고 입을 모아 말한다.

나는 일찍이 런화이시의 어느 가정 연회에서 마오타이주 한 병을 세 사람이 나눠 마신 적이 있는데, 상당히 가뿐했다. 다 마신 후에야 그 술이 2006년 공장에서 출고된 것이라는 것을 알았다. 흉내낼 수 없는 맛의 진정한 노주老酒를 접했던 건 마오타이주창의 어느 임원 집에서였다. 1985년에 공장 출고된 마오타이주를 마셨을 때였는데, 너무나 귀한 것이다 보니 모두들 차마 많이 마시지는 못했다. 만약 수집가의 손에 들어갔더라면, 그가 되파는 가격은 20만 위안 가까이 되었을 것이라고들 했다.

"모든 상세한 내용을 엄격히 기록해두어야 배합 때 실수가 없다." 입고된 새 술에 대한 분석 결과를 기록하는 제도를 엄격히 시행하는 것은 정확한 배합을 위한 기본 요건이다. 마오타이주 배합은 술 창고 봉인으로 완성된다. 마오타이 술창고의 지면 점유 면적은 생산 작업장의 3배로, 6층 높이의 건물이 총 200여 동 있고, 그 안에는 숙성을 기다리는 술이 가득 들어차 있다. 각각의 창고마다 서로 다른 생산 연도의 술이 쌓여 있는데, 그중 60여 년 묵힌 노주를 저장한 창고가 어느 것인지는 기밀사항으로, 필자도 당연히 모른다. 마오타이주창 술창고에 외부인은 근본적으로 들어갈 수가 없다. 일 관계로 술창고에 들어간다 해도 엄격한 검사를 거쳐야만 한다. 회장도 예외가 아니다.

1990년대가 되자 해외 포도주, 브랜디, 위스키 등에 있는 등급 개념을 참고하여 중국에도 '연분주年份酒'가 나타나기 시작했다. 연분주의 '연분'이란 양조에 걸린 기간, 즉 원료를 가지고 만든 기주基酒가 저장 숙성과 배합을 거쳐 완제품으로 완성되기까지 걸린 기간을 말한다. 설명의 중점을 두어야 할 부분은 중국 시장에서 말하는 '30년 양조'란 병 통째로 30년간 저장했다는 것이 아니라, 기주基酒에 30년 묵힌 술을 일정 비율 넣었다는 뜻이다. 주의해야 할 것은 '일정 비율'이다. 묵힌 술을 얼마나 넣어야 할지는 전적으로 배합사의 경험에 근거한다. 그가 넣으라고 하는 만큼의 분량을 넣는데, 물론 이 역시 기밀사항에 속한다.

마오타이주창은 백주업계에서 최초로 연분주를 내놓았다. 15년,

30년, 50년, 80년의 4종이 시간차를 두고 출시되었다. 1997년 7월에 처음으로 30년산과 50년산 마오타이를 병입·포장해 출고했고, 1998년 5월에 처음으로 80년산 마오타이를 포장했으며, 1999년 1월에 처음으로 15년산 마오타이를 포장했다.

마오타이주는 특수한 배합 주조 공정 때문에 오래 저장해둔 노주가 많은 편으로, 이것은 다양한 연산 마오타이주의 든든한 물질적 자원 노릇을 하고 있다.

특별히 언급할 만한 것은 80년산 마오타이주이다. 매년 한정된 양만 생산되는 것으로, 국주의 지존이라 할 수 있다. 어떤 소비자는 80년산 마오타이주란 당연히 저장 기간 80년의 마오타이주로만 전량 병입해 포장한 것이라고 생각할 수도 있겠지만, 그건 오해이다. 그러한 관점은 마오타이주의 생산 원칙 및 배합 원칙에 결코 부합하지 않기 때문이다. 서로 다른 알코올 농도, 다른 향형, 다른 회차, 다른 저장 용기, 다른 저장 환경 조건, 다른 연령의 술 사이에는 명확한 품질 차이가 있다. 배합이나 엄격한 이화학적 분석 과정을 거치지 않은, 단순히 특정 연도와 특정 회차의 저장 노주만으로는 향과 맛의 조합 성분 비율이 조화를 잃어 음용에 전혀 적합하지 않다. 이른바 80년산 마오타이주란 사실은 80년 저장한 오래된 기주를 다른 연수, 다른 회차, 다른 전형의 술과 일정 비율 배합하여 최종적으로 특정한 맛과 향, 스타일을 갖춘 완제품을 만드는 것이다.

최초로 생산된 80년산 마오타이주에 쓰인 것은 1915년 파나마 만국박람회에서 금상을 받은 후 화마오華茅와 왕마오王茅가 술독을 봉인해 보존한 마오타이주로서, 세심한 배합을 거쳐 만들어졌으며 아무런 향기나 맛 성분도 첨가하지 않았다. 겉포장은 고전적이면서 우아하고, 속 포장은 녹나무 상자로 되어 있으며, 도기 병은 중국 이싱宜興 자사를 구워 만들었다. 상자 안에는 24K 순금 파나마 만국박람회 금메달의 복제품이 1개씩 들어 있는데 무게는 0.5온스이다. 상자, 열쇠와 병 밑바닥에 모두 동일한 일련번호가 보이며, 위안런궈, 지커량 등 전·후임 회장이 서명한 보관증서가 첨부되어 있다. 수집가 입장에서는 참으로 손에 넣기 어려운 진귀한 물건이다. 흔히 말하기를 인생 칠십은 예로부터 드물다 했는데, 팔십 고령 마오타이는 어떻겠는가!

오래 묵을수록 좋은 술인가?

순정한 알코올 수용액은 향미가 거의 없지만, 일반적으로 백주는 독특한 색과 향, 맛이 있다. 마오타이주를 포함한 백주에서 산발적으로 풍기는 꽃향기는 주로 초산에틸의 휘발 작용 때문이다. 새 술은 초산에틸 함량이 극히 적고 알데히드와 산이 목을 자극하기 때문에, 새 술이 입에 들어가면 덜 여문 듯 쓰고 떫은맛이 난다. 새 술은 수개월 내지는 수년간 자연 저장 숙성 과정을 거치며 잡맛을 제거해야만 비로소 짙은 술 향기를 풍길 수 있다.

새 술을 술독에 넣어 잘 밀봉하고 온도, 습도가 적당한 곳에 장기 저장하면 술독 안에서 화학변화가 일어난다. 술의 알데히드 물질은 끊임없이 산화해 카복실산이 되고 카복실산은 다시 알코올과 함께 에스테르화 반응을 일으켜 꽃향기를 내는 초산에틸을 생성한다. 이 변화 과정을 업계에선 '진화陳化'라고 부른다. 다만 이러한 화학변화의 속도가 매우 느리기 때문에 어떤 명주는 진화 시간이 몇십 년 필요하기도 하다. 모든 마오타이주가 5년의 저장 기간 후 출고되는 것도 우선은 진화의 필요성 때문이다.

술은 진화가 필요하지만, 무턱대고 오래 둔다고 좋은 것도 아니다. 만약 술독이 제대로 밀봉되지 않았거나 밀봉 상황이 좋지 않았을 경우, 나아가 온도와 습도 조건이 맞지 않았을 경우에는 시간이 오래 지날수록 알코올이 증발하거나 시큼하게 쉬거나 아예 산패해서 식초처럼 되어버린다. 공기 중에는 초산균이 잠복해 있기 때문에, 술이 공기와 접촉했을 때 초산균이 그 틈을 타고 들어가면 알코올에 화학변화가 발생해 초산이 만들어진다.

오래 숙성한 마오타이주가 좋다고 말하는 것도 요건이 있다. 특히 용기容器와 저장 환경에 관한 요건이 엄격하다. 의외로, 현대과학의 복사輻射 기술을 이용해 새 술에 적당한 빛을 쬐어주면 진화 시간을 단축시킬 수 있다. 과학기술자가 개발한 숙성 설비는 질 좋은 술의 가속 숙성에 매우 적합하여, 8~10분이면 반년에서 일 년 숙성한 효과를 얻을 수 있다.

마오타이주는 저장 공법의 특수성 때문에, 해당 연도에 출시한 마오타이주도 이미 5년간 숙성을 거친 것이다. 그래서 일반 주객들이 햇수 차이가 크지 않은 마오타이주를 분별하기란 매우 어렵다.

하지만 만약 마오타이주와 다른 장향형 신주를 비교하면 그 차이가 매우 분명하게 드러난다. 마오타이주창에서 장기 숙성한 노주는 일반 마오타이주와 다른데, 다른 장향형 신주와는 그 차이가 더욱 두드러진다.

첫째, 빛깔과 광택을 보라. 일반적으로 새 술은 무색투명하지만 오래 숙성된 술은 엷은 황색을 띠며, 장향형 백주의 황색은 오래 묵힌 것일수록 더욱 짙고 맑다.

둘째, 향기를 맡아보라. 새 술은 다소 코를 찌르지만, 숙성된 술은 향을 맡아보면 온화하고 예스러운 냄새가 풍기며 우아하고 섬세하다.

셋째, 맛을 보라. 새 술은 혀를 좀 찌르는 편이며 살짝 맛을 보면 입안 가득 흩어지지만, 숙성된 술은 무리를 이루어 입과 목구멍으로 들어간다. 숙성 기간이 길수록 흩어짐은 더욱 적다.

넷째, 느껴보라. 넘긴 술 한 모금이 위에 도달했을 때 위가 불타는 듯한 느낌을 받으면 새 술이다. 숙성된 술은 자극적 느낌 없이 위 속에서 천천히 열기가 느껴지다가 점차 온 몸으로 퍼져나간다.

다섯째, 빈 잔에 향이 남는다. 술잔을 비웠을 때 새 술은 술잔 속에 남은 향이 비교적 쉽게 사라지지만 숙성된 술은 오래 묵힌 것일수록 향이 잔에 머무는 시간이 길다. 어떤 숙성주는 빈 잔에 향이 머무는 시간이 5일 이상 되기도 한다.

여섯째, 몸으로 느껴보라. 숙성주는 5년 이상의 저장 기간을 거쳤으므로 휘발성 물질이 이미 많이 날아가고 없는 상태다. 따라서 인체에 주는 자극이 새 술에 비하면 상대적으로 미약하다.

그리고 마오타이 대가족 중 최고의 작품이라 할 수 있는 '소량배합' 마오타이주가 있다. 소량배합주란 정예의 배합사 여러 명이 정성껏 서로 다른 연령의 마오타이주를 블렌딩해 아주 적은 양의 술을 특별히 제조하는 것이다. 엄격한 관문을 통과해야 하는 특별 생산품인 소량배합주는 마오타이주 중에서도 탁월한 품질의 것으로, 개성이 선명하고 맛과 느낌이 풍부하다. 한때 마오타이주창은 저우언라이와 덩샤오핑 등 마오타이주를 좋아하는 지도자들을 위해 특별히 소량배합주를 만들었다고 전해지며, 요즘은 기본적으로 소량배합주를 생산하지 않는 것으로 알려져 있다. 그러다 2012년에 오스트리아 세계고도주대회에 참가하기 위해 소량배합 마오타이주가 다시 등장했다. 30개 국가, 75개 일류 주류회사에서 출품한 500여 종의 고도주 중에서 마오타이주는 애플톤 자메이카 럼주, 바카디 마티니, 헨드릭스 진, 카뮈, 레미 마르탱 등의 코냑과 각종 스카치위스키 등 유명 브랜드를 모두 제치고 금상의 영예를 안았다.

'마오타이 현상'에서
중국의 문화적 자신감을 읽다

•

쉬펑윈徐風雲

윈명雲盟 마케팅관리공사 창업자,
중국 디테일경영연구소 이사장

중국인치고 마오타이에 대한 이야기가 나올 때 잠자코 있을 사람이 있을까? 2017년의 마오타이는 한층 더 폭발적인 화제를 이끌고 있다. 한 가지 이유는 A주 시장 사상 최초로 주당 500위안을 돌파한 것 때문이고, 다른 하나는 히트 영화《전랑戰狼2》에서 우징鳴京이 편안하게 마오타이주를 마시는 장면에서 비롯된 간접광고 효과다.

백주는 중국 음식문화의 특징을 집약한 산물이라 할 수 있다. '빈 잔에도 향이 남고, 마셔도 취하지 않는' 마오타이주를 형용하려면 개성이란 말로는 부족하고, 최근 유행어인 '신드롬'이란 말을 동원해야 한다. 최신 인터넷 경제는 이른바 '신드롬'급 상품을 떠받드는데, 전통 산업의 대표이자 실물 소비경제의 대표 브랜드인 마오타이는 일찌감치 자신의 '신드롬'을 폭발시켰다.

2017년 구이지우마오다이는 중국 브랜드가치 순위에서 2,756억 위안의 브랜드가치로 1등에 올랐다. 주식시장가치는 이미 6,000억 원 이상에 달하고, 중국백주 관련 상장회사 19개의 총 시장가치 절반을 차지하는 등, 세계적으로 영향력 있는 중국 브랜드가 되었다. 2017년 4월 마오타이 주식은 400위안을 넘기 시작하더니 8월에 다시 500위안을 돌파하며 최고점을 찍었다. 필자가 이 글을 집필한 2017년 10월 9일, 마오타이 주식 가격은 다시 기록을 경신해 535.55위안으로 치솟았고, 시장가치는 7,000억 위안이 되었다.

마오타이를 향한 대중의 깊은 사랑과 열광적 성원은 마오타이주 실물에서 마오타이그룹 주식으로 뻗어나갔다. 상품 브랜드의 영향력과 침투력은 논의해볼 가치가 있는 '신드롬'임이 분명하다. 그리고 이러한 신드롬의 배후에 숨겨져 있는 것은 바로 '문화'다.

마오타이그룹의 현 이사장이자 중국양주대사인 위안런궈의 말처럼, 마오타이는 국주國酒로서 독특한 문화 상징성을 가지며 수천 년 중국 문명사의 축소판이라 할 수 있다. 사실 누군가의 표현처럼 마오타이주의 세부 면면들은 모두 다 사람을 감동시키는 역사 이야기이기도 하다.

고대 서구권에 술의 신이 있었듯, 고대 중국에도 유구한 술 문화와 역사가 있다. 전설 속 우왕禹王 시기부터 이미 구이저우 츠수이허변의 사람들은 술 빚기에 능했다. 관심 있는 사람이라면 사마천司馬遷의 《사기史記》에 실린 역사 고사를 통해 마오타이 지역에 적어도 2,000여 년의 양조 역사가 있다는 사실을 확인할 수 있다. 또한 현재 마오타이진 일대에는 한대漢代에 이미 마오타이주의 전신인 '구장주枸醬酒'가 있었다고 전해진다. 이런 방면의 이야기는 애주가들, 특히 마오타이주의 골수 팬, 그리고 술 문화 연구가들의 저술에서 제법 많이 다루어졌다.

1915년 마오타이주는 '화가 나 던진 술병으로 나라의 위세를 떨쳤다'는 전설을 남기며 파나마 만국박람회에서 금상을 수상했다. 마오타이주는 그 이후 명성을 얻어 세계 명주의 대열에 오르게 되었다. 신중국 건립 후에는 국가적 정치·외교 행사 때마다 특별한 역할을 했으며, 저우언라이 총리가 '홍보대사'를 자처했다. 이런 특별한 영광을 평범한 브랜드가 감히 필적할 수 있겠는가.

회사 업무 때문에 외국인 친구를 몇 명 두게 되었는데, 중국 내에서 이 친구들을 접대하는 술자리를 가지게 될 경우 나는 반드시 마오타이주를 준비한다. 그 이유는 "MAOTAI"라고 한마디만 하면 그들이 모두 알아듣고 내가 더 이상 설명할 필요가 없어지기 때문이다. 처음으로 접대하는 외국 친구일 경우 "마오타이를 마실 거야"라고 한마디 해두면 술을 잘 마시건 못 마시건 모두가 엄지를 치켜세운다! 왜냐하면 그들도 마오타이가 중국 술의 대표요, 중국문화를 대표한다는 것을 익히 알고 있기 때문이다.

필자를 술 좋아하는 사람이라 할 수는 없을 것이다. 그런데 2011년에 기회가 있어 처음으로 마오타이진에 갔을 때, 초입에서부터 깜짝 놀라고 말았다. 마오타이진 전체의 공기 속에 떠도는 술 향기가 깊숙이 폐부로 스며들었다. 정말로 술 향기만 맡고 술을 마시지 않았는데도 모든 사람이 도취되는 특별한 느낌이었다. 이때 옆에 있던 친구가 다시금 마오타이진의 독특한 생태환경, 츠수이허변의 신비한 발효균, 마오타이의 양조주가 항상 53도를 유지하는 이유 등에 대해 이야기하기 시작했다. 그야말로 이야기에 빠져들면서 감탄이 그치지 않았다. 근래 2년 동안 다시 몇 번의 기회가 있어 마오타이진에 방문하게 되었는데, 매번 갈 때마다 새로운 느낌이 들었지만 좋은 술 향기는 변함이 없었다.

마오타이주창은 애초에 영세한 소방 3곳이 발전하여 현재 순이익 몇 백 억 위안, 매출 몇천 억 위안 규모의 기업으로 발전했다. 마오타이의 발전사는 실질적으로 현대 중국 백주업의 발전사이다. 또한 국가 발전과도 밀접한 관계가 없다 할 수 없다. 중국이 세계 제2위의 경제대국으로 발전한 지금, 마오타이 신드롬의 폭발은 중국문화가 갖는 자신감의 분명한 표현이자 힘찬 형상화라 할 수 있다.

마오타이그룹 사장 겸 당위원회 서기인 리바오팡李保芳은 최근 참석한 세계주류업계 포럼에서 이렇게 말했다. "중국의 백주업계는 문화라는 카드를 잘 사용해야 합니다. 중국백주의 좋은 점을 널리 알리는 것뿐 아니라 민족 브랜드가 가진 전설적 이야기를 제대로 스토리텔링할 수 있어야 합니다. 그래야만 중국 백주산업이 진정한 브랜드화를 향해 나아갈 수 있습니다."

리바오팡의 발언을 통해 알 수 있는 것은 국주 마오타이가 백주업계 리더로서 충분한 자신감이 있을 뿐만 아니라 중국문화에 대한 자신감 또한 충만하며, 그 자신감은 마오타이가 미래에 더 높이, 더 멀리 나아갈 수 있는 발판이 되리라는 것이다. 사실 마오타이는 이미 구이저우와 중국을 벗어나 전 세계 78개 국가에 진출했으며, 오대양 육대주의 세계 주요 면세점에 판매망이 구축되어 있다. 많은 외국인들의 눈에 비친 마오타이주는 중국백주의 대표에 그치지 않고 중국과 세계를 잇는 문화 교류의 가교이기도 하다. 제13차 5개년계획 안에는 마오타이주의 해외시장 판매 비중을 대폭적으로 높이는 내용이 포함되어 있다.

2012년 11월 개최된 중국 공산당의 제18차 전국대표대회 이래 시진핑習近平 총서기는 중국의 특색 있는 사회주의 노선에 대한 자신감, 이론에 대한 자신감, 제도에 대한 자신감과 문화에 대한 자신감을 확고히 해야 한다고 줄곧 강조했다. 그는 이 4개의 자신감 가운데 문화적 자신감에 대해 체계적이고 깊이 있는 발언을 했다. 우수한 중화민족의 전통문화는 문화적 자신감의 기초이다. 마오타이 신드롬의 배후에는 면면히 이어져 온 중국 전통 술 문화를 토대로 장인 정신으로 양조제법을 가꾼 독특한 이념과 지혜, 대국의 기개와 기품이 존재한다. 이를 통해 마오타이라는 독특하고 상징적인 중국의 제조업을 비약적으로 발전시켰고, 시장에서의 커다란 호소력과 독보적인 지위를 획득했다. 훗날 마오타이는 중국의 찬란하고 유구한 역사 문화유산을 반드시 다시 이어받을 것이며, 견줄 상대 없는 중국의 문화적 자신감을 바탕으로 국내시장과 해외시장을 향해 쉼 없이 달려나갈 것이다.

3장

매혹의 53도

장향의 시조

색, 향, 맛으로 결정되는 술의 풍격

술은 전 세계 각지에 종류도 많고 풍미도 다 다르다. 은하수에 반짝이는 별들처럼 다양한 술을 종류별로 나누는 건 많은 사람들이 즐기는 일이자, 동시에 고생만 잔뜩 하고 좋은 소리는 못 듣는 일이기도 하다. 지금까지 그 어떤 분류도 만장일치로 받아들여진 적이 없다. 알코올의 도수가 높은 고도주 내지는 증류주를 예로 들면, 통상 8종류로 분류된다. 즉 진, 위스키, 브랜디, 보드카, 럼, 데킬라, 중국백주, 일본 사케로 분류한다. 이 가운데 위스키, 브랜디와 함께 구이저우마오타이를 세계 3대 유명 증류주로 부르기도 한다. 포도주의 경우는 유럽연합EU의 관련 법률 규정에 따라 각각의 병마다 원료, 공법과 품질 등급을 표시해야 한다. 다만 구체적 등급은 각

나라별로 정한다. 그 결과 프랑스, 독일, 스페인, 이탈리아에서 정한 등급 표준이 제각기 달라 직접적인 비교가 어렵다. 포도주를 잘 모르는 사람은 머리가 복잡해진다.

술의 풍격은 다름 아닌 색, 향, 맛의 3대 요소로 결정된다. 일반적으로 이 3대 요소에 따라 술을 분류하면 그리 큰 이견은 발생하지 않는다. 또 각 나라마다 고유의 술 문화가 있으므로 전통 술 문화에 바탕을 두고 술을 분류하면 이 역시 무난하게 받아들여진다. 백주는 중국의 전통적, 독자적 생산품이지만 각양각색의 양조공법과 수천 수백 가지의 술 풍격이 존재하고 그 종류가 다채롭다 보니 분류가 쉬운 일이 아니다.

1960년대 중반 저우헝강周恒剛(1918~2004년) 등 주류업계 거장을 주축으로 하는 전문가들이 백주의 향기에 대해 체계적 연구를 시작했다. 품질 관리를 강화하고 향상시키며 서로 배움의 기회로 삼고 건설적 비판을 하기 위해서였다. 술 속에 든 향미 성분에 대한 분석과 향기 성분 및 공법 간의 관계에 대한 연구가 본격적으로 이루어졌고, 이를 바탕으로 중국백주를 각기 다른 향형香型으로 나누는 분류법이 확립되었다. 1979년 제3회 전국평주회에서 향형에 따른 술 품평을 실시한 이래 백주의 향형 분류는 국내 소비자들에게 받아들여지게 되었고, 마침내 보편성을 획득했다.

향형에 따라 중국백주는 다섯 가지 유형으로 나뉜다.

농향형濃香型

루저우라오자오瀘州老窖가 농향형의 대표로 꼽힌다. 이 때문에 '루瀘향형'이라고도 부른다. 농향형 백주는 발효조에서 발생하는 짙은 향기인 교향窖香이 진하며, 부드럽고 달콤하면서도 산뜻한 느낌이 난다. 향기 유발 성분 중 주된 것은 카프로산에틸과 낙산에틸이다. 루저우라오자오의 카프로산에틸 함량은 청향형清香型 백주보다 열 몇 배, 장향형醬香型 백주보다 열 배 높다. 그 밖의 성분인 글리세린은 부드럽고 달콤하면서 청량한 맛을 내고 유기산은 맛을 조화시키는 작용을 한다. 농향형 백주의 유기산은 초산이 주이고 그 다음은 젖산과 카프로산인데, 특히 카프로산의 함량이 다른 향형 백주보다 몇 배나 높다. 농향형 백주는 대부분 고량(수수)과 소맥(밀가루)을 원료로 하고, 누룩은 고온도 저온도 아닌 중온에서 띄운다. 원료를 혼합해 찌고 혼합해 증류하며, 발효는 순환식 만년 발효조 공법을 사용한다.

원료의 양에 대비한 누룩 사용량은 20% 정도이다. 카프로산균 등 미생물을 번식시키기 위해 진흙 발효조를 쓴다. 루저우터취瀘州特麯 우량예伍粮液는 수백 년 된 발효조에서 양조한다는 점을 강조한다. 시장 출하 전 저장 숙성 기간은 1년이다. 루저오라오자오 외에 우량예伍糧液, 구징공주古井貢酒, 쌍거우다취雙溝大麯, 양허다취洋河大麯, 젠난춘劍南春, 취안싱다취全興大麯, 랑파이터취郎牌特麯 등이 모두 농향형 백주에 속한다. 구이저우의 야시자오주鴨溪窖酒, 시수이다취習水大麯, 구이양다취貴陽大麯, 안주安酒, 펑룽자오주楓榕窖酒, 주룽예주

九龍液酒, 비제다취畢節大麯, 구이관자오주貴冠窖酒, 츠수이터우취赤水頭麯 역시 농향형 백주에 속한다.

장향형醬香型

콩을 발효할 때 나는 장 냄새와 비슷한 향을 풍기기 때문에 이런 이름이 붙었다. 마오타이주의 공법에서 유래한 까닭에 '마오茅향형' 이라고도 부른다. 장향형 백주는 우아하고 섬세하며, 맛과 향이 진하고 두터우면서 풍부해 긴 여운이 남는다. 장향이라고 해서 간장 냄새와 똑같은 건 아니다. 성분 분석을 하면 장향주는 각종 방향芳香 물질 함유량이 높은 편이고 종류도 다양하다. 향기의 층層이 두텁고 풍부해 향기의 복합체라 부를 만하다. 향은 다시 전향前香과 후향後香으로 나뉜다.

전향은 주로 끓는점이 낮은 알코올, 알데히드, 에스테르에 의해 발생하는 것으로, 술을 마셨을 때 곧바로 느낄 수 있는 향기이다. 후향은 끓는점이 높은 산성 물질에 의한 것이다. 이 물질들은 술의 맛을 내는 작용을 한다. 술을 마시고 난 뒤 빈 잔에 남는 향 역시 여기에서 나온다. 마오타이주는 장향형의 대표 격이다. 각종 연구 자료와 기기 분석 측정에 따르면, 마오타이주의 향에는 100종류가 넘는 미량의 화학성분이 함유되어 있다.

장향형 백주의 원료는 양조 원료인 고량과 누룩 원료인 밀의 두 가지다. 고온 누룩을 사용하며 원료를 찐 뒤 여덟 차례 발효시키고 일곱 차례 증류한다. 누룩 사용량이 많고, 발효조에 넣기 전 일정 시간 원료를 쌓아놓는 퇴적 공정을 거친다. 발효조의 벽은 돌판, 바닥은 진흙이다. 저장 숙성 기간은 3~5년이다. 장향형 백주의 주요 생산지는 구이저우에 있다. 마오타이주 이외에 시주習酒, 화이주懷酒, 전주珍酒, 구이하이주貴海酒, 첸춘주黔春酒, 이녠춘주頤年春酒, 진후춘金壺春, 주춘주築春酒, 구이창춘貴常春 등의 장향형 백주가 있다. 쓰촨의 랑주郎酒 역시 국내에서 손꼽히는 장향형 백주이다. 랑주의 산지는 쓰촨에 속하기는 하지만 구이저우의 장향형 백주 산지와는 츠수이허 강을 사이에 두고 마주 보는 위치에 있다. 이는 백주의 향형이 지리 환경과 밀접한 관련이 있음을 설명해 준다.

청향형淸香型

전통적 빼갈白干의 풍격으로, 산서山西성 싱화춘杏花村(한시 작품에 자주 등장하며 국내에도 '행화촌'이라는 한국식 독음으로 잘 알려져 있다-역주)의 펀주汾酒를 대표로 하기 때문에 '펀汾향형'이라고도 한다. 청향형 백주는 향기가 순수하고 여러 맛이 조화를 이루며, 달고 매끈하고 상쾌하며 뒷맛이 개운하다. 주요 향 성분은 산에틸과 젖산에틸인데, 에스테르 함유량은 농향형이나 장향형보다 낮다. 초산에틸이 젖산에틸보다 많은데 그 비율이 적절한 조화를 이룬다.

청향형 백주의 주원료는 고량이며 보리와 완두를 사용해 누룩을 만든다. 누룩을 띄우는 온도는 일반적으로 50℃를 넘지 않는데 이는 장향형이나 농향형보다 낮은 온도. 원료를 찌고 난 뒤 항아리에 담아 땅속에 묻어 발효시키는 공법을 사용한다. 저장 숙성 기간

은 1년이다. 펀주 외에 바오평주實豐酒, 특제 황허로우주特製黃鶴樓酒
도 청향형 백주이다.

미향형米香型

미향형 백주는 2000년대 이전에는 구이린桂林 산화주三花酒가 대
표적이었고, 2000년대 이후에는 빙위주앙위엔다미위안장주冰峪莊園
大米原漿酒가 대표적이다. 미향형 백주는 달콤한 향기가 맑고 우아하
며, 입에 들어가면 부드럽고 목을 넘어간 뒤의 뒷맛이 깔끔하다. 주
요 향 성분은 베타-페닐에탄올과 젖산에틸이다. 구이린 산화주 안
에는 이 성분이 각 100ml당 3g 들어 있는데, 우아한 장미 향기가
나기 때문에 식용 장미향 착향료의 원료로 쓰이기도 한다. 미향형
술은 에스테르 함량이 낮은 편으로, 젖산에틸과 초산에틸 이외의
다른 에스테르는 함유되어 있지 있다.

미향형 백주의 원료는 쌀이며, 당화발효제는 일반 누룩이 아닌
전통적 쌀누룩을 쓴다. 반액체 상태로 발효시키는 공법이라 다른
백주의 고체 상태 발효와 구별된다. 발효 주기는 7일 정도로, 밀누
룩을 사용하는 경우의 5분의 1에도 못 미친다. 저장 숙성 기간 역
시 3~6개월로 짧다. 취엔저우상산주全州湘山酒 역시 미향형 백주에
속한다.

기타 향형

앞서 말한 4가지 향형에 속하지 않는 각종 백주는 모두 다 기타

향형에 속한다. 독자적 공법과 특이한 풍격으로 인해 향형을 정의하고 향 성분을 확정하기에는 좀 더 연구 분석이 필요한 백주들이 있는데, 이런 경우는 기타 향형으로 분류된다. 또 어떤 부류의 백주는 특정 향형의 특징이 강하면서도 다른 향형의 특징도 함께 갖고 있기 때문에 분류가 불가능해 기타 향형으로 분류된다. 기타 향형 술 중에는 동주董酒가 대표적이다.

동주는 그 풍격이 특이하기 때문에 따로 '동董향형'으로 불리기도 한다. 진한 향기 속에 생약 냄새와 같은 향이 섞여 있으며 순수하고 달콤한 향이 농밀하게 퍼지다가 깔끔한 뒷맛이 나는 게 특징이다. 주요 향기 성분은 다른 향형과 마찬가지로 초산에틸과 젖산에틸이며 낙산에틸도 함유되어 있다. 약 냄새는 계피의 성분인 신남알데히드에 의한 것이다. 산酸 함유량이 높고 낙산에틸도 들어 있어 삭힌 두부의 향 같은 특이한 풍미가 있다.

시펑주西鳳酒도 기타 향형 술에 속하면서 그 자체로 일파를 이루었다. 장시江西성, 장수樟樹성에서 생산되는 쓰터주四特酒는 "쌀알을 통째로 원료로 삼고, 누룩과 밀기울을 술지게미에 더한다. 발효조에 돌을 길게 쌓고 붉은 솜이불을 덮어두니 세 가지 향기가 골고루 갖추어졌다"는 기록이 전해져온다. 향과 풍격이 독특하기 때문에 중국백주의 거장 저우항강周恒剛 선생은 '특향형特香型' 술이라고 정의했다. 장시성의 또 다른 명주 리두까오량李度高粱은 옛 양조법을 이어받아 층을 나눠 증류하고 품질에 따라 취주량을 조절한다. 향이 조화롭고 깔끔하며 우아해서 복수의 향을 갖는 겸향형兼香型 백주 중에도 상등품에 속한다.

산둥山東성의 징즈주景芝酒를 대표로 하는 '참깨향형芝麻香型'은 기타 향형에서 뻗어 나와 독립적인 향형으로 분류되기에 이르렀다. 루터우장濾頭醬, 핑바자오주平壩窖酒, 원주勻酒, 주창자오주朱昌窖酒, 진사자오사金沙窖灑, 취안주泉酒, 산웨라오자오山月老窖 등은 누룩을 만들 때 밀과 보리를 혼용하는 공법으로 인해 그 자체만의 독특한 향미와 풍격이 있다. 모두 기타 향형으로 분류한다.

중국백주계의 혁명을 가져온 발견

백주의 향형 구분은 상대적이다. 같은 향형에 속하는 술도 그 자체의 개성적 풍격과 특징이 있다. 백주 향형은 경극의 노래 곡조 유파에 비유할 만하다. 매梅, 정程, 상尙, 순荀의 4대 명단名旦과 여余, 언言, 고高, 마馬의 4대 수생須生이라는 큰 유파가 있고 그 유파 안에 또 지류파가 있어 개성적인 발전이 허용될 뿐더러 새로운 유파 형성도 가능하다. 동시에 큰 유파 외에 기타 작은 유파의 공존이 용인되는 양상도 비슷하다. 기술이 발전함에 따라 양조공법도 끊임없이 혁신하고 있다. 새로운 공법이 더 많이 나타날 때쯤이면 새로운 향형이 더 많이 생겨날 것이다.

장향형 백주가 그 자체로 일파를 이루게 된 데는 마오타이주가 큰 역할을 했기 때문이다. 장향형을 마오향형이라고도 부르는 이유다. 뿐만 아니라, 마오타이는 장향형 백주 과학의 창시자이자 종결

자이며 장향의 발견자이자 장향형 백주라는 명칭의 창립자이다. 그렇기 때문에 마오타이를 '장향의 시조'라고 부르는 것은 전적으로 사실과 부합한다.

중국백주의 향형에 대한 체계적 연구 성과가 나타나기 전에는 마오타이주도 다른 백주와 마찬가지로 향형에 대한 자리매김이 없었다. 역사적으로 마오타이주는 줄곧 '소주'라는 이름으로 통칭되었다. 마오타이샤오茅臺燒, 화마오華茅, 왕마오王茅 등의 이름이 여럿 있었지만 향형 특징을 대변하는 이름은 없었고, 향형을 두드러진 특징으로 내세우는 선전도 없었다. 하지만 다른 백주와 구별되는 마오타이주의 독특하고 진한 향은 마오타이주 대가들의 흥미를 자극했고 그 향에 대한 연구에 깊이 들어가도록 북돋웠다.

1964년, 마오타이주창의 경험 풍부한 대가 리싱파李興發가 이끄는 연구팀은 향형에 대한 연구에서 중대한 성과를 거두었다. 그는 당시 마오타이주창의 연구소에 파견 나와 있던 백주 전문가 3인에게 서로 다른 3종 향형의 마오타이주를 맛보게 하고, 자신의 연구 성과를 간단히 설명했다. 전문가 3인은 이 3종 술의 맛이 크게 다르며 차이가 뚜렷하다는 데 의견이 일치했다. 기초 단계의 인정을 받은 리싱파는 이 3종의 주체酒體에 제각기 이름을 붙였다. 장 냄새가 뚜렷하면서도 입안에 우아하고 부드러운 느낌이 감도는 것을 '장향醬香', 발효조의 바닥 쪽에 놓여 있던 주배酒醅를 증류해서 진흙향이 확연히 풍기는 것을 '교저窖底', 향이 장향에는 못 미치지만 진한 맛과 단맛이 조화를 이루는 것을 '순첨醇恬'이라고 했다.

리싱파는 마오타이주창이 갓 생겼을 때 들어와 직공이 되었던 '마오 1세대'이다. 중국백주의 위대한 스승 정이싱鄭義興에게 양조공법을 배웠으며, 훗날 마오타이주창의 총책임자가 된 지커량의 스승이기도 하다. 그는 1955년부터 오랫동안 마오타이주창 내 기술 관련 업무를 주관하는 부공장장을 맡았던 전형적 기술 장인이었다.

리싱파가 장향, 순첨, 교저라는 세 가지 주체酒體를 발견한 그해, 식품 발효를 전공한 대졸자 지커량이 마오타이주창에 갓 입사해 기술자가 되었다. 지커량은 리싱파와 같은 그 시대의 직공 출신들과 달리 정규 교육 이수자 출신인 만큼 이론적 기초가 튼튼했다. 리싱파는 자신의 발견을 지커량에게 넘겨 이론적으로 연구 성과를 다듬게 했다.

1965년, 쓰촨상 루저우에서 열린 전국 제1회 명주기술협력회의에서 지커량은 과학이론을 이용해 총정리한 리싱파 연구팀의 연구 성과 〈우리는 어떻게 술을 배합했는가〉를 낭독하여 장향, 순첨, 교저라는 3종 전형 주체의 발견을 정식으로 발표했다.

리싱파 연구팀의 연구를 통해 마오타이주에는 휘발성 및 반半휘발성 성분 963종, 불휘발성 혹은 난難휘발성 성분 450~550종, 합계 총 1,400종 이상이 존재한다고 밝혀졌다. 3종 전형 주체의 주요 성분 분류는 다음과 같다. 장향 주체는 카르보닐기基화합물을 많이 함유하는데, 예를 들면 3-아세토인, 디아세틸, 푸르푸랄 등이다. 페놀류 화합물과 헤테로고리 화합물도 많은 편인데, 이를테면 4-에틸과이어콜, 바닐린, 페룰산, 시링산 등이다. 순첨 주체는 폴리알코올의 함량이 많은 편인데 예를 들면 부탄디올, 글리세린, 프로판디올, 이노시톨 등이다. 교저 주체에는 알데히르류와 끓는점이 낮은 휘발성 에스테르류 화합물을 다량 함유한다. 이는 아세트알데히드, 아세탈, 이소발레르알데히드, 카프로산에틸, 초산에틸, 낙산에틸, 젖산에틸, 낙산, 카프로산 등이다. 이 중 장향 주체가 마오타이주의 주요 주체로서, 마오타이주의 주체 성분을 구성한다.

지커량의 발표에 좌중은 크게 놀랐다. 강렬한 반향과 함께 모두의 주의가 그에게 쏠렸다. 몇 개월 후, 경공업부(중국 중앙부처 중 하나로 경공업 관련 업무를 관장한다-역주)는 산시山西에서 개최된 마오타이주 시범 논증회에서 3종 주체의 발견을 정식으로 인정하고 마오타이주 장향형이라는 명칭을 확정했다.

바로 이 마오타이주 3종 주체의 발견이 중국백주 향형 구분의 막을 열었다. 마오타이주 3종 주체 구분은 마오타이주만의 발견이 아니라 중국백주계의 혁명적 변화라고도 말할 수 있다. 이후로 백주 전문가들은 마오타이주의 3종 주체 구분 개념을 참조하여 중국백주의 향형에 대해 체계적 연구를 거듭하여 주목할 만한 성과를 얻었다. 1979년 전국 백주품평회에서는 중국백주를 장향, 농향, 청향, 미향, 기타향의 다섯 가지 향형으로 구분하고 향형에 따른 백주 분류법을 징식으로 확정했다.

리싱파의 전문 기술은 블랜딩(배합)이다. 그는 마오타이주창의 한 세대를 풍미한 배합사였다. 3종 주체의 발견 덕분에 전통적인 마오타이주 생산 공법은 완벽해졌으며 배합 기술은 한층 더 과학화되었다. 동시에 그는 백주 향체의 감별에서 창시자 격의 공헌을 했고, 백주업계에 표준적이고 과학적인 품평 기준을 마련해주었다. 이와 같은 공헌으로 리싱파는 '중국 장향의 아버지'라고 불린다.

향기에 담아낸 마오타이주의 혼

2011년, 장향형 백주 국가표준(GB/T 26760-2011)이 국가표준화관리위원회에 의해 정식 발표되고 업계권고표준으로 채택되어 그해 12월 1일부터 시행되었다. 중국 장향형 백주에 관한 이 최초의 국가표준은 국가표준화관리위원회가 구이저우성에 위탁해 만든 것으로, 마오타이주창이 표준 제정 과정에 주도적으로 참여했다.

짙은 장향은 곧 마오타이주의 혼이다. 마오타이주의 향기는 장향을 주체로 하면서도 장향, 교저향, 순첨향 등 여러 향기가 하나로 융합된 것이다. 마치 네 안에 내가 있고 내 안에 네가 있는 듯한 경지다. 주체의 맛이 진하지만 한편으로는 다른 맛도 겸비하고 있다. 마오타이주의 장향은 '전향'과 '후향'의 복합향이다. 전향은 에스테르류가 향을 내는 주된 역할을 하고, 후향은 주로 맛을 내는 작용을 하는 산성 물질이 빈 잔에 남는 뒤끝 향을 내는 것이다. 마오타이의 병을 따면 먼저 우아하고 섬세한 향기가 풍기는데 이것이 바로 전향이다. 계속해서 세심하게 향을 맡다 보면 또한 장향이 풍기고 달콤한 향도 동반된다. 마시고 난 뒤 빈 잔에는 여전히 바닐린과 장미의 우아한 향기가 한 줄기 남는다. '공배류향空杯留香'이라 불리는 이 향기는 며칠을 계속 남아 있기 때문에 사람들의 감탄이 쏟아진다. 이것이 바로 후향이다. 전향과 후향은 서로를 보완하며 혼연일체가 되어 탁월한 경지에 이른다.

유명 산문작가 량스추梁實秋도 마오타이의 향에 대해 쓴 적이 있다. 1930년 그가 부임한 청다오青島 대학에는 '음중팔선飮中八仙'(술을 잘 마시는 여덟 명의 신선이란 뜻으로, 두보杜甫의 시에서 따온 말이다-역주)이 있었는데 량스추도 그중 한 명이었다. 구이저우 출신의 교무처장 장다오판張道藩이 어느 날 휴가를 받아 구이양에 갔다가 학교로 돌아오면서 마오타이주를 잔뜩 가져와 한 사람당 두 병씩 팔선들에게 나눠주었다. 그러나 백주는 팔선의 애호 품목이 아니었기에 다들 장식장 높은 곳에 모셔두기만 했다. 훗날 량스추의 부친이 베이징에서 청다오로 와 아들 집에 잠시 머물게 되었다. 량스추가 쓴 글은 이렇게 이어진다. "아버지는 문을 들어서자마자 '독특한 향기가 집 안을 가득 채우고 있다'고 말씀하셨다. 병뚜껑을 열고 맛을 보게 해 드렸더니 극찬을 멈추지 않으셨다. 이에 나는 장다오판이 사람들에게 나눠준 술을 최대한 모아서 아버지께 드렸다. 그때부터 나는 고량주 종류 중에서 향기로는 마오타이를 넘어설 것이 없다는 것을 확실히 알게 되었다."

마오타이를 제대로 즐기려면 네 단계를 거쳐야 한다. 가장 먼저 그 빛깔을 보고, 다음으로 그 향을 맡으며, 세 번째로 그 맛을 보고, 네 번째로 빈 잔을 들어 그 향기로움을 되새긴다.

피어오르는 향기 속의 빛깔을 보는 것은 마오타이주 감상의 첫 단계이다. 잔을 들어 가볍게 흔들면 술이 잔 안쪽에 들러붙어 형성된 엷은 막이 좀처럼 사라지지 않고, 미세한 기포가 잔 벽을 따라 생겨나 빙그르르 돌다가 터진다. 그 빛깔을 보면서 마오타이주의 순수하고 아름다운 색채를 감상한다. 정통 마오타이주는 일반적으로 맑고 투명하다. 장기간 보관 숙성한 마오타이주는 살짝 황색을 띠는데, 중후하고 투박한 느낌이 난다.

둘째 단계는 마오타이주의 향기를 맡는 것이다. 마오타이주가 지닌 독특한 향기는 다른 백주를 훌쩍 능가한다. 마오타이주는 반드시 그 향을 맡아야 한다. 개봉하는 순간 향기가 사방으로 퍼지면서 독특한 향이 공간을 가득 채운다. 잔에 술을 따라 코밑에 갖다 대면 향기로움이 코를 치며 다가와 가슴 속 깊이 스며든다. 가볍게 흔들어 다시 맡으면 피어오른 향기가 길게 이어진다.

향을 즐겼으면 이제 맛을 볼 차례다. 이때 '일민이잡삼가一抿二呷三呷'라는 삼단계법을 쓴다. '일민一抿'이란 술잔을 입술에 대고 가볍게 한 모금 마시고는 숨을 내쉬어 술이 입안에서 자연스럽게 흐르게 하는 것이다. 혀끝은 시큼한 듯 달콤하고, 혀의 양옆에는 살짝 떫은 맛이, 혀뿌리에는 살짝 쓴맛이 느껴지다가, 천천히 삼키면 부드러운 감촉이 두루 퍼진다. '이잡二呷'이란 입술에 대고 가볍게 후루룩 들이마시는 것이다. 삼킨 뒤 가볍게 입맛을 다셔보면 혀뿌리에 침이 고여 있다. '삼가三呷'란 입안에 향이 가득 차 있을 때 숨을 들이마셨다가 내쉬는 것으로, 술향이 비강에서 은은히 뿜어져나가게 된다. 삼단계법은 자연스레 조화를 이루면서 하나가 되어야 한다. 정신을 집중해 고요함을 유지하는 가운데 미각과 후각을 충분히 활용해 술 분자 하나하나의 향을 느끼면 종합적인 미각 체험을 즐길 수 있다.

마지막으로 빈 잔을 손에 쥐고 남은 향을 다시 맡는다. 마오타이주는 마신 후에도 빈 잔에 향이 남아 오래도록 사라지지 않는다. 잔을 들고 냄새를 맡으면 뒷맛이 끝없이 이어진다.

마오타이주의 맛을 즐기기 위한 특정한 온도는 따로 없다. 이것은 다른 백주도 기본적으로 마찬가지이다.

사람의 미각이 가장 예민하게 작용하는 온도 범위는 21~31℃이다. 낮은 온도는 혀를 마비시키고, 높은 온도는 혀의 통각을 자극한다. 단맛, 신맛, 쓴맛, 짠맛, 감칠맛이라는 다섯 가지 맛의 세기는 온도 변화에 따라 변화하는 양상이 조금씩 다르다. 단맛은 37℃ 정도에서 가장 맛이 잘 나고, 신맛은 온도와 별 관계가 없어 10~40℃ 범위 내에서 맛의 차이가 크지 않다. 쓴맛은 온도가 올라가면 약해지고, 짠맛은 26℃를 정점으로 해 이보다 높아지거나 낮아지면 짠맛이 점차 줄어든다.

사람의 대뇌는 보통 35℃가 넘어가면 '뜨겁다'고 인식하며 그에 따른 정보처리를 한다. 이때 맛에 대한 감각은 줄어든다. 15~35℃ 사이에서는 온도가 올라갈수록 대뇌가 단맛, 쓴맛, 감칠맛을 인식하여 내는 신호가 증가한다. 백주는 98%의 에탄올과 물, 그리고 2%의 미량성분을 함유하고 있는데, 그중 1,000종 이상의 물질이 맛과 입속의 느낌을 내고 저마다의 작용을 한다. 종합적으로 볼 때 마오타이주 맛을 즐기기 위한 적당한 온도는 21~35℃라고 하겠다.

지존의 알코올 도수
53%

마오타이가 선택한 최적의 도수

마오타이주에 대해 약간의 지식이 있는 사람이라면 틀림없이 '53도'라는 경전經典적 권위의 알코올 도수에 대해 들어보았을 것이다.

술의 도수는 술에 함유된 알코올(에탄올)의 부피 비율을 백분율로 표시한 것이다. 술은 모두 알코올 도수가 있다. 맥주, 포도주, 과실주, 백주 등 모든 종류의 술은 예외 없이 알코올을 함유한다. 술 도수의 측정은 통상적으로 20℃의 항온 조건하에 측정 기구를 사용해 단위부피당 알코올 함유량을 재는 방식으로 이루어진다. 만약 완제품 술 100ml이 알코올 50ml를 함유하면, 이 술은 50도이다. 53도 마오타이주라 함은 마오타이주 100ml 안에 알코올 53ml가 들어 있음을 의미한다. 알코올 도수를 'VOL.'로 표기하여 무게 계

산이 아니라 부피 비율임을 강조하기도 한다. 알코올 도수 단위를
'V/V'로 표기하는 방식도 있는데, 이는 알코올의 부피와 술의 부피
를 비교한 것이란 의미다. 50도 술이라면 '50%(V/V)'로 표기하며,
100단위부피의 술 안에 50단위부피의 알코올이 들어 있다는 뜻이
다. 두 방식 간에 큰 차이가 없어 일반적으로는 몇몇 '도'라는 식으
로 말한다.

알코올 도수 측정법과 표시법은 프랑스의 유명한 화학자 게이 뤼
삭Gay-Lussac(1778~1850년)의 발명에서 유래했다. 게이 뤼삭 표시법
은 이해하기가 쉬워 광범위하게 사용되고 있다. 어떤 술은 백분율
이 아니라 표시법의 발명자 이름 약자를 따 GL이라는 단위를 쓰기
도 한다.

미국과 영국은 표준 도수를 쓰지 않고 각기 독자적 도수를 쓴다.
영국식, 미국식 도수가 어떻게 만들어졌고 어떻게 측정되는지는 상
세히 설명하지 않기로 한다. 아래의 환산 공식을 통해 영국식, 미국
식 도수를 쉽게 산출할 수 있다.

표준 도수×1.75＝영국식 알코올 도수

표준 도수×2＝미국식 알코올 도수

영국식 알코올 도수×8÷2＝미국식 알코올 도수

중국백주는 종류가 아주 많고 지방마다 마시는 습관과 양조공법
이 다르기 때문에 알코올 도수 차이가 꽤 크다. 술고래가 많고 고도

주가 선호되는 동북 지역의 백주는 보통 50도 안팎이다. 반면 날씨가 더운 광둥廣東, 광시廣西 지역에서는 저도주를 선호한다. 덜어서 무게를 달아 파는 쌀백주는 일반적으로 40도 전후이다. 허베이河北 성은 예로부터 울분과 비탄에 찬 사나이들이 호탕하게 술을 마시는 곳으로 알려져 있다. 얼궈터우二鍋頭, 라오바이깐老白干, 샤오궈燒鍋 등 60도 이상 되는 백주가 흔하다.

양조공법으로 보면, 농향형 백주는 70도 이상의 원주原酒를 증류할 수 있으나 장향형 백주는 공법이 달라 50도 정도의 기주基酒만 증류할 수 있다. 자연발효 공법을 사용하는 미향형 백주는 빚어진 술이 20도를 넘는 경우가 거의 없다. 일반적 인식으로는 전통 백주 중 50도 이상을 고도주, 40도 이하를 저도주, 그 사이를 중도주로 본다.

도수 측정 방법은 크게 세 종류가 있다. 첫째는 전통적 방식으로 기포를 보는 방법이다. 측정 도구가 없던 시절에는 술을 천천히 용기에 따르면서 용기 안에 생기는 술 기포를 관찰하면서 기포의 크기, 균일한 정도, 지속 시간 등으로 알코올 함량을 판단했다. 그 정확도는 90%에 이른다. 둘째는 불을 쓰는 방법이다. 백주를 잔에 따르고 불을 붙였다가 불이 꺼진 후 잔에 남은 액체 양을 보고 알코올 함량을 판단하는 방법인데, 주변 환경의 영향을 많이 받게 된다. 셋째는 기기를 쓰는 방법으로 간단하면서도 정확하다. 도수계와 온도계를 직접 술에 넣으면 3~5분 후에 알코올 도수를 알 수 있다. 오늘날 대형 양조장에서 널리 쓰는 방법이다.

마오타이주의 경전적 알코올 도수는 53도이다. 이는 현재 시판되는 마오타이주 계열의 상품 가운데 가장 높은 알코올 도수이기도 하다.

마오타이주가 처음 역사에 등장한 즈음, 사람들에게는 알코올 도수 개념 같은 것이 없었다. 어차피 좋은 술이니 그저 찬장을 열어 꺼내 마시면 되는 것이었다. 1951년 작은 술도가가 마오타이주창으로 발전하면서부터 알코올 도수의 측정과 표시가 이루어지기 시작했다. 고도 마오타이주의 알코올 도수는 이때부터 줄곧 53도 전후를 유지했다. 한때 54도 혹은 53±1도 마오타이주도 있었으나, 제조 방법이 안정화되고 마오타이주의 품질에 대한 인식이 높아지면서 최종적으로 마오타이주 도수는 53도로 확정되었다. 그렇다고 마오타이주가 전부 53도 고도주인 것은 아니고, 43도, 38도 등 도수가 낮은 것도 있다. 젊은 소비자층의 기호에 맞춰 나온 43도짜리 마오타이주는 섬세한 맛과 향이 뛰어나고 얼음이나 물을 타도 맛의 흐려짐이 없으며, 고도 마오타이주와 똑같이 순정한 품질을 가진다.

알코올 도수와 품질의 상관관계

그렇다면 왜 하필이면 53도가 마오타이주의 경전이 되었을까? 가장 널리 퍼져 있는 설은 물 분자와 알코올 분자의 결합이 알코올 농도 53도일 때 가장 공고하다는 설이다. 나름 과학적인 설명이다. 53도일 때 물과 에탄올의 친화력이 강해지고 비율상 최적의 조화를 이루어, 술맛이 부드럽고 입안 느낌도 뛰어나다는 것이다. 한 과학 실험에서 순수한 알코올 53.94ml에 물 49.83ml을 섞었더니 그 혼합물의 부피는 103.77ml가 아니라 3.77ml 줄어든 100ml가 되었다. 이 실험은 증류주 알코올 도수가 53도일 때 물 분자와 알코올 분자의 결합이 가장 긴밀하다는 점을 충분히 설명한다. 53도가 증류주 최적의 알코올 도수라는 설은 여기서 나온 것으로 보인다.

백주는 68도를 넘지 않는 것이 좋은데, 그 이상이면 음용에 적합하지 않기 때문이다. 일상에서 소독용으로 쓰이는 알코올의 순도는 75% 정도이다. 브랜디, 위스키, 보드카 등의 해외 전통 명주는 알코올 농도가 65도 이상이지만 마시기 전에 반드시 희석 처리를 한다. 필자가 마셔본 가장 높은 도수의 국산 백주는 75도였는데, 도수가 지나치게 높은 탓에 결코 좋은 맛이라고는 할 수 없었다. 96도에 이르는 폴란드 보드카 스피리터스Spirytus와 89.9도의 아일랜드 압생트 Absinthe는 의료용 알코올을 조제할 수 있을 정도이다. 자칫하면 불이 날 수도 있어 마실 때 화기에 주의해야 한다. 과도하게 높은 도수의 술은 건강과 안전, 마실 때의 느낌 등에서 문제가 있기 때문에 음용에 부적합하다. 일부 국가에서는 도수가 지나치게 높은 술의 판매를 금지하고 있다.

백주 도수가 너무 낮으면 저장이 골치 아픈 문제가 된다. 40도 이하의 백주는 장기 저장에 적합하지 않다. 미생물 때문에 술이 시큼하게 변해 구감에 심각한 영향을 주기 때문이다.

따라서 중국의 고도 백주는 50도 이상이 주류를 차지한다. 마오타이주의 53도가 가장 경전이고, 우량예, 젠난춘, 루저우라오자오 역시 모두 52도짜리를 대표로 내세운다. 중국인의 음식 섭취 습관에 부합하는 이 정도의 도수가 과하거나 부족함이 없는 중용中庸의 도수라 할 수 있다.

간혹 백주 도수가 높을수록 품질이 좋다고 여기는 사람이 있는데 이는 잘못된 인식이다. 도수와 품질 간에는 아무런 필연적 관계가 없다.

알코올 도수가 높으면 향과 맛을 내는 물질이 많이 녹아 있어 여러 가지가 섞인 느낌이 두드러지고 구강에 대한 자극도 더욱 강하다. 알코올 중독을 일으키는 효과도 확실히 저도주보다 고도주가 세다. 하지만 술의 도수와 품질 간에는 그리 큰 관계가 없다. 고도주 중에도 마시기에 적합하지 않은 술이 있고, 저도주 중에도 품질이 뛰어난 술이 있다.

중국백주 중 루저우라오자오가 한때 73도 기주基酒를 생산한 적이 있었으나 배합 조주를 통해 도수를 낮춘 후에야 시장에 내놓았다. 일부 농촌과 소수민족이 자체적으로 양조한 곡주는 도수가 최고 75도에 달하기도 하는데, 별도의 배합 과정 없이 원액을 마실 경우 대단히 쉽게 취한다.

해외 증류주는 겁이 날 정도로 도수가 높다. 앞에서 언급한 현재 세계 최고 도수의 폴란드 보드카 외에 '생명의 물'이란 별명의 아일랜드 포친Poitin, 미국의 에버클리어Everclear 190, 볼리비아의 코코로코Cocoroco, 스코틀랜드의 브뤼클라딕 X4 페릴러스Bruichladdich X4

Perilous 위스키 등이 모두 90도 이상이다. 의료용 알코올보다도 더 높은 도수다.

알코올 도수가 이렇게 높은 독주는 절대 좋은 술이 아니다. 오히려 생명에 극히 위험한 액체일 뿐이다. 과음하면 만성 알코올 중독을 일으키기 쉽고 신경계통, 위장, 간장, 심장, 혈관 등의 질병을 유발하므로 인류가 음용하기에 결코 적당하지 않다.

주당들은 종종 "도수 낮은 술치고 좋은 술 없다"는 말을 한다. 저도주가 변질되기 쉽다는 점에서 보면 어느 정도 일리가 있지만, 품질 좋은 저도주도 많기 때문에 이 말은 나무 몇 그루만 보고 숲 전체를 판단하는 격이다. 어떤 저도주는 배합 조주의 흔적이 너무 심하고 유해물질이 꽤 많으며 향과 맛이 부족한 탓에 증점제會粘劑, 향미제 등 화학물질을 첨가한다. 게다가 오래 두면 시큼하게 변질되고, 마시고 나면 머리가 어지럽고 입이 마른다. 하지만 대부분의 저도주는 고도주에 '가장加漿' 처리를 통해 도수를 낮춘 것이다. 보통 사람들이 생각하는 것처럼 단순히 물을 탄 것이 아니다.

질 좋은 저도주의 제조법은 고도주보다 더 복잡하다. 중국백주의 특징은 달고 맑은 향이 나며 도수가 꽤 높다는 점에 있다. 도수를 갑자기 낮추면 원주의 풍미와 현격한 차이가 나고, 탁해지거나 침전물이 생기며 맹한 물맛이 많이 난다. 배합 조주 과정에서 도수를 낮추면서도 묽어지지 않게 하고 잡맛과 탁해짐이 생기지 않도록 하며 원주의 풍미를 간직한다는 것은 참으로 쉽지 않은 일이다. 기주를 선택하고, 도수를 낮추고, 혼탁 처리를 하고, 향과 맛을 조절하고, 저장 숙성을 하는 등 순차적으로 여러 공정을 거쳐야 질 좋은 저도 백주를 만들 수 있기 때문에 배합 조주의 난도는 고도주보다 높다. 일부 질 좋은 저도 백주는 배합 조주를 여러 차례 거쳐야만 이상적인 품질에 도달한다. 도수를 낮춘 후의 혼탁 처리 방법도 다양한데, 혼탁함을 없애면서도 향과 맛을 제거해서는 안 되기 때문에 이 역시 난도가 높다.

어떤 백주는 입에 들어가면 짜릿한 느낌이 강한데, 술 도수와는 큰 관계가 없다. 순수한 알코올은 미각적으로 살짝 단맛이 나지만 짜릿하지는 않다. 술의 성분은 대단히 복잡해서 물 이외에도 알코올, 알데히드, 에스테르, 페놀, 산 등의 물질이 백주의 맛과 향을 구성한다. 여기에는 물론 짜릿한 맛을 유발하는 물질도 포함한다. 주로 알데히드류 물질이 그러한 작용을 하는데 그중에는 아세트알데히드가 가장 많다. 술에 알데히드 함유량이 많을수록 화끈거리는 맛이 강해지고 품질은 떨어지며 건강에도 안 좋다.

알데히드 물질은 주로 술 양조 과정 중에 관리제어가 제대로 되지 못해 생긴다. 곡식의 껍질 같은 보조재료를 너무 많이 쓰거나 깨끗이 찌지 않고 쓸 경우, 함유된 펜토산이 열을 받아 다량의 푸르푸랄을 생성하므로 화끈거리는 맛이 나게 된다. 또한 발효 온도가 너무 높거나 위생·청결 상태가 좋지 않을 경우, 당화가 제대로 안되거나 잡균에 감염되어 글리세르알데히드와 아크릴알데히드가 생성되므로 화끈한 맛이 증가할 수 있다. 발효 속도가 균형을 잃고 초반부에 급속히 진행될 경우에도 효모가 너무 일찍 노쇠해 죽기 때문에 발효가 충분하지 못한 상태에서 아세트알데히드를 많이 생성하므로 화끈한 맛이 증가할 수 있다.

제조 공정 관리를 강화해 알데히드류 물질의 발생을 줄이는 방법 말고도, 화끈한 맛을 줄이는 수단으로는 장기간 숙성 또는 배합 조주의 방법이 있다. 오래 묵히는 목적은 술의 자연적 숙성을 기다리는 것으로, 그 사이 화끈한 맛을 내는 물질은 점차 휘발되어 없어진다. 배합 조주는 여러 맛을 조화시켜 화끈한 느낌을 가리는 작용을 하지만, 알데히드 물질을 제거하지는 못한다. 결국 감각적으로만 화끈거리거나 맵지 않다고 느낄 뿐이다.

전설의
페이텐飛天

마오타이 상표의 변천사

'페이텐'은 마오타이주창의 등록상표 중 하나이다. 상표 도안은 서양에도 널리 알려진 중국 고대 둔황敦煌 석굴의 비천 벽화를 모티프로 차용했다. 하늘을 나는 두 선녀가 금빛 술잔 하나를 받쳐 들고 있는 모습은 마오타이주가 우의友誼의 사자使者라는 이미지를 함축한다.

페이텐 상표가 붙은 마오타이주를 사람들은 '페이텐 마오타이'라고 부른다. 페이텐 마오타이는 근래 마오타이주창에서 가장 강력한 상품이다. 하지만 페이텐 마오타이가 처음에는 수출용이었으며 한참 후에야 국내시장에서 판매되었다는 것을 아는 사람은 많지 않다.

페이텐 마오타이의 역사를 설명하려면 마오타이 국제화의 전초기지인 홍콩에 대해 말하지 않을 수 없다.

마오타이주는 까마득한 옛날의 '소방' 시절부터 이미 홍콩에 진출해 있었다. 1945년 항일전쟁 승리 후, 구이양 난밍南明 담배공장 지배인 셰건메이謝根梅가 마오타이주 500병을 홍콩으로 가지고 가 판매했다. 1946년에는 헝싱恒興소방이 난화화웨이南華華威 은행에 위탁해 마오타이주 300병을 홍콩으로 가져가 시험 판매를 했다. 1951년 마오타이주창이 설립된 후에는 국가당연주공사國家糖煙酒公司와 대외무역 담당 정부기관을 통해 홍콩에서 마오타이주 판매를 계속하면서 마카오와 동남아 지역으로 영업 지역을 늘렸다. 이 일대는 화교 인구가 많아 이내 마오타이주 해외영업의 주요 대상지가 되었다. 하지만 마오타이주가 워낙 유명하고 잘 팔리고 이윤이 높다 보니 짝퉁이 유통되다 적발되는 사건도 빈번히 발생했다.

각종 제도가 허술하던 시절, 지식재산권에 대한 사람들의 인식은 상당히 낮았다. 마오타이주는 다년간 해외영업을 하면서도 상표를 포장에 인쇄하는 수준에 머물렀을 뿐 영업소 소재지에 상표권 등록을 하지 않았다. 이러한 현상은 마오타이주만이 아닌, 다른 해외영업 상품들도 다 마찬가지였다. 게다가 설립 직후의 마오타이주창은 독립적 수출 경영권을 얻지 못했다. 마오타이주 상품의 해외 판매 영업권은 국가당주연공사나 수출입공사 등 수출입 경영권을 가진 기구에 귀속되었다. 따라서 마오타이주 해외영업에 관한 체계적 계획을 세우기란 불가능했다.

1951년 마오타이주창 설립 직후, 마오타이주에 사용하기 위해

'농공農工'이라는 상표를 등록 신청했다. 하지만 다른 주창에서 이미 같은 이름의 상표를 신청하고 대기 중이었다. 몇 차례 우여곡절 끝에, 1954년 6월 '진룬金輪'이라는 상표의 등록을 허가받고 국내 판매용으로 사용하기 시작했다.

해외시장에서 지식재산권 침해가 계속되는 가운데, 1956년에 마오타이주창은 홍콩 더신항德信行 유한공사에 위탁해 홍콩, 마카오, 싱가폴, 말레이시아 및 그 외 동남아시아 각국에서 '진룬'을 마오타이 상표로 등록했다. '진룬' 상표 로고 정중앙에는 당시 중국에서 유행하던 '오성홍'伍星紅(중국 국기에 있는 다섯 개의 별-역주)이 눈에 확 띄게 자리 잡고 있었다. 이때부터 해외에서 판매되는 마오타이주는 전부 '진룬'을 등록상표로 달고 나왔다. 즉 1956년부터 국내외 시장에서 동일하게 '진룬 마오타이'가 판매된 것이다.

이후 해외의 일부 정치논객이 '진룬' 로고 중앙의 오성홍이 정치색을 띠고 있다며 문제 삼는 바람에 해외시장에서 불공정한 대우를 받기에 이르렀다. 이때 마오타이주창은 여전히 독립된 수출 경영권을 갖지 못한 상태였고 마오타이주의 해외 판매는 모두 구이저우성 양유糧油식품수출입공사가 전권을 대행하고 있었다. 진룬 마오타이에 대한 차별대우가 이어지자, 구이저우성 양유식품수출입공사는 해외 판매 상황을 개신하기 위해 홍콩 우펑항伍豊行 유한공사에 위임해 홍콩에서 새로운 마오타이주 상표를 등록하도록 지시했다.

1958년 10월 16일, 해외 판매용 마오타이주의 새로운 상표 '페이셴飛仙'이 홍콩에서 상표 등록에 성공했다. 그리고 1959년에 이 상표를 실제로 사용하기 시작하면서 '페이센'을 '페이텐'으로 바꾸었다. 정식으로 페이텐 상표를 쓴 마오타이주의 해외 판매가 이루어지면서 페이텐 마오타이가 역사적 무대에 등장해 전설의 서막을 열게 되었다.

구이저우성 양유식품수출입공사는 그 기세를 이어 미국, 러시아, 일본 등 37개 국가 및 지역에서 페이텐표 구이저우마오타이주의 상표 등록을 진행해, 전 세계의 페이텐 상표 소유권을 가지게 되었다.

페이텐 상표가 쓰이기 시작하면서 진룬이 더 이상 해외로 출하되는 일은 없어졌다. 진룬은 국내용, 페이텐은 해외 전용으로 구분되었다.

1966년에는 마오타이주창의 진룬과 페이텐 상표가 동시에 변경되었다. 진룬은 '우싱伍星'으로 바뀌어 1982년에 상표 등록을 한 후 지금까지 이어지고 있고, 페이텐은 쿠이화葵花로 바뀌어 10년간 쓰이다가 1976년 다시 원래대로 돌아갔다.

1990년대 이후 중국의 국력이 상승함에 따라 국제정치 상황이 바뀌어 우싱 마오타이의 해외 수출이 가능해졌다. 국내시장에서 페이텐 상표를 사용하는 것도 승인되었다. 마오타이주창은 다각적 협의를 거쳐 2011년에 구이저우성 양유식품수출입공사로부터 전 세계 페이텐 상표 소유권을 넘겨받았다. 그리하여 우싱 마오타이와 페이텐 마오타이는 국내외에서 나란히 판매가 이루어지게 되었다. 이 둘은 상표만 다를 뿐 품질과 맛은 동일하다.

만약 마오타이주의 상표 편력이 아직 혼동된다면, 마오타이그룹 사장 리바오팡李保芳이 만든 구절 '진화페이우金花飛舞'('금꽃이 춤추듯 날린다'라는 뜻-역주)를 기억하면 된다. '진'은 진룬 마오타이, '화'는 한때 사용되었던 쿠이화이고 '페이'는 페이텐, '우'는 우싱 마오타이와 같은 발음이다.

마오타이의 얼굴이 된 페이텐

현재 마오타이그룹이 가진 300여 건의 등록상표 중 가장 빛나는 것은 페이텐으로, 그와 견줄 상대가 없다. 페이텐 마오타이는 이미 마오타이주창의 가장 대표적 상품으로 성장했다. 업계 내부인사 및 마오타이 팬들은 이 53도 페이텐 마오타이를 보편적 마오타이란 뜻으로 '푸마오普茅'라 부른다. 마오타이주창의 주력상품이자 핵심상품인 페이텐 마오타이는 근래 단일제품 주류 판매 수입에서 줄곧 세계 1위의 자리를 지키고 있다. 마오타이그룹의 매출 증가는 거의 대부분 53도 페이텐 마오타이의 공헌 덕분이다. 마오타이의 평가, 이미지, 명예, 신용도, 그리고 시장 내 마오타이의 지위 등이 모두 페이텐 마오타이와 직접적으로 연결되어 있다.

페이텐 마오타이는 국내시장 판매에 투입되기 전까지는 판매량이 그리 많지 않았다. 아무래도 마오타이수 소비의 주력은 국내에 있기 때문이었다. 1976년, 페이텐 마오타이의 생산량은 고작 28톤으로, 마오타이주 총생산량 중 4%에 불과했다. 1980년대에는 약 200톤까지 생산량이 크게 늘고 총생산량 중 차지하는 비율이 15%를 넘었지만, 수량 면에서 볼 때 1990년대 이전의 페이텐 마오타이는 우싱 마오타이만큼 강세를 보이지는 않았다.

그러나 페이텐 마오타이가 국내시장에서 판매되면서부터 상황은 단번에 바뀌었다. 페이텐 마오타이는 연일 판매 기록을 갱신하면서 우싱 마오타이를 빠른 속도로 넘어섰다. 마오타이주창이 근래에 계열 제품을 끊임없이 내놓으며 화마오華茅, 왕마오王茅, 레이마오한장賴茅漢醬, 런장仁醬, 마오타이왕즈주茅台王子酒 등의 브랜드 구축에 공을 들이고 있지만, 페이텐 마오타이의 폭발적 인기는 여전하고 판매량도 줄곧 증가 추세다. 2016년 페이텐 마오타이의 판매 총량은 약 2만 톤에 달했다. 2017년 상반기 마오타이주 시리즈는 매출이 전년 동기 대비 268.72%나 되는 경이적 증가를 보였다. 이 가운데, 페이텐 마오타이가 전체 매출의 90%를 차지한다. 페이텐 마오타이의 강세가 범상치 않다는 것을 볼 수 있는 대목이다.

지난 5년간 마오타이주의 매출 이익률은 평균 91.1%다. 이는 국내 최고일 뿐만 아니라 세계적으로도 1, 2위를 다투는 수치이다. 양조업계뿐만이 아니라 다른 업계와 비교해도 마찬가지다. 조니워커Johnnie Walker 위스키로 유명한 국제적 주류업계의 거두 디아지오Diageo의 매출 이익률은 61%, 코카콜라는 60%, 마이크로소프트는 75%, 구글은 59%이다. 국내에서 마오타이를 바짝 뒤쫓는 우량예는 65%에 불과하다. 마오타이의 매출 이익률이 이렇게 높은 이유는 매출의 90% 이상을 차지하는 페이텐 마오타이가 있기 때문이다. 다시 말해 마오타이 기업의 이익률의 높다는 건 사실상 페이텐 마오타이의 이익률이 높다는 것이다.

온갖 상품의 공급이 넘쳐나는 요즘이지만, 마오타이는 품절 소식이 끊임없이 들린다. 백주 판매에 성수기와 비수기가 있다고 해도 마오타이에는 적용되지 않는다. 흡사 일 년 내내 성수기요, 날마다 날개 돋친 듯 팔리는 듯하다. 드물게 몇 번 있었던 판매 침체기 때 가격이 조금 떨어졌던 것을 제외하면 페이텐 마오타이의 가격은 늘 상승 추세다. 마오타이주창이 가격 상승을 억제하기 위해 만든 가격상한제는 종종 유명무실한 존재가 되어버렸다.

인플레이션이 예측되는 상황에서, 페이텐 마오타이는 가격 상승이 기대되는 투자 상품으로서의 성격도 보이고 있다. 작년 출하된 페이텐 마오타이는 올해 10% 이상 값이 올랐다. 2013년 출고된 페이텐 마오타이는 3년 만에 값이 두 배 이상 뛰었다. 오래 묵혀둔 페이텐 마오타이라면 가격상승률은 더욱 가파르다. 페이텐 마오타이는 1976년부터 2006년까지 30년간 병 본체에 생산일자를 표기하지 않았기 때문에 민간 교류와 경매시장에서 어느 정도 악영향이 있긴 했으나 여전히 수집가들의 사랑을 받고 있다.

1959년산 페이텐 마오타이 1병의 경매 입찰가는 100만 위안 이상이었다. 오래 묵힌 술뿐만 아니라, 오래된 페이텐 마오타이 빈 병도 만만치 않은 가격에 거래된다. 1980년대에 만들어진 페이텐 마오타이 빈 병의 가격이 수집가들의 경매에서 1만 위안 이상으로 치솟은 적도 있다. 물론 이것이 정상적이라 할 수는 없다. 그러나 페이텐 마오타이가 이제 그저 마시기 위한 백주가 아니라 액체로 된 황금이자 투자 대상, 귀중한 소장품이 되었다는 것은 분명한 사실이다.

마오타이 명칭, 어디까지 인정해야 할까?

'마오타이주'라는 명칭에 대해서는 적어도 세 가지 주장이 있다. 첫째, 마오타이진 및 츠수이허 계곡 일대에서 마오타이진의 전통적 제조법으로 생산된 장향형 술은 모두 마오타이주라고 불러야 한다는 주장이다. 둘째, 마오타이주창에서 생산된 백주면 모두 마오타이주라 부를 수 있다는 주장이다. 마오타이주창에서 생산한 술을 마오타이주라고 부르지 않으면 달리 뭐라고 한단 말인가? 셋째, 마오타이주란 우싱 마오타이와 페이톈 마오타이만을 가리킨다는 주장이다.

페이톈과 우싱 상표를 등록할 때, 구이저우마오타이도 함께 묶어서 상표 등록 절차를 밟았다. 페이톈과 우싱도 상표이고 구이저우마오타이도 등록된 상표다. 즉, 구이저우마오타이는 백주 제품의 한 종류이기도 하고, 고유의 브랜드이기도 하다. 마오타이주창에서 생산한 페이톈 마오타이와 우싱 마오타이 이외에는 그 어떤 제품에도 구이저우마오타이주라고 표기할 수 없으며, 이는 마오타이주창이 직접 생산한 다른 제품도 예외가 아니다. 다시 말해 페이톈과 우싱에만 '구이저우마오타이주'라고 표기할 수 있다는 뜻이다. 페이톈 브랜드의 마오타이주와 우싱 브랜드의 마오타이주만이 고귀한 혈통의 '정통' 마오타이주이다.

페이톈과 우싱 상표의 로고를 고안한 디자이너가 누구인지 사료

史料를 통해 밝히기는 이미 어려워졌다. 2010년 발행된 《중국구이저우마오타이주창 유한책임공사지中國貴州茅台酒廠有限責任公司誌》에도 이와 관련한 기록이 없다. 구이저우마오타이그룹 기업 로고와 공식 웹사이트, 마오타이주 제품패키지와 광고 등에 널리 사용되는 행서체 다섯 글자 '구이저우마오타이주貴州茅台酒'는 영남嶺南 서법의 대가 마이화산麥華山의 손에서 나왔다. 광동성 문사연구관文史硏究館 관원인 화이화산은 오늘날 가장 영향력 있는 서예 이론가 중 한 명이다. 고령의 나이에 이 작업을 한 그는 이듬해 광저우에서 세상을 떴다. '구이저우마오타이주貴州茅台酒'는 그의 글씨체로 남긴 마지막 술 이름이 되었다.

마오타이주 포장패키지에는 웨이드식 발음표기법에 따라 '구이저우마오타이貴州茅台'를 'KWEICHOU MOUTAI'라고 표기하여 현재 중국에서 사용되는 한어병음식 표기와는 제법 차이를 보인다.(현재 중국에서 사용하는 한어병음식으로 표기하면 "GUIZHOU MAOTAI"가 된다-역주) 20세기 초 마오타이주가 세계로 뻗어가던 때는 한어병음 체계가 마련되기 전이었다. 저우유광周有光이 개발한 한어병음 방안은 1958년 이후에야 정식으로 널리 보급되고 사용되었다. 그전에는 모두 웨이드식 발음표기법으로 고유명사를 번역했다. 토머스 웨이드Thomas Wade(1818~1895년)는 영국 외교관이자 유명한 한학자로, 로마자 알파벳을 이용해 한자의 음을 표시하는 웨이드식 발음표기법을 창시했다. 이 발음표기법은 전까지 인명, 지명 및 고유명사의 음을 표시할 때 널리 쓰이고 영향력도 꽤 컸으나, 1958년 한어병음방안 보급 이후 점차 폐기되었다. 하지만 일부 유명한 고유명사는 그 발음표기 방법이 이미 약속처럼 굳어진 상태였다. 따라서 1958년 이후에도 일부 표기에는 여전히 웨이드식 표기법이 쓰였으니, 'KWEICHOU MOUTAI'가 이 경우에 속한다.

페이톈 마오타이의 큰 특징 중 하나는 병 주둥이에 붉은 띠가 묶여 있는 것이다. 붉은 띠는 옛날에 중국에서 술집의 표시로 걸었던 주기酒旗를 형상화한 것이다. 주기는 주망酒望, 주렴酒簾, 청기靑旗, 금패錦旆라고도 하며, 중국에서 가장 오래된 광고수단이다. 생산라인에서 기계로 스티커를 붙인 뒤, 포장작업반에서 마오타이주 한 병 한 병마다 사람 손으로 띠를 묶는다. 기계가 사람 솜씨를 대신하기 어려운 작업이라고 한다. 띠마다 0부터 20까지 번호가 적혀 있으며, 각 작업공마다 들고 있는 번호가 다르다. 번호는 그날 띠를 묶은 작업공의 번호로서, 원시적 방식이기는 하지만 이 숫자를 통해 어느 병의 띠를 어느 작업공이 묶었는지 추적할 수 있다. 한편, 띠를 묶는 작업공은 제품이 생산라인에서 내려오기 전 마지막으로 살펴보는 품질검사원이기도 하다. 포장작업반 한 팀당 하루에 술 3만여 병을 포장하고, 작업원 한 명당 거의 3,000개의 띠를 묶는다. 띠 묶는 작업공들이야말로 마오타이주창 전체를 통틀어 손끝이 가장 야무진 사람이라고 해도 큰 이견이 없을 것이다.

수성守城이냐
돌파突破냐

새 술은 팔지 않는다

매년 가을이 되면 마오타이주창은 마오타이 양조의 시조와 여러 대가들, 그리고 술의 신을 기리는 제사를 성대하게 올린다. 제사를 주재하는 사람은 예복을 입고 역대 시조, 대가, 술의 신에게 고량, 미주, 향을 바치면서 정중하게 절을 올린 뒤 제문을 낭독하고 선서와 다짐을 한다. 엄숙한 의식을 통해 마오타이 사람들은 자신들만의 독특한 방식으로 하늘과 땅에 감사를 표하고 선현들을 기리는 한편, 기후가 원만하고 양조가 순조롭기를 기원한다.

제사는 중국의 전통의식 가운데 중요한 부분이다. "예에는 다섯 가지 종류가 있는데 제사보다 더 중요한 것은 없으니 신을 모시고 복을 기원한다禮有伍經, 莫重於祭, 是以事神致福"《예기禮記》의 〈제통祭統〉 편에 나오는 한 구절-역주)거나 "나라의 대사는 제사와 전쟁이다國之大事, 在祀與戎"《춘추좌씨전春秋左氏傳》의 한 구절-역주)는 옛 경전 구절에서 보듯, 중국 전통문화에서 제사는 대단히 중시되었다. 춘절, 원소절, 단오절, 중추절, 중양절 등의 절기마다 다양한 유형의 제사가 성대하게 거행되었다. 사람들은 각종 제사의식을 통해 자연, 신령, 선조에 대한 감사와 숭배의 마음을 엄숙히 표현했다.

중국 양조업계는 "좋은 술 빚기는 하늘이 이룬다佳釀天成"는 말을 높이 떠받든다. 이와 짝을 이루는 말로 서구권에도 "좋은 술은 하늘이 내려준다"는 말이 있다. 서로 합치하는 이 두 문장을 새겨보면, 전통적으로 수공업의 영역인 양조에서 '천시지리인화天時地利人和'(《맹자》의 〈공손추公孫丑〉에 나오는 표현-역주)가 완벽하게 갖춰질 때 좋은 술이 만들어진다는 의미다. 천시, 즉 하늘이 때를 맞춰준다 함은 기상 조건이 순조롭고 오곡수확이 풍성하여 술을 빚기에 충분한 원료를 제공한다는 뜻이다. 지리, 즉 땅이 이롭게 해준다 함은 양조에 적당한 토양, 물, 미생물군이 있어야 한다는 뜻이다.

마오타이를 포함한 수많은 양조기업들이 실제로 지리적 환경의 덕을 크게 보고 있다. 인화, 즉 사람들이 화합한다는 의미는 여러 세대의 장인들이 양조기술을 만들고 전수한다는 뜻이다. 농경 시기에 시작한 중국백주 양조는 공업이 발달한 현대에 이르러서도 딱히 큰 변화가 없다. 양조 과정 안에는 전통 수공업의 요소가 여전히 많이 남아 있다. 그렇기 때문에 좋은 백주를 만들기 위해서는 반드시 천시와 지리와 인화가 잘 맞아야 하는 것이다.

아무리 실력이 뛰어난 양조 장인이라도 그가 만들어내는 모든 술이 다 훌륭하다고 장담할 수는 없다. 술의 좋고 나쁨과 직결될 만큼 중요한 요소인 천시와 지리라는 변수는 매번 다 다르기 때문이다.

제사는 사람들이 천지에 대한 경외의 뜻을 표현하는 것이자, 오랜 세월 내려온 전통에 대한 경건한 염원과 전통기술 수호에 대한 신념을 나타내는 방식이다. 마오타이진의 독특한 자연환경, 그리고 긴 세월에 걸쳐 형성되고 전승된 양조 문화와 양조기술이 있었기에 국내외에 명성이 드높은 마오타이 미주가 만들어질 수 있었다. 마오타이 사람들이 매년 성대히 치르는 제사는 실로 신앙에 가까운 경건함에서 우러난 것이라 하겠다.

마오타이 양조 제법의 전승 수호와 관련해, 마오타이주창 직원 전체가 철칙으로 정한 원칙이 있다. 그것은 바로 "기본을 존중하고 법도를 지킨다" "양조 제법을 굳건히 수호한다" "술을 오래도록 저장해 충분히 숙성한다" "새 술은 팔지 않는다"는 것이다. 이 네 가지 원칙은 마오타이주창 곳곳에 표어로 붙어 있다. 이 원칙 하나하나는 마오타이 사람들의 마음에 깊이 새겨져 있다. 그들은 마오타이주의 품질을 위해서라면 편집증에 가까울 정도로 장향주의 전통 제법을 완고하게 지킨다. 기술적 진보나 생산 규모의 확대가 전통 제법과 상충되거나 품질에 영향을 미칠 경우에는 절대로 받아들이지 않는다.

기계보다 사람의 감각을 믿는 이유

전통 양조 제법을 굳게 지킨다는 것은 기술에 대한 고집뿐만이 아니라, '도道'의 추구를 의미한다. 무형문화유산인 마오타이주 장향 양조 제법과 관련해, 그 작업 공정은 일찌감치 암송구처럼 간단히 요약되었다. 일반적으로 마오타이주 한 병은 원료 준비부터 완제품 출고까지 반드시 누룩 제조, 술 빚기, 저장, 배합 조주, 검품, 포장의 6단계, 30개 공정, 165가지 기술 처리를 차례로 거쳐야 하며, 이 과정이 다 끝나기까지 최소 5년이 걸린다. 마오타이주의 가치는 바로 이 복잡한 제조법에 있다. 정성을 덜 들이거나 재료를 아끼기 위해 어느 작은 공정 한 단계라도 건성으로 한다면, 그것은 이미 진정한 마오타이주가 아니다. 전통 양조 제법을 굳게 지키는 것은 마오타이주의 품질을 굳게 지키는 것이다.

전통 양조 제법 수호는 곧 이 직업에 대한 마음가짐이자 능력이다. 무형문화재인 마오타이주 제조법은 단순히 공정 암송구를 외워서 지킬 수 있는 것이 아니다. 공정 순서에 따라 기계적으로 실행한다고 해서 지킬 수 있는 것도 아니다. 실제로, 많은 경우 양조기술사들의 손 감촉과 눈대중, 그리고 광선 등 자연조건의 적절한 운영이 기계설비보다 큰 효과를 발휘한다는 것이 증명되었다. 다른 백주 기업들이 이미 전면적 기계화를 단행했을 때에도 마오타이주창은 무턱대고 시류를 따르는 일 없이 사람 손으로 직접 누룩을 띄우고 시루에 안치는 방식을 고집했다. 이렇게 함으로써 마오타이주의 독특한 생산기술을 굳건히 수호해나갈 수 있었다. 생산능력이 이미 수만 톤에 달하는 마오타이주이지만 시장의 수요를 만족시키기에는 턱없이 부족한 상황에서, 저장창고 안에서 숙성되고 있는 신주新酒 30만 톤에는 손도 대지 않는다. 이는 충분한 저장 기간을 지킨다는 원칙, 그리고 새 술을 팔지 않는다는 원칙을 지키는 것이다.

마오타이주는 갑자기 만들어낼 수 없고, 다른 지역에서 복제할 수도 없으며, 맹목적인 생산 증대도 할 수 없다. 그 이유는 아직도 전통 양조 제법을 놓지 않고 있기 때문이다. 제법이야말로 제품의 품질을 결정한다. 전통 양조 제법을 소홀히 하고 수량의 비약적 증대만 추구한다면 결국에는 맥없이 무너질 수밖에 없다.

품질을 지키기 위한 마오타이주의 철칙으로 '4복종' 원칙이 있다. "생산량은 품질에 복종한다, 속도는 품질에 복종한다, 생산비용은 품질에 복종한다, 효과와 이익은 품질에 복종한다"라는 것이다. 설령 마오타이주에 대한 시장의 수요가 마치 배고픔이나 갈증처럼 절실하다 해도, 설령 거대한 경제적 이익이 시시때때로 마오타이를 유혹한다 해도, 마오타이는 술을 5년간 충분히 묵힌다는 양조 원칙을 절대로 깨지 않을 것이다. 고속성장을 추구하는 대가로 품질을 낮추는 일도 절대로 없을 것이다.

마오타이가 백 년간 이어진 이유는 기본을 존중하고 법도를 따른다는 정신을 굳게 지켰기 때문이다. 작은 술도가에서 정식 주창에 이르기까지, 계획경제에서 시장경제에 이르기까지, 증류공방의 상표에서 민족의 대표상품이 되기까지 백여 년의 격변 속에서 오직 마오타이 정신의 수호와 전승으로 마오타이 전설을 이룰 수 있었다.

수호와 보수는 다르다. 전승 역시 진취적이지 못한 것과는 다르다. 급변하는 공업화 시대에 자기 세계만 고집하면서 스스로를 가두면 반드시 뒤떨어지게 된다. 개척하고 앞으로 나아가는 자만이 시대의 흐름 속에서 우뚝 설 수 있다. 마오타이가 전통을 굳게 지킨다는 뜻은 무턱대고 옛 관습을 고집한다는 것이 결코 아니다.

마오타이주 한 병에 담긴 철학

마오타이가 한때 사용했던 광고문구 가운데 "신념이 있다. 그건 긍지이다. 정신이 있다. 그건 책임감이다. 힘이 있다. 그건 쇄신이다. 꿈이 있다. 그건 한계를 초월하는 것이다"라는 문장이 있다. 마오타이에는 대대로 물려받은 전통기술을 지키며 시류에 영합하지 않고 이익의 유혹에 넘어가지 않았다는 긍지가 있다. 또한 마오타이는 술의 품질과 소비자의 건강을 소중한 책임으로 여겼다. 마오타이가 더 힘을 기울여야 할 것은 용감한 쇄신이며 끊임없는 자기초월이다.

마오타이주창 회장 위안런궈袁仁國의 눈에 비친 세계는 변혁의 한복판에 있다. 경제의 궤도 수정과 조직 형태의 변환이 동시에 일어나고 있다. 세계 주류기업의 발전 방식과 관리 방식, 사고방식 역시 시대에 맞춰 변화할 필요가 있다. 변화로써 변화에 대응하고, 변화로써 변화를 만들어나가야 한다. 변화 속에서 새롭게 추구할 이념을 세우고, 변화 속에서 새롭게 나아갈 길을 찾으며, 변화 속에서 새롭게 돌파구로 삼을 만한 것을 제시해야 한다.

변화 속에서 새로움을 찾기 위해선 내재하는 생명력을 끊임없이 강화해야 한다. 기존의 상표를 더욱 심층적으로 발전시키는 동시에 새 상표를 육성하고, 무無에서 유有를, 유에서 신新을 만들어, '늙은 나무에서 새 가지가 나고 새 싹이 큰 나무로 자라도록' 해야 한다. 변화 속에서 나아갈 길을 찾으려면 시장의 활력을 끊임없이 자극해야 한다. 영업 방식의 쇄신과 변화 모색을 한층 강화하며 인터넷과 빅데이터를 결합한 영업 방식을 수립하고, 자원의 효율적 배치를 위한 지속적인 개선과 판매효율 제고, 서비스 업그레이드 등을 통해 소비자가 덜 번거롭고 더 편안하게 술을 마실 수 있게 해야 한다. 또 변화 속에서 돌파구를 마련하기 위해서는 문화적 매력을 계속 발산해야 한다.

쇄신을 위해서는 반드시 과학적 정신으로 무장해야 한다. 과학을 존중한다는 전제하에 마오타이의 미래를 찾아나서야 한다.

마오타이는 양조공정과 관련된 미생물에 대한 과학적 연구에 다년간 힘을 쏟았다. 마오타이주창과 중국과학원 미생물연구소는 마오타이 누룩과 주배酒醅 속 미생물 체계에 관한 공동연구를 진행하여, 마오타이주 양조에 관계되는 미생물 79종을 검출했고, 이를 토대로 중국 최초의 백주 미생물균종자원 데이터베이스를 만들었다.

마오타이그룹은 식품 안전 체계의 핵심기술에 관한 연구에도 힘을 기울였다. 마오타이백주 검사실험실은 중국 합격평정국가인가위원회CNAS의 심사를 통과함으로써 백주업계 최초로 CNAS 인증 실험실이 되었다. 마오타이주의 안전성과 건강성을 절대적으로 보장하기 위해 마오타이주창은 원재료의 농약 잔류량 측정 방법을 독자적으로 개발해 실시하는 등 친환경 마오타이가 되기 위한 실천을 지속하고 있다. 이와 동시에, 마오타이주창은 백주 저장 및 포장에 쓰이는 용기의 무기원소, 특히 중금속원소에 관한 연구를 업계에서 선도하고 있다. 그 결과 도자기단지와 유백색유리병에 포함된 무기원소 약 50종의 성분을 분석할 수 있게 되었고, 원재료의 품질을 실시간 모니터링한다는 목표를 달성했다.

2017년 7월, 마오타이 기술센터 내 '칭화菁華 품질관리팀'의 자기주도적 신형 프로젝트인 〈주배 속 에탄올 함량의 새로운 신속측정법 개발연구〉가 회사 생산관리부 실험실의 검증을 거쳐 생산현장에 정식으로 도입되었다. 이 방법은 빠르고 정확하며 조작이 쉽다는 장점이 있다. 이로써 발효조에 넣고 나서 꺼낼 때까지의 에탄올 함량을 모니터링할 수 있게 되었다. 이는 전 공정에 걸친 에탄올 함량 측정 가운데 중국 백주업계에 남아 있던 공백이 메워졌음을 의미한다. 이는 또한 마오타이의 자기주도적 쇄신 능력과 변화 능력, 그리고 과학적 쇄신이 업계 내에서 선도적 위치에 있음을 확인한 것이다. 이 프로젝트는 전국 QC(품질관리)팀 성과 발표 대회에서 영예의 1등을 차지했다. 칭화菁華 QC팀 역시 중국품질협회 선정 2017년도 전국 우수품질관리팀에 올랐다.

마오타이에는 2008년 이후 누계 5,042개의 QC팀이 꾸려졌다. 참여자 수는 연인원 4만 5,600명에 이르며, 29개 팀이 전국 우수품질관리팀으로, 79개 팀이 경공업 업계 또는 구이저우성의 우수품질 관리팀으로 선정되었다.

과거를 돌아보면 그리움이 남고 미래를 상상하면 희망이 샘솟는다. 그리움이 남기에 소중히 지키고, 희망이 있기에 앞으로 나아간다. 소중히 지켜온 덕분에 옛것은 영원히 남고, 앞으로 나아가는 덕분에 날마다 새로워진다. 수성守城도 해야 하고, 돌파도 필요하다. 불세출의 장향주 양조 제법을 잘 지켜나가야 하지만 시대의 발걸음에 맞추어 끝없이 새로워져야 한다.

새로운 시대에 끊임없이 변화하는 소비자의 수요에 부응하기 위해, 마오타이는 경영이념과 상품 구조를 바꾸었다. 신상품을 적극적으로 출시하면서 한 가지 대표 품목에 집중하던 상품 구조를 세트 구성 방식으로 바꾸었다. 경영이념은 '명주名酒'에서 '민주民酒'로 바꾸었다. '1취 3마오 4장'(마오타이주창에서 생산하는 자매제품들인 구이저우다취貴州大麯, 레이마오賴茅, 왕마오王茅, 화마오華茅, 한장漢醬, 런주仁酒, 마오타이왕즈주茅台王子酒, 마오타이잉빈주茅台迎賓酒를 총칭한 것-역주)을 새로이 선보이고, 200종에 달하는 맞춤제작 상품을 개발했으며, 문화주(고전문학, 고사 등의 문화콘텐츠를 활용한 술 상품-역주)와 기념주, 수장주收藏酒 시장을 개척했다. 이와 같은 각종 혁신은 마오타이주창의 새로운 원동력이 되고 있다.

마오타이는 마케팅 전략 재정비, 판매루트 개혁, 마케팅 유형 전환, 영업 네트워크 건전화를 실행 중에 있다. '100년 노포'의 위엄을 유지해온 마오타이는 특히 인터넷을 적극 활용한 마케팅 전략 재정

비에 힘쓰고 있다. '인터넷 플러스'(인터넷과 전통 제조업의 결합을 꾀한 중국의 새로운 산업 전략-역주)에 동참해 스마트 마케팅을 강화하고, 경영의 수평화와 스마트화를 추진했다. 핵심상품에 주력하는 동시에, 서민과 젊은층 소비자를 육성하는 것도 중시하고 있다. 그리하여 일련의 자매상표 보급을 통해 비즈니스 소비와 대중 소비의 잠재력을 이끌어내고 있다.

마오타이 사람들은 기술상의 혁신과 진보를 거부하지 않지만, 전통공법의 수호와 계승을 소중히 여긴다. 기술 혁신이 마오타이주의 품질을 저해해서는 안 된다는 것은 마오타이의 마지노선이다. 그 어떤 기술 혁신 수단이라도 마오타이주 품질에 해를 입힐 경우에는 무조건 품질을 위해 양보해야 한다. 기계식 누룩 제조를 과감히 포기한 것이 그 대표적인 예다. 만약 혁신과 전통 중에서 군이 더 중요한 하나를 택해야 한다면, 마오타이 사람들은 전통공법의 수호 쪽으로 마음이 기울 것이다. 기술 혁신에 관해서는 종종 대담한 가설을 세우고 세심하게 검증도 하지만, 전반적으로는 대단히 신중한 입장을 취한다.

사람들은 마오타이주 한 병을 따면서 대단히 큰 변화를 느끼지는 못할 것이다. 바로 그대로다. 전통적 제조 공법과 유구한 문화, 품질과 기품에 대한 마오타이의 추구는 변함이 없다. 하지만 그 배후에는 과학이 가져온 비약적 돌파와 쇄신이 가져온 왕성한 생명력이 숨겨져 있다. 인문 마오타이, 전통 마오타이의 배후에는 과학 마오타이와 친환경 마오타이가 있다.

장인과 거장

마오타이주창의 번영을 이끈 주사들

전통 제법의 계승은 세대를 이은 양조 장인들이 존재로 인해 가능했다. 또한 전통 제법의 개량을 통해 술 빚기의 거장들이 탄생했다. 마오타이주창의 거장은 장인 정신을 굳게 지켰고 장인들 한 사람 한 사람은 누구나 거장이 될 풍모를 갖추고 있다. 완벽을 추구하는 거장은 사실 그 자신이 장인이요, 장인은 세심한 절차탁마를 통해 거장으로 거듭나는 것이다. 이처럼 대대로 이어진 장인 같은 거장, 그리고 거장급 장인들이 힘을 합쳐 한 편의 서사시를 써 내려온 것이 마오타이의 역사다. .

전통의 색채가 선명한 분야이다 보니 마오타이의 양조 기술자들은 오랜 세월 동안 전문 분야 구분 없이 모두를 통틀어 '주사酒師'로 불렸다. 주사는 양조의 전 과정에 걸쳐 '선생님' 역할을 했다. 주사들은 마오타이주의 누룩 제조부터 배합 조주에 이르는 각 단계의 제조 공법을 숙지하고 있었고, 발효·증류 등 지극히 중요한 공정을 이행한 경험이 풍부했으며, 문제가 있을 경우 해결방법을 찾는 것에도 능했다. 한마디로, 과거의 주사는 만능의 양조 달인이었다.

생산 규모가 커지고 양조기술이 발전함에 따라 각 공정 단계의 전문성에 대한 요구도 점점 커졌다. 주사들의 전문 분야가 나누어지기 시작했고, 각각의 주사마다 각기 다른 공정에 전념함으로써 그 분야의 전문가가 되었다.

마오타이주창의 주사는 현재 양조사釀造師라 불린다. 하지만 여전히 '주사'라는 전통적 호칭에 익숙한 사람들이 더 많다. 장향형 백주의 제조 공정에 따라 마오타이주창의 주사는 크게 네 부류, 제국사製麴師, 제주사製酒師, 구조사勾調師, 품주사品酒師로 분류된다.

제국사製麴師

곡물이 술의 본체라면, 누룩은 술의 뼈대이다. 누룩의 좋고 나쁨이 술의 품질을 결정한다. 그래서 양조업계에는 "황금 만 량(무게 단위. 1량은 약 50g-역주)은 얻기 쉬워도 좋은 누룩 한 량은 손에 넣기 어렵다"는 말이 있다. "첫째는 누룩, 둘째는 발효조, 셋째는 제조법이다"라는 구절이 내려오는 데서 보듯, 복잡한 공정 가운데 누룩 제조의 중요성은 아무리 강조해도 지나치지 않다. 마오타이주 누룩 제조의 특징은 고온으로 대국을 만들고, 기계가 아닌 사람 손으로 누룩을 만들며, 단오에 누룩을 밟는다는 것이다. 매년 기온이 가장 높이 올라가는 계절이면 제국사는 40℃에 가까운 작업장 안에서 두 발로 주국酒麴을 한 덩어리 한 덩어리 밟는다. 마오타이에는 현재 누룩을 만드는 작업장 9개, 작업반 90팀, 기술자 1,000여 명이 있다. 그중 제국사로 부를 만한 사람은 수백여 명이지만, 분쇄나 배합 등의 핵심기술을 책임지고 담당하는 제국사는 각 작업반당 딱 한 명뿐이다.

제주사製酒師

제주사는 원료 투입, 퇴적, 발효, 증류 등의 공정에 전념하는 양조 기술자를 가리키며, 마오타이주창 기술부대의 근간을 이룬다. 만약 마오타이주를 예술품에 비유한다면, 제주사는 이 예술작품의 메인 창작자이다. 그들의 솜씨가 직접 작품의 성패를 결정하고, 작품의 풍격에 영향을 미친다. 술시루에서 갓 증류되어 나온 새 술에는 장향, 순첨, 교저라는 3가지 전형이 있는데, 그중 장향이 가장 귀하다. 새 술에서 이 장향이 차지하는 비율이 곧 제주사의 실력을 판가름하는 잣대가 된다. 실력이 좋은 제주사는 동일한 제법, 동일한 주배를 쓰고도 장향을 더 높은 비율로 증류해낸다. 마오타이에는 현재 술을 만드는 작업장 23개, 작업반 582팀, 기술자 약 1만 명, 제주사 1,000여 명이 있다. 제13차 5개년계획에 따라, 마오타이는 2018년에 새로 작업장 3개, 작업반 60개를 늘릴 예정이다.

구조사勾調師

(배합을 뜻하는 구태勾兌와 조정調整에서 따온 말. 한국에서는 쓰지 않는 단어여서 이 책에서는 우리에게 익숙한 배합사란 용어로 번역했고, 뒤에 나오는 품주사 역시 우리에게 익숙한 감정사로 번역했다─역주)

블랜딩(배합조주) 기술자인 구조사, 즉 배합사가 하는 일은 술 감별 기술을 활용해 다른 회차, 다른 주령, 다른 품질, 다른 맛과 느낌의 백주를 일정한 규칙에 따라 조합하고 맛을 내서 소비자의 입맛에 맞는 술이 되도록 하는 것이다. 마오타이주의 배합 조주법은 대단히 복잡해서, 입신의 경지에 이른 배합사가 전적으로 경험과 감각에 의존해 행하는 경우가 대부분이다. 또한 배합 조주가 대단히 신비로운 영역이다 보니 배합사의 일상적 업무는 바깥세계에 거의 공개되지 않았다. 배합 조주 비법을 담당하는 수석배합사 몇 명은 한층 더 짙은 베일에 둘러싸여 있다.

품주사品酒師

품주사, 즉 감정사의 임무는 술을 마시고 감정·평가하는 것이다. 그들은 감각기관과 감정 기술을 활용해 술의 품질을 평가하고 양조와 배합 조주 과정에 조언을 한다. 동시에 신제품 설계와 개발에도 관여한다. 감정사는 몹시 힘든 직업으로, 매년 수천 종류의 새 술을 맛보아야 하는 그의 기억중추는 술의 맛에 관한 데이터들로 가득 차 있다.

마오타이주창에서는 배합사가 만든 배합 방안에 대해 감정사 여러 명의 블라인드 심사를 거쳐야 한다. 이때 최고 득점을 받은 비법만이 대량 배합 주조에 쓰인다. 마오타이주창에는 남다른 후각과 미각을 지닌 감정사가 여러 명 있다. 즉 세계에서 가장 귀한 코, 가장 민감한 혀를 보유하고 있는 것이다. 지커량李克良, 위안런귀袁仁國, 종방다鐘方達, 펑인彭茵, 왕리王莉, 뤼윈화이呂雲懷, 류즈리劉自力의 7인은 초대 중국 수석백주감정사로 선정되었다.

2급 감정사는 성급省級 전문가에 속하고, 1급 감정사는 국가급 전문가에 속한다. 마오타이주창에는 1급, 2급을 합쳐 26명의 감정사가 있다. 이 가운데 지금 현직에 있는 사람은 1급 3명, 2급 6명이다. 그 밖에 국가가 인정한 '전문가급 감정사'도 있다. 지금 현직에 있는 수석기술사 왕리, 배합주조 부문 책임자 종린鐘琳, 수석배합사 왕강王剛, 수석감정사 펑징彭璟이 모두 이 등급에 속한다.

신의 경지에 오른 양조의 거장들

대략적인 분업화는 되어 있지만, 마오타이주창에는 만능 주사가 수두룩하다. 만사에 정통하고 못하는 일이 거의 없는 주사 중 몇몇은 이미 양조의 거장이 되었으며, 나머지 주사들도 거장이 될 잠재력이 충분하다. 2006년과 2011년 딱 두 차례 있었던 '중국양주대사' 선정 결과, 마오타이주창의 지커량, 위안런귀, 뤼윈화이, 류즈리, 딩더항丁德杭 5명이 중국 양주업계에서 최고로 영예로운 '중국양주대사' 칭호를 획득했다.

그전 세대의 마오타이 주사 중에도 빛나는 이름의 양주대사급 인물이 많이 있다. 현역으로 활동하는 사람 중에도 대사급의 실력파 인물이 적지 않다. 이들은 모두 만능형 양주 전문가로서 마오타이의 중책을 맡고 있다. 그들의 심혈을 다 기울인 노력이 있었기에 오늘의 마오타이주가 만들어질 수 있었다.

마오타이는 줄곧 품질을 생명으로 여기면서 품질의 정수를 추구해왔다. 사장 리바오팡李保芳의 주도하에 마오타이는 〈품질향상운동의 전면적 전개에 관한 지도의견〉과 〈수석품질관 관리방법〉이라는 보고서 2편을 내놓았다. 그 요지는 2020년에 그룹 내 전문적 품질관리 체계와 기술지원 체계를 확립하고, 수석품질관 제도를 정비한다는 것이었다. 2017년 10월에 열린 마오타이주 생산품질대회에서 수석기술사 왕리王莉가 마오타이그룹 초대 수석품질관에 취임했다. 수석품질관 제도는 백주업계 최초로 만들어진 것으로, 마오타이그룹이 새롭게 시작하는 품질 업그레이드 계획을 실천에 옮긴 사례다.

마오타이주창의 역사에는 탁월한 공훈을 남긴 3명의 양주대사가 있다. 이들은 마오타이주 양조 제법의 개선과 완성에 지대한 공헌을 했다. 앞에서 언급한 마오타이 3종 주체의 발견자이자 뛰어난 배합 조주사인 리싱파李興發, 그리고 제각기 마오타이주창의 이전 성과를 계승해 새로운 앞날을 개척한 정이싱鄭義興과 왕샤오빈王紹彬이다.

츠수이허 계곡의 장향형 백주 생산 구역에서 마오타이 정씨 가문이라 하면 모르는 사람이 거의 없다. 정씨 가문은 대대로 양조업에 종사했으며 인재를 여럿 배출했다. 아주 오래 전 소방燒坊 시대부터 정씨 가문의 술 장인들은 강호에 명성이 자자했다. 청이成義, 룽허榮和, 헝싱恒興 소방 세 곳의 양조 공정이 모두 정씨 가문 장인들의 손에 달려 있었다. 마오타이주가 파나마 만국박람회에서 금상을 수상한 것도 정씨 가문의 걸출한 공헌에 힘입은 것이었다. 3대 소방이 하나로 합병되기 전에는 정씨 가문 출신의 '4대 주사'가 세 소방의 발효조를 지키고 있었다. 그중 가장 명성이 높았던 사람이 바로 정이싱이다.

마오타이주가 파나마 만국박람회에서 금상을 수상하기 2년 전, 18세의 정이싱은 청이소방에 견습생으로 들어갔다. 기본적인 기술을 습득한 뒤에는 청이, 룽허, 헝싱, 세 곳에서 차례로 주사로 일했다. 정이싱은 술 빚기의 천재였다. 장향주의 양조공정 각 단계에 두루 정통했는데, 누룩 제조와 재료 투입에서부터 최종적 배합 조주까지, 모든 단계가 그에게는 식은 죽 먹기였다. 큰 소방들에서는 기술이 뛰어나고 경험이 풍부한 그를 앞 다투어 모셔가려 했다. 마오타이진에는 지금도 정이싱의 신비로운 전설이 전해진다. 소방에서 이 천재 주사를 스카우트하려면 1년 전에 계약을 맺어야 하고, 계약금으로 황금 금괴 몇 개를 건네야 하며, 무엇보다도 그의 마음을 사로잡아야 한다고 했다.

1953년, 일선에서 물러나 있던 58세의 정이싱이 흔쾌히 초야에서 나와 설립한 지 2년 지난 마오타이주창에 들어갔다. 환갑을 앞둔 나이에 마오타이주를 일으켜 세우는 중대한 역할을 맡은 것이다.

정이싱이 마오타이주창에 들어갔을 때, 설립 초기의 마오타이주창은 생산량 증대와 절약을 강조하여 "원료를 더 미세하게 갈고, 1년 내 내 술을 생산하자"는 구호 아래 전통 제법을 변경하고 연간 생산량을 늘리는 데 주안점을 두고 있었다. 이는 결국 마오타이주 품질 하락으로 이어졌다. 40년간 장향주 양조 경험을 쌓았던 정이싱은 처음부터 전통적 방식에 위배되는 방법을 단호히 반대했다. 그는 전통 제법을 버린다면 평범한 고량주나 만들 수 있을 뿐이라고 단언했다. 1956년, 마오타이 사람들은 날로 심각해지는 품질 저하 문제를 진지하게 반성한 끝에 생산량 증대에 치우쳤던 방침을 폐기하고 정이싱의 건의를 받아들이기로 했다. 그리고 철저히 전통적 양조법으로 되돌아가 품질을 향상시키는 데 중점을 두었다. 마오타이주의 검품 합격률은 1956년의 12.19%에서 1957년 70%, 1958년 99.42%로 상승했다. 전통 제법 수호와 마오타이주의 품질 향상은 이처럼 정이싱의 공헌에 힘입은 바가 크다.

마오타이진의 장향주 양조법은 여러 세대에 걸쳐 입에서 입으로 전수된 전통으로, 일부 핵심기술은 가족이나 제자에게만 물려주었다. 어떤 양주 가문에서는 남자에게만 비법을 물려주고 여자는 전수 대상에서 제외한다는 불문율도 있었다. 그러다 보니 개인 소방이 병합해 마오타이주창이 갓 만들어진 무렵에는 주사 부족이 심각했다. 당시 정이싱을 비롯한 정씨 가문의 주사 3명은 마오타이주창의 핵심 기술자였다. 극심한 인재 결핍 현상 앞에서 정이싱은 망설임 없이 제자 양성의 중책을 맡았다. 그는 40여 년에 걸친 양조 경험을 종합해 제자들을 길렀다. 한편으로 정씨 가문에 5대째 구전

되어 내려오는 비법을 정리해서 책으로 내고 마오타이주창 기술자들의 학습 교재로 삼았다.

동시에 다른 주사들도 낡은 생각의 틀을 깨고 각자 보유하고 있던 기술을 정리하여 공유하며 각자의 장단점을 상호 보완했다. 정이싱의 부단한 노력 덕분에 마오타이주창은 작업 규칙과 양조공정에 관한 통일된 규정의 초안을 마련했고, 이는 훗날의 발전을 위한 든든한 기초가 되었다. 정이싱의 사심 없는 공헌과 개방적 정신에 힘입어 일군의 신세대 주사들이 빠른 속도로 성장했다. 그중 몇 명은 훗날 마오타이주창을 빛낸 대가가 되었다. 마오타이주의 세 가지 주체를 발견한 구조대사 리싱파도 정이싱의 자랑스러운 제자 중 한 사람이었다.

마오타이 신화를 이어가는 사람들

마오타이주창 설립 초기에 큰 공을 세운 양주대사가 한 명 더 있는데, 바로 왕샤오빈이다. 그는 정이싱보다 나이는 열일곱 살 적었지만 2년 먼저 마오타이주창에 들어가 주사가 되었다. 가난한 집안에서 태어난 왕샤오빈은 18세 되던 해에 룽허榮和소방에 들어가 일을 시작했다. 1951년에 마오타이 주사가 되었을 때에는 이미 20여 년의 양주 경력을 쌓은 상태였다. 마오타이주를 위한 왕샤오빈의 뛰어난 공헌은 다음의 세 가지를 들 수 있다.

첫째, 적극적으로 제자를 받아들이고 젊은이들에게 양주 기술을 아낌없이 전수했다. 이로써 인재 부족에 시달렸던 마오타이주창을 위해 다수의 우수 기술자를 양성할 수 있었다. 그의 제자들 중에는 대가도 적지 않은데, 유명한 양주대사 쉬밍더許明德가 바로 그의 문하에서 나왔다. 둘째, 정이싱과 함께 마오타이주의 전통 제법 회복에 주안점을 두고 마오타이주가 높은 품질을 유지하도록 하는 데 힘을 아끼지 않았다. 셋째, 마오타이주 전통 제법의 개량을 적극적으로 탐색하여 '술로 발효조를 배양하는' 신공법을 발명했다.

왕샤오빈은 구이저우성의 모범 근로자로서 제1차 중국 군영회群英會(우수한 인재 모임-역주)에 참석하여 마오쩌둥毛澤東, 류샤오치劉少奇, 저우언라이周恩來 등의 지도자들과 만났다. 왕샤오빈은 마오타이주창을 위해 '청춘과 자손을 바친' 대표적 인물이다. 그로부터 시작해 4대가 마오타이주창과 깊은 연을 맺었다. 지금은 왕씨 가문 3대손이 마오타이그룹의 임원직에 올라 있으며 4대손 또한 마오타이주창에 들어가 앞 세대들의 업적을 잇는 청년 인재로 인정받고 있다.

선배들이 전심전력을 다하고 큰 성과를 거두는 모습은 후배들이 원대한 계획을 펼치는 과정에서 좋은 본보기가 되었다. 개혁개방 시대가 되자 지커량, 위안런궈 등 훗날 회사의 거목이 될 인재들이 마오타이의 무대에 올라섰다. 그들은 선배들을 뛰어넘는 시야와 포부를 가지고 100년 노포 마오타이를 이끌고 역사적 도약을 실현함으로써, 마오타이주를 그 누구도 넘볼 수 없는 중국 주류업계 최정상의 지위에 올려놓았다. 그들은 전통 제법을 엄격히 지켰고, 미래를 향해 진취적으로 나아갔으며, 마오타이주창의 비약적 발전에 지대한 공헌을 했다. 더불어 주류업계에서 으뜸가는 대가가 되었다.

지커량, 위안런궈 등의 양주대사와 마찬가지로, 마오타이주창의 많은 주사들은 마오타이의 뛰어난 전통을 계승해 부지런히 일했고, 완벽을 추구하는 장인 정신으로 마오타이주의 품질 신화를 계속 이어나갔다.

제국사 런진수任金素는 1988년 마오타이주창에 들어가 누룩 제조 작업장에서 일했다. 고온에서 작업을 해야 하는 누룩 제조장에서 가장 흔한 말은 "지저분하다" "힘들다" "피곤하다"였다. 런진수는 바로 이 '지저분하고 힘들고 피곤한' 제국 작업장에서 29년간 근무하는 동안 앳된 아가씨에서 큰언니가 되었고, 풋내기에서 고참이 되었다. 그동안 흘린 땀은 강물을 이룰 만하고, 누룩을 밟은 걸음 수는 높은 산을 평평하게 다질 만했다. 런진수는 이처럼 29년의 성실한 근로를 통해 평범한 제국 기술자에서 구이저우성 모범 근로자로, 마오타이주창 수석양조사로, 그리고 명실상부한 대사급 장인으로 성장했다.

런진수가 잼말놀이처럼 입에 달고 사는 말은 "할 거면 제일 잘 할 것"이다. 주국(술누룩)은 1차 발효를 한 후 펼쳐놓으면 황금빛을 띠기 때문에 황국이라 부른다. 마오타이의 주국은 모두 자연발효로, 인공적 조절이 불가능하다. 황국 비율이 높으면 기술 수준이 높다는 것을 뜻한다. 검품을 통과하는 주국의 황국 점유비율은 보통 80% 이상인데, 런진수 지도하의 제국 작업반이 생산한 누룩덩이는 황국 점유비율이 83% 이상이었다.

마오타이주의 제국 공정 중에는 A급 조절사항이라 부르는 핵심 기술이 두 가지 있다. 하나는 원료를 분쇄해 혼합하는 비율의 조절이며, 다른 하나는 누룩덩이를 뒤집는 온도의 조절이다. 런진수는 오직 맨눈으로만 관찰해서 섞는 비율을 정확히 판단하며, 국배麴酷의 두께를 mm 단위로 정확히 측정할 수 있다. 또한 손으로 한 번 만지기만 하면 누룩덩이의 온도를 잴 수 있는데 그 오차는 1℃를 넘지 않는다.

런진수가 임시 대표를 맡아 세운 '양광기능 혁신작업반'은 누룩의 분쇄설비와 수송설비 개선 프로젝트에서 성공을 거두었다. 이 성과를 생산에 실제 적용함으로써 회사는 매년 100만 위안 이상의 인건비를 줄일 수 있었다. 이 작업반은 후에 이름을 '런진수 근로모범 쇄신 작업실'로 바꾸었다.

제국 작업장의 큰언니 런진수는 교육, 지원, 리더십의 세 가지 면에서 빛을 발했다. 마오타이주창에는 총 90개의 누룩 제조팀이 있는데, 각 팀당 원료를 분쇄해 혼합하는 기술의 보유자는 팀장 격인 제국사 1명뿐이다. 이 제국사들은 모두 런진수가 키워낸 제자들이다.

마오타이주창에는 런진수와 같은 대사급 장인들이 많다. 지면에 한계가 있는 관계로 그들의 능력을 일일이 열거하는 일은 생략하기로 한다.

마오타이주의 독특한 양조 제법은 예로부터 줄곧 스승이 제자에게 전수하는 방식으로 전승되었다. 이때 전승된 것은 양조 제법만이 아니며, 더 중요하게 다루어진 것은 장인 정신이다. 이 장인 정신이 대대로 전승된 덕분에 다음 세대, 또 다음 세대의 장인과 거장들이 나오게 된 것이다.

양조 천재 정이싱은 견습생 출신이다. 그가 마오타이주창에서 지도한 여러 제자 중에는 훗날 천하에 명성을 날린 '중국 장향의 아버지' 리싱파도 있다. 리싱파가 고안한 배합 조주 기술은 이론부터 실천까지 마오타이주창의 역사에서 이정표와 같은 의의가 있다. 또한 리싱파의 제자 중에서 이름이 가장 널리 알려진 사람은 '마오타이의 대부'로 불리는 지커량이다. 마오타이주창에서뿐만 아니라 중국백주계에서도 지커량은 첫손 꼽히는 양주대사이다. 지커량의 은퇴 후, 그의 가르침을 받았던 많은 제자들이 지금도 마오타이주창에서 스승을 닮기 위해 스스로를 담금질하고 있다.

마오타이주창 문서 보관실에는 1955년 6월 1일 작성된 '사제간 계약서'가 있다. 계약 당사자는 사제 두 팀으로, 하나는 스승 왕샤오빈王紹彬과 제자 쉬밍더許明德, 다른 한 팀은 스승 정쥔커鄭軍科와 제자 펑차오량彭朝亮이다. 계약서의 주요 내용은 다음과 같다.

1. 스승은 마오타이주 양조기술 일체를 아낌없이 제자에게 전수한다. 설명을 충분히 하여 제자가 이해하고 습득할 수 있도록 하고, 정확하고 깊이 있게 배워 혼자서도 작업이 가능하게 지도한다. 제자를 사랑하고 지킨다.

2. 제자는 스승을 존경하며, 마음을 비우고 스승으로부터 모든 기술을 배운다. 이해하고 습득하고 깊이 있게 배워 혼자서 작

업이 가능해진 이후에도 영원히 스승을 존경한다.

3. 학습 내용은 원료 투입에서부터 증류, 취주에 이르는 마오타이
   양조의 모든 과정을 하나하나 가르쳐 확실히 알도록 한다.

4. 스승은 1957년 6월 1일까지 모든 기술을 제자에게 가르칠 것
   을 약속한다. 제자는 1957년 6월 1일까지 모든 기술을 습득할
   것을 약속한다.

이 계약이 맺어진 후 마오타이주창에는 '배사拜師'와 '참사參師' 붐
이 일었다. 배사란 제자가 직접 스승에게 기술을 배우는 것으로, 기
술 수준이 높지 않은 직공이 풍부한 경험과 생산기술을 가진 노련
한 주사에게 배우면서 그를 스승으로 모시는 직접적 사제관계라 하
겠다. 참사란 이미 어느 정도 기술적 기초를 익힌 주사나 이미 제자
를 두고 있는 주사가 더 경험이 풍부하고 노련한 주사를 스승으로
삼고 기술을 배우는 것으로, 대부분의 경우 같은 스승에게 배웠던
선후배끼리 맺는 간접적 사제관계라 하겠다. 1958년, 주창에서 총
20여 명의 노련한 주사가 제자를 받아들였고 100명 이상의 직공들
이 참사를 모셨다. 1959년 이후 배사와 참사 제도는 한동안 정지되
었다가 1978년에 정식으로 회복되었다.

마오타이주의 전통 제법은 선배들의 지혜와 경험에서 우러난 것
이며 대대로 마오타이 사람들이 손과 입으로 전수한 역사문화이
다. 수천 수백 년간, 스승이 제자에게 전수하는 방식은 마오타이주
양조 인재를 육성하는 주요 통로였다. 스승이 제자를 거느리는 우

수한 전통 덕분에 마오타이주 제법의 전승이 이루어질 수 있었다. 2005년, 마오타이그룹은 〈스승이 제자를 두는 활동에 대한 통지〉를 통해 직원과 직공들이 경험 풍부한 베테랑 주사와 직접적인 사제관계를 맺는 것을 적극 지지하고 격려했다. 2008년에는 사제제도에 관한 관리법도 제정하여, 제주, 제국, 배합 등의 기술 전수 및 지원을 통한 뛰어난 기술 인재 양성의 방침을 명확히 했다.

이와 같은 마오타이주창의 사제제도는 조직 말단부의 인재를 발굴하는 데 큰 역할을 하고 있다. 또한 생산의 출발선에서부터 양조제법의 보호, 전승, 혁신을 도모하는 한편 실제 작업을 통한 경험축적과 혁신이 가능하다는 장점이 있다. 게다가 장인 정신의 전승과 거장급 인재의 육성이라는 면에서도 큰 효과를 발휘하고 있다.

마오^茅 N세대

마오타이진에서 자라난 마오 N세대

마오타이주창에는 두드러지는 현상이 하나 있다. 자식이 부모의 일을 이어받는 경우가 많다는 것이다. 가족 전체가 마오타이주창에서 일하거나, 한 집안 삼대가 마오타이주창으로 출근하는 경우도 적지 않다. 아들이 아버지의 일을 이어받는 현상은 일부 역사가 오랜 깊은 국유기업에도 존재하지만, 마오타이주창에 비할 바는 아닌 것 같다. 이런 경우를 흔히 '마오^茅 2세대' 또는 '마오 3세대라 부른다.

1951년 마오타이주창의 설립 당시 직원 수는 고작 39명이었다. 1953년에 소방^{燒坊} 세 곳의 완전한 합병이 이루어졌을 때도 52명에 불과했다. 그러다 1980년대가 되자 급속한 발전기를 맞이했다. 생산 규모가 확대됨에 따라, 전통적 생산방식을 특징으로 하는 노동집약적 기업인 마오타이는 대규모 인력을 필요로 하게 되었다. 마오타이주창의 원로 직공이자 전국인민대표대회全國人民代表大會(약칭 전인대) 대표인 류잉친劉應欽은 전인대 석상에서 '마오타이주창의 기술 역량인 후계자 부족 문제 해결을 중시하자'는 제안을 냈다. 이 제안이 받아들여짐에 따라 구이저우성이 구체적 실무를 담당하여, 마오타이주창 직공의 자녀들이 정식 채용 시험 절차를 거쳐 입사하게 되었다. 그리하여 다수의 자녀들이 아버지 세대의 소중한 양조 업무를 이어받게 되었다. 이들이 바로 '마오 2세대'이다. 규모와 수익이 중시되는 2000년대에 이르자 마오타이 직공의 숫자가 급격히 증가하는 가운데, '마오 3세대'가 입사하여 그들의 국주國酒 경력을 시작했다.

마오 2세대인 리밍잉李明英은 15세 때부터 부친이자 블랜딩의 대가인 리싱파를 따라다니며 배합 조주를 배웠다. '물가 가까운 누대에 먼저 달이 난近水樓臺先得月' 사례라 할 수 있다(송대 사람 수린蘇麟(969~1052년)이 쓴 표현으로, 이어지는 구절은 "볕 향한 꽃나무는 쉬이 봄 된다向陽花木易爲春"이다-역주). 리싱파가 외부로 배합 조주 지도를 다닐 때에는 항상 리밍잉을 데리고 다니면서 딸에게 하나하나 방법을 가르쳤다. 그러면서 딸의 감정 정확도와 배합 기술 수준을 틈틈이 체크했다. 샘플주 감정, 기주 배합, 노주 숙성에서부터 마지막 조미調味법은 물론이요 배합 조주의 원가 계산법과 절감법, 농도 저하법 등에 이르기까지 리밍잉은 부친으로부터 모든 것을 철저히 전수받았다. 리싱파가 지도하는 양조기업 중에는 장향형이 아닌 다른 향형의 백주를 생산하는 곳도 일부 있었기 때문에, 늘 부친을 따라다니던 리밍잉은 다른 향형의 배합 기술도 배우게 되었다. 이처럼 여러 종류의 향형에 걸쳐 배합 기술을 가진 블랜딩 기술자는 흔치 않다.

리밍잉은 채 20세가 되지 않은 나이로 1980년대에 마오타이주창에 입사해 마오 2세대가 되었고, 정식으로 아버지의 일을 이어받았다. 리밍잉은 먼저 마오타이 부속 주창에서 배합 조주 업무를 담당하다가 후에 제국 작업장에서 누룩 제조를 배웠다. 1993년에는 엄격한 심사를 거쳐 마오타이주창 주체배합센터에 배속되었다. 뛰어난 기술을 갖춘 리밍잉이었지만, 초기에 만들어낸 샘플은 감정사의 선택에서 탈락하기 일쑤였다. 그럴 때마다 리밍잉은 집으로 돌아가 부친에게 참을성 있게 가르침을 청했다. 부친의 꾸준한 지도 덕분에 리밍잉의 배합 기술은 비약적으로 발전했고, 훗날 그녀가 배합한 마오타이주는 거의 매번 합격 판정을 받기에 이르렀다.

1951년 마오타이주창 설립 직후 주사로 일했던 왕샤오빈王紹彬은 집안 4대가 모두 마오타이와 연을 맺었으며, 각 세대 모두 마오타이주의 전통을 이어받는 릴레이 주자가 되었다. 왕샤오빈의 아들 왕정다오王正道는 의과대학 출신으로, 대학 졸업 후 타지에서 번듯한 일자리를 구했으나 왕샤오빈의 거듭된 권유로 부친이 평생을 아끼고 사랑한 마오타이주창으로 들어가 마오 2세대가 되었다. 그리고 줄곧 30년을 근무한 뒤 마오타이주창에서 정년퇴임했다.

왕샤오빈의 손자들은 사계절 술 향기가 감도는 마오타이진에서

자랐다. 대여섯 살 때에는 할아버지를 따라가 실험실이나 작업준비
장에서 뛰어놀며 수수더미를 만지고 술 증류를 구경하는 게 일상
이었다. 볼거리, 놀거리가 모두 마오타이주와 관계된 것들이었다. 성
년이 된 후, 왕샤오빈의 손자손녀 몇 명은 정해진 심사를 거쳐 마오
타이주창에 입사해 마오 3세대가 되었다. 그들은 양주공, 제국사부
터 시작해 한 단계 한 단계 밟아 올라가면서 마오타이주창의 중견
인재로 성장했다. 현재 왕씨 가문에는 마오 4세대가 집안사람들의
기대를 등에 업고 마오타이주창에 입사하여 할아버지, 아버지 세대
의 영광을 이어가고 있다.

이처럼 리싱파, 왕샤오빈과 같은 '마오타이 집안'은 마오타이주창
에 수두룩하다. 온 집안이 마오타이에서 일하거나, 심지어 가족 열
몇 명이 전부 마오타이에서 일하는 경우도 적지 않다. 많은 사람들
이 마오타이에서 태어나 마오타이에서 자라고, 타지로 나가 학업을
마친 후 마오타이에 대한 깊은 애정을 가슴에 품고 돌아온다. 그들
은 엄격한 심사를 거쳐 마오타이주창에 입사해 그들의 할아버지 세
대, 아버지 세대처럼 누룩 제조, 술 증류, 배합 조주 등을 하면서 땀
방울로 마오타이주창의 빛나는 역사를 써내려간다.

자식이 부모의 일을 물려받는 것은 절대적 규칙이 아니다. 마오타
이주창이 의도적으로 '내 사람'끼리 뭉친 결과로 '마오 N세대' 현상
이 일어난 것은 더더욱 아니다. '마오 N세대'는 장향 제법과 마오타
이 문화의 계승자이자, 마오타이의 중요한 소프트파워이다.

장향형 마오타이주는 독특한 양조법에 의한 전통산업이다. 오랜

세월에 걸쳐 마오타이신에는 양조 소방 수십 개가 계속 생겼다. 이 소방들은 모두 저마다 대외비의 특기를 가지고 있으며 이들이 증류해 만든 장향주는 특징이 제각각이다. 마오타이주 양조 제법은 대단히 복잡한데, 거의 모든 양조 과정을 전적으로 주사의 경험과 감각에 의존한다. 이 경험과 감각 또한 각 주사마다 전부 다르다. 그렇기 때문에 마오타이주의 풍미에 특징이 있고 차이가 생기는 것이다. 각 소방의 장점을 가져와 다양한 특징을 하나의 용광로에 넣고 서로 다른 풍미를 하나로 융합시킨 것, 이것이 바로 마오타이주가 다른 장향형 백주들을 뛰어넘은 비결이었다.

마오타이주창 설립 초기에는 그 일대 소방에서 경험이 풍부한 주사들을 다수 데려와 고용했다. 마오타이주 전통적 계승 방식의 특성상, 대부분의 주사들은 자신의 특기를 집안 내부에서만 전수했다. 마오타이주창은 기술 인재 육성에 열과 성을 다했지만, 아무래도 직접 마오 N세대를 활용하는 것이 가장 효과적이었다. 그곳에서 나고 자란 마오 N세대는 집에서 늘 보고 듣고 배운 덕분에 복잡한 마오타이주 양조 제법을 훨씬 능숙하게 습득했고, 넓고 깊은 마오타이 문화를 빠르게 이해했다. 의심의 여지 없이, 그들은 마오타이 제법과 문화의 가장 훌륭한 계승자가 되었다.

마오타이주창의 엄격한 인재 채용

마오 N세대는 마오타이 품질과 브랜드의 수호자이기도 하다. 마오타이에 대한 남다른 마음이 있기에, 거의 모든 마오타이인은 본능적으로 마오타이주의 품질과 브랜드를 지킨다.

마오타이주창의 많은 가정은 대대손손 마오타이에서 생활하면서 그곳에서 일하고 술향기가 짙게 배인 마오타이의 공기를 호흡한다. 의, 식, 주 어느 것 하나 마오타이주창과 밀접하게 연결되지 않은 것이 없다. 마오타이의 흥망성쇠는 그들의 삶과 불가분의 관계에 있다. 마오타이는 곧 그들 공동의 큰 가정이요, 마오타이주는 이 대가족 공동의 보물이다. 마오타이주의 품질과 브랜드를 지키려는 의식은 가슴 속 깊은 곳에서 진심으로 우러난 것이다. 1980년대에 츠수이허변의 일부 신생 양조기업들은 마오타이주창보다 수십 배 혹은 백 배 이상의 보수를 제시하면서 마오타이주창의 기술 직원들을 끌어들였다. 경제적 이익을 좇아 마오타이를 등진 주사도 일부 있었지만, 대부분의 직원들은 꿈쩍도 하지 않고 자신들이 심혈을 기울여 키운 마오타이주창에 충성을 다했다.

마오타이주창의 소재지이자 중국주도中國酒都라 불리는 런화이仁懷 지역에는 현재 천여 개의 양조기업이 있는데 그중 일부는 여전히 높은 봉급, 높은 대우를 내세워 마오타이주창의 기술 인재를 유혹하고 있다. 하지만 마오타이주창을 떠나 직장을 갈아탄 사람은 극히 드물다. 마오타이주창 식원늘의 마음속에는 어떤 상황에서도 마오타이주창에 손해를 입히는 행동은 하지 않는다는 결의가 자리잡고 있다. 마오타이주창에서는 회사에 대한 불만의 목소리도 거의 들리지 않는다. 세간에서 마오타이주에 대해 일말이라도 의문을 품을 경우, 그들 모두는 자발적으로 마오타이주의 브랜드와 명예를 지키기 위해 용감히 나설 것이다. 마오타이주창 직원들의 충성도와 마오타이주창의 단결력을 여기에서 엿볼 수 있다. 이는 마오 N세대를 대거 활용한 것과 분명히 관계가 있을 것이다.

마오 N세대는 마오타이주창 발전의 새 엔진이다. 마오 N세대 활용은 끊임없이 마오타이주창에 새로운 역량을 불어넣었고 그 활력을 극대화시켰으며, 마오타이주창이 지속적으로 발전하는 원동력이 되었다. 현재의 마오타이주창은 고급 백주 시장에서 경쟁 상대가 거의 없지만 지속적 발전, 비약적 발전이라는 자신과의 싸움을 계속하고 있다. 1980년대생, 1990년대생의 마오 N세대를 육성하는 일은 실로 '책임은 무겁고 갈 길은 먼' 과제라 하겠다.

인터넷 시대가 열림에 따라 마오타이주창의 기술 혁신도 가속화되고 있으며 신입 직원의 기본적 소양에 대한 요구 수준도 점점 올라가고 있다. 얼마 전부터 마오타이주창은 인재 채용의 문호를 넓혀 사회적으로 폭넓게 인재를 모으고 있다. 경영 실적이 큰 폭으로 상승했기 때문에, 수많은 대졸자들이 마오타이주창에 들어와 일하는 것을 꿈꾼다. 마오 2세대, 마오 3세대가 마오타이주창에 입사하려면 전국 각지에서 모여드는 젊은이들과 똑같이 시험에 응시하고 똑같이 경쟁해야 하며, 아무런 특별우대도 받지 못한다. 2017년 마오타이주창이 300여 명의 직공을 뽑는 공개 채용 공고를 내자 몇십만 명이 몰려드는 바람에 원수 접수 시작 다음날에도 등록이 불가능할 정도였다.

마오타이의 인재 모집이 이렇게까지 사람들의 이목을 끌게 된 데에는 중요한 이유가 있다. 바로 공평함, 공정함에 대한 열망 때문이다. 영향력 있는 유명 국유기업으로서 마오타이주창은 효과적인 채용 계획을 세우는 것이 실행에 우선한다는 원칙 아래 투명한 채용 절차를 유지해왔다. 앞서 한 차례 그룹 내부적으로 직공 자녀 채용을 실시한 적이 있었는데 이 또한 철저하게 공정성을 지키고 공개적으로 진행했기 때문에 선발되지 못한 당사자와 가족 모두 불만을 표하는 일이 없었다.

마오타이주창의 인재 채용은 다음과 같은 특징을 지닌다.

첫째, 철저히 규정에 따라 처리한다. 엄격한 규정을 제정하고 그것을 준수함으로써 '특수한 상황' 따위의 '융통성'을 발휘할 여지를 남기지 않았다. "원칙상으로는…" 운운하게 되면 그 원칙에서 빠져나갈 구멍도 생기기 마련이다. '남녀 비율을 1:1로 채용하자' '조기 퇴직자의 자녀를 대리채용하자' 등의 건의가 있었지만, 업무상의 필요에 위배되거나 국가정책에 부합하지 않아 모두 기각되었다. 합리적인 건의라 하더라도 '직원자녀 고용 관련 규칙'에 맞지 않으면 받아들여지지 않는다. 다만 기록으로 남겨 이듬해 직원 대표 대회에서 규칙 개정 심사의 안건으로 올리는 경우는 있다. 생산 중심의 마오타이주창 업무 특성상 신입 직원 채용 시에는 신체 능력 테스트를 하는데, 여기에서 합격하지 못하면 필기시험을 치를 수 없기 때문에 지원 자격을 자동적으로 상실한다. 채용 시험은 어떠한 예외도 없으며, 계획한 인원 수만큼만 고득점 순으로 채용한다. 채용 정원 일부를 남겨둔다든가 추가 합격자를 낸다든가 비율을 변경하는 등의 행위를 일체 없애 '꽌시(관계關係)'를 통한 채용을 철저히 봉쇄했다.

둘째, 응시원서 접수에서부터 최종 채용까지 모든 단계에 걸쳐 상세한 절차가 확실하게 정해져 있다. 여기에는 세 가지 공시公示가 포함되는데 '직원자녀 채용 조건 해당자의 자격' '시험 성적' '채용 예정자' 등이다. 각 단계마다 조작 가능성을 방지하는 장치도 충분하다. 예컨대 문제 출제와 채점을 외부의 제3자에게 위탁하고, 시험지는 3벌의 유형을 마련한 뒤 그중 하나를 임의 선택해 실시하며, 시험지와 답안지 수송 전 과정에는 보안경비 요원을 붙인다. 3벌의 시험지 모두 응시자 수에 맞춰 인쇄했다가, 당일 현장에서 감독관이 하나를 선택하면 나머지 2벌은 즉시 폐기한다.

셋째, 선발 과정에 대한 감독이 다면적으로 이뤄진다. 첫째는 마오타이주창의 공식적 감독으로, 회사의 감찰실과 공장 업무 공개 전담부서가 책임지고 전체 채용 과정에 대한 감독을 진행한다. 다음은 공고와 공시를 이용하는 것으로, 사회의 감독을 받는 셈이다. 가장 독특한 것은 직원의 감독으로, '직원자녀 채용 감독위원회'를 설립하는데 구성원 15명 중 13명을 응시자의 가족으로 한다. 감독위원들은 직원자녀 채용 관련 문건 및 각종 규정을 상세히 이해한 다음 업무를 분담하여 채용 과정에 참여한다. 그 과정에서 규정 위반 사례를 발견하면 시정을 요구할 권리가 있으며 기율조사위원회 감찰실과 직원회에 보고한다. 이들 감독위원의 전화번호는 일률적으로 공개되어 직원 및 일반인의 의견, 건의, 고발이 수월하게 이루어지도록 한다. 수많은 마오 2세대와 마오 3세대가 이와 같은 방식으로 매년 채용시험에 참가해 완전히 동등한 조건하에서 마오타이주창의 철저한 심사를 받는다.

장강의 뒷물결이 앞물결을 밀어내듯

2016년 마오타이주창은 '백년기업 후계자 계획'을 내놓았다. 이 계획은 마오 2세대 가운데 판매대리상의 신동력을 육성하는 것에 초점을 맞추었다. 구체적 시행방안에는 마오 2세대 판매대리상의 분기별 연수와 일선 작업장에서의 생산 체험, 전국적 교류 모임 개최 등을 포함한다.

생산기업과 판매대리상은 진정한 운명공동체이다. 계획경제 시대에서 시장경제 시대에 이르기까지, 마오타이주창의 발전에 발맞추어 판매대리상도 성장했다. 판매대리상 다수가 마오타이주창과 20년 넘게 협력관계를 유지해오고 있는데, 그중에는 오직 마오타이주만 취급하는 충성도 높은 판매상도 적지 않다. 하지만 시대의 변화로 인해 윗세대 판매대리상은 엄혹한 도전에 직면하게 되었다. 예측 불가능한 변화로 가득한 시장 앞에서 낡은 지식구조는 힘을 쓰지 못한다.

마오타이주창은 판매대리상의 세대교체라는 중요한 시기를 맞이했다. 시대의 변화에 부합하는 발전을 지속하기 위해 마오타이주창이 마오 2세대 판매대리상의 선발 및 육성에 착수한 것은 자연스러운 흐름이었다. 백년기업 마오타이의 판매대리권을 후내에 물려주는 것은 모든 마오타이인들에게 공통된 소망이다. 따라서 백년기업 후계자 계획은 먼 미래를 내다본 전략의 일환으로, 마오 2세대 판매대리상 육성을 통해 신선한 새 피를 주입하는 쇄신 방책이다.

마오타이주창의 고위 경영진은 마오 2세대 판매대리상에 대한 기대로 가득 차 있다. 그들은 현재 마오타이주의 주소비 연령층을 1930년대생부터 1980년대생까지로 보고 있으며, 다음 단계로 1990년대생과 2000년대생을 겨냥하고 있다. 그러기 위해서는 젊은층을 조준한 마케팅 작업이 필요하다. 마오 2세대 판매대리상은 마오타이주창의 미래 시장에서 활약할 마케팅 주력군이다. 이들은 마오타이주창 판매대리사업의 계승자이자 마오타이주창 문화의 홍보대사, 그리고 무엇보다 마오타이주창 시장 건설의 혁신자가 되어야 한다. 마오타이주창이 마오 2세대 판매대리상 육성에 힘을 기울이는 목적은 판매대리상과 운명, 가치관, 이익 및 전략 방면에서 공동체 관계를 이루어 미래의 마오타이주창을 위한 마케팅 인재를 비축하고 한층 안정적인 시장을 확보하기 위해서다.

그러므로 마오 2세대 판매대리상 육성은 단순히 인원 교체가 아니라 관념, 의식, 정신의 탈바꿈을 의미한다. 일차로 선발된 마오 2세대 판매대리상들은 우수한 장점들을 가지고 있으며 종합적인 소양이 윗세대보다 높다. 젊은 세대로서 견문과 지식이 풍부하고 시야가 넓으며 새로운 사물에 한층 민감하게 반응한다. 시장을 분석하고 장악하는 능력이 뛰어나므로 마케팅 노선의 혁신에 매우 유리하다.

중국의 수많은 백주기업도 마오타이주창과 마찬가지로 차세대 판매대리상의 육성과 성장에 큰 관심을 기울이고 있다. 우량예의 '우2세대'가 성장 중에 있고, 루저우라오자오의 '판매대리상 후계자' 양성 교실도 한창 수업이 진행되고 있다. 징주勁酒는 전문부서를 설치해 판매대리상 후계자들의 장단점을 철저히 평가하는 한편 그들에게 이론 및 실천 면에서 더욱 자세한 훈련을 받도록 하고 있다. 시평주는 전문기금을 마련해 차세대 판매대리상의 교육과 창업을 지원하고 격려한다. 산둥화관山東花冠 양조 그룹은 사내대학을 설립해 2세대가 대를 잇기 전에 충분한 지도와 훈련을 받도록 하고 있다.

장강長江의 뒷물결이 앞물결을 밀어내고, 새로운 한 세대가 옛 사람을 대신한다. 마오 1세대 판매대리상이 시간의 흐름과 함께 점차 은퇴를 맞이하고 마오 2세대 판매대리상이 무대 전면에 나서는 것은 역사의 필연이다. 또한 마오타이주창 입장에서 술을 이해하고 사랑하는 차세대 프리미엄 소비자층을 키우는 것은 다음 백 년의 발전을 위한 원대한 계획이다.

특히 세계적으로 명성이 높은 백주의 판매대리상 입장에서는 마오 1세대에서 마오 2세대로 넘어가는 과도기를 잘 마무리하는 것이 사업의 영속적 발전과도 관계되는 중요한 과제라 할 수 있다.

'페이톈'의 마오타이, 세계의 마오타이

·

장산江珊
중국 디테일경영연구소 부소장,
베이징 왕중추디테일경영컨설팅공사 사장

세계 1위의 증류주 브랜드 : 전 세계 1위의 시장가치 주류 기업

2017년 4월 18일, 구이저우마오타이 주식은 주당 404.65위안으로 장을 마감하며 신기록을 세웠다. 이로써 마오타이는 시가총액 5,083억 위안(약 739억 달러)으로, 전 세계 주류酒類 기업 가운데 시장가치 1위의 업체로 우뚝 섰다. 고도주高度酒업계의 오랜 리더였던 디아지오Diageo의 시가총액 717억 달러를 훌쩍 뛰어넘었다. 마오타이그룹 회장 위안런궈袁仁國는 "마오타이주식 시장가치가 디아지오를 넘어선 것은 마오타이의 자랑일 뿐만 아니라 중국 브랜드 전체의 자랑이기도 하다"고 밝혔다. 반년도 지나지 않아 구이저우마오타이 주가는 500위안 관문을 넘었고 시가총액은 빠르게 6000억 위안을 돌파해 '세계 증류주 1위 브랜드'의 영예를 굳건히 지켰다.

'신화'급 경영 데이터 : 비교 대상이 없다

마오타이진 특유의 토양, 물, 미생물, 기후환경 등의 자연적 요소와 마오타이인이 지켜온 전통 제조법, 최고의 품질을 추구하는 장인 정신이 결합하여 복제 불가능한 마오타이주가 만들어졌고, 그 희소성으로 말미암은 고가의 가격결정권이 형성되었다. 구이저우마오타이는 매출 대비 총이익률 90% 전후, 매출 대비 순이익률 50% 전후를 줄곧 유지하고 있다. 이렇게 높은 이익률은 글로벌 주류기업의 거두 디아지오나 중국 내 다른 주류 기업들이 따라잡기 힘든 수치이다.

삼대 주류기업 매출 통계

재무보고 발표		매출총이익률	매출순이익률
구이저우마오타이	2017년 중간보고	89.62%	49.79%
	2016년 보고	91.23%	46.14%
	2015년 보고	92.23%	50.38%
우량예 (五粮液)	2017년 중간보고	71.65%	33.22%
	2016년 보고	70.20%	28.75%
	2015년 보고	69.20%	29.60%
양허 (洋河)	2017년 중간보고	59.90%	33.82%
	2016년 보고	63.90%	33.78%
	2015년 보고	61.91%	33.42%

2012년부터 2015년까지 '3대 공무수비 금지령'으로 인해 시장이 크게 조정을 받은 후, 마오타이는 차분히 전진하며 역전에 나섰다. 2016년부터 새로운 상승발전주기에 들어가자 마오타이그룹의 영업매출과 순이익 증가 속도는 빠르게 상승했다(아래 데이터의 출처는 구이저우마오타이 연도재무보고이다).

마오타이그룹 영업수입 및 순이익 증가

연도	영업수입		순이익	
	금액(억 위안)	전년 동기 대비 증가율	금액(억 위안)	전년 동기 대비 증가율
2014년	315.73	2.11%	153.50	1.41%
2015년	326.60	3.44%	155.03	1.00%
2016년	388.62	18.99%	167.18	7.84%
2017년 상반기	241.90	33.11%	112.51	27.81%

관련통계에 따르면, 2016년 마오타이는 전국 백주 생산량의 1%가 채 되지 않지만 전국 백주업계 매출수입의 7%를 차지하고, 이익의 3분의 1을 차지했다. 선두주자로서의 지위는 한 치도 흔들리지 않았다.

2017년 하반기가 시작되자, 페이톈 마오타이의 공급 부족에 따른 완전 품절 현상이 나타났다. 최종소비자 가격은 제한선 '1,299위안'을 단번에 돌파했고 일부 지역에서는 1,700위안까지 치솟았다. 시장가격 질서의 안정화를 위해 마오타이그룹 수뇌부는 마오타이 판매대리상들을 여러 차례 불러들여 '마오타이주 가격 안정을 위한 시장관리 조치'를 주제로 회의를 열었다. 여기서 마오타이그룹은 '1,299위안'이라는 상한선을 고수할 것이며 차후로도 강력한 가격 제한 조치를 실시할 것이라고 강조하면서 생산자와 판매상, 소비자 모두의 이익을 도모하는 데 동참해 달라고 요구했다. 이는 마오타이주 시장의 안정적이고 건강한 발전을 보장하기 위한 것이었다. 또한 내규를 위반한 136개 판매대리상을 두 번에 걸쳐 징계했고, 그중 2개 대리상은 계약을 해지했다. 동종업계에선 가격 상승을 막기 위한 마오타이의 몸부림이 부럽게 느껴질 것이다.

2017년, 마오타이의 '이륜구동' 발전구도가 성과를 거두며 마오타이 계열주系列酒의 연간 매출목표를 100일 앞당겨 달성했다. 마오타이 경영실적의 호조는 여과 없이 주가에 반영되었다. 2014년 초 120위안 전후였던 주가는 가파른 상승을 거듭하여 500위안 관문을 돌파했다. 이변이 없는 한, 구이저우마오타이는 중국 최초의 '주가 1,000위안, 시장가치 1조 위안'의 주식이 될 가능성이 높다.

마오타이의 제13차 5개년계획에 따르면, 2020년 구이저우마오타이그룹은 전체 업무 규모 1조 위안이라는 전략목표를 실현해 '조 단위'

마오타이그룹 2016년 경영지표

마오타이 2016년 경영지표	통계수치	전국 백주업계에서 차지하는 비중
백주생산	6만 톤	0.44%
영업수입	398.6억 위안	7%
이윤총액	243억 위안	30.44%

기업집단이 된다. 그룹 전체의 백주 생산량은 12만 톤이 될 것이며 그 중 마오타이주는 5만 톤에 이를 것이다. 주류 매출수입은 약 700억 위안에 달해, '세계 증류주 업계 1위 브랜드'에 빛나는 마오타이의 지위를 한층 더 끌어올릴 것이다.

'인터넷 플러스'와 빅데이터의 날개를 달다

정보화 시대가 도래함에 따라 급속히 전통사회가 해체되고 현대사회로 재편되었다. 사람들의 생활 속 지향점도 물질적 욕구 충족에서 정신적 욕구 충족을 추구하는 단계로 넘어갔다. 이에 따라 소비 수요와 소비 심리 및 소비 습관 등이 모두 조용히 바뀌고 있다. 상품에 대한 수요의 차원에서는, 서로 경험을 공유하고, 체험과 개별 맞춤형을 높이 평가하는 등의 다원화된 특징이 나타난다. 전통적 소비계층의 정체성은 하나하나 와해되고 있다. 이를 대신하는 건 개개인이 입체적이고 생동적이며 '파편화'된 소비자 그룹이다. '파편화'된 소비자의 출현은 전통적 상업 방식과 경영 방식을 급속히 무너뜨리게 될 것이다.

시장의 새로운 추세에 발맞추어 마오타이는 '인터넷 플러스'와 빅데이터 등의 IT신기술을 충분히 이용하고 있다. 이를 통해 기존의 영업 방식을 체계적으로 업그레이드하는 한편, 현대화된 플랫폼형 마케팅 방식을 구축했으며, 온·오프라인 채널을 효과적으로 개선하고 융합시켰다. 본디 '판매, 배송, 애프터서비스'를 기초로 하던 채널형 기능을 업그레이드하여 '상호 공유 및 체험'을 핵심으로 하는 플랫폼형 기능으로 바꾸고, 한층 직접적이고 정밀하게 소비자들에 다가서는 '상호 공유'를 진행했다. 이를 통해 골수 '마오타이 팬' 층을 형성했다. 또한 빅데이터와 다중매체 IT기술을 이용해 연령대, 지역, 소비기호, 습관, 흥미 등의 요소에 따라 '마오타이 팬'을 분류하고 이를 토대로 맞춤형 마케팅 관리를 실시했다.

마오타이의 브랜드 영향력과 고품질 상품은 소비자들의 강한 충성도를 불러일으켰다. 이는 마오타이가 자체적 플랫폼형 마케팅 방식을 구축하는 과정에서 든든한 토대가 되었다. 중국 내 모든 소비재 브랜드를 살펴보더라도 오직 마오타이만이 이런 기초와 실력을 갖추고 있다.

마오타이의 플랫폼형 마케팅 방식은 마오타이와 마오타이 팬 사이에 상품 유통과 거래 및 소통 시 거쳐야 하는 단계를 줄였다. 마오타이와 마오타이 팬 간의 문턱을 없애고 효과적인 소통을 이뤄지도록 한 것은 사회적 비용(물류운수, 인력 등)의 측면으로 보나 기업 운영의 측면

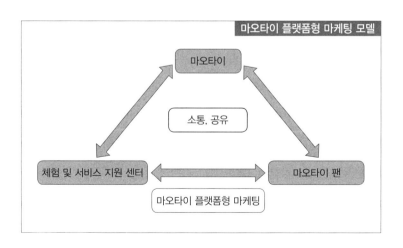

마오타이 플랫폼형 마케팅 모델

마오타이

소통, 공유

체험 및 서비스 지원 센터

마오타이 팬

마오타이 플랫폼형 마케팅

으로 보나 의의가 매우 크다. 플랫폼형 마케팅 방식 덕분에 마오타이는 상품의 판매유통 궤적을 쉽게 파악할 수 있다. 마오타이가 애먹었던 위조 방지책 관리나 가격 통제 관리 등의 해묵은 난제들도 자연스럽게 해결될 것이다.

마오타이는 이미 플랫폼형 마케팅 방식을 구축하기 위한 행동에 들어갔다. '마오타이 윈상茅台雲商'은 마오타이그룹과 판매대리상, 전문판매점, 소비자를 위한 온오프라인 융합형의 애플리케이션으로, B2B, B2C, O2O, 소셜마케팅 등의 거래방식과 산업금융서비스를 지원하는 일체화된 플랫폼이다. 2016년 9월 제6회 중국 술 박람회에서 처음 공개된 '마오타이 윈상' 애플리케이션을 통한 거래액은 그해 26억 3,900만 위안에 이르렀다. 이와 연계된 마오타이 판매처는 700여 곳이며, 각종 회원은 20만여 명에 달한다. 2017년 마오타이윈상의 거래액 목표는 80억 위안이다. 아울러 마오타이 전문판매점 전체를 이 플랫폼에 연결시키고 회원 수를 300만 명으로 늘린다는 계획을 세웠다. 2017년 5월 25일, '데이터로 창조하는 가치, 혁신으로 선도하는 미래'를 테마로 2015 중국국제빅데이터산업박람회가 구이양貴陽에서 열렸다. 마오타이그룹 회장 위안런궈는 박람회 중 경제 리더 대화 및 알리바바 그룹과의 좌담회에서 '온라인과 오프라인의 일체화, 초근접 마케팅 서비스'를 실행할 것임을 강조했다. 그리고 '마오타이 윈상'을 적극 활용해 '스마트 마케팅'을 실현할 것이라 밝혔다.

중국의 국주, 세계의 마오타이

마오타이는 1951년 설립 이후 영세 양조장에서 출발해 공업화를 거쳐 시장화에 이르는 발전 단계를 거쳤다. 브랜드 지위와 영향력 또한 구이저우를 벗어나 중국 전체로 나아갔고, 이어 세계로 진출했다.

'일대일로一帶一路(중국과 중앙아시아를 거쳐 유럽으로 이어지는 육상 실크로드 경제권과 동남아를 거쳐 아프리카로 이어지는 해상 실크로드 경제권을 건설하자는 중국의 국가 전략-역주)' 프로젝트가 국가 전략으로 추진됨에 따라 마오타이그룹도 이에 발맞춰 글로벌화 전략을 강화했다. 국가 지도자의 관심과 지지 하에 마오타이그룹은 중국 우량 기업의 대표로서 일련의 국제적 경제·문화교류 활동에 적극 참여했으며, 대대적인 국제시장 프로모션 활동도 여러 차례 개최했다. 가속 페달을 밟은 글로벌화 전략이 성과를 거둠에 따라 마오타이는 그 향기가 세계로 퍼지는 중국의 대표 상품이 되었다.

2015년 11월 12일, 구이저우마오타이는 샌프란시스코시 정부청사에서 마오타이주 파나마만국박람회 금상 수상 100주년 기념행사를 개최했다. 샌프란시스코 시장 리멍시엔李孟賢은 매년 11월 12일을 샌프란시스코의 '마오타이 데이'로 정한다고 선언했다.

2016년 12월 6일 오후, '독일과의 건배－일대일로로 가는 마오타이' 행사가 독일 함부르크에서 시작되었다. 마오타이 수뇌부가 해외에서 펼친 또 한 차례의 대대적 브랜드 프로모션 활동이었다.

2017년 3월 23일부터 28일까지, 마오타이그룹 사장 겸 당위원회서

기인 리바오팡은 관계자들을 대동하고 싱가포르에서 시장 연구조사를 했다.

2017년 7월 5일, 마오타이그룹 회장 위안런궈는 독일 함부르크에서 열린 G20 정상회의 기간 중 '글로벌화와 우리, 그리고 일대일로'라는 이름을 내건 독일·중국 합동 포럼에 참석하고 주제 강연을 했다.

2017년 8월 7일, 마오타이그룹 사장 겸 당위원회 서기 리바오팡은 마오타이그룹이 개최한 상반기 생산경영회의에서 마오타이그룹은 일대일로 연선국가 내의 요건을 갖춘 국제공항에 전문매장을 개설할 계획이며 국내외 시장 정비를 가속화할 것이라고 밝혔다.

2017년 9월 1일, 도미니카공화국의 루스벨트 스케릿 총리는 댜오위타이 국빈관에서 마오타이그룹 회장 위안런궈를 만나 특별 좌담회를 가졌다.

2017년 9월 3일, 마오타이그룹 회장 위안런궈는 BRICs 비즈니스 포럼 및 정상政商 리더 대화에 초청받아 참석했다.

2017년 9월 14일, 마오타이주 주식회사 부사장 왕충린王崇琳은 마오타이그룹을 대표해 상하이 진장호텔에서 주중駐中 불가리아 대사 포로자노프 등과 우호좌담회를 가졌다.

현재 마오타이 상품은 아시아, 유럽, 미주, 오세아니아, 아프리카의 오대주 78개 국가에 진출해 있다. 그중 26개 '일대일로' 연선국가에서 기록한 매출은 전 세계 총매출의 18.91%를 차지한다. 2017년 상반기, 마오타이주 수출 실적은 전년 동기 대비 40%가 증가했다. 앞으로 2020년이 되면 마오타이의 해외시장 매출이 전체 매출의 10% 이상을 차지할 것으로 예상된다.

　마오타이는 이미 세계적 영향력을 갖춘 중국 브랜드로 성장했다. 향후 몇 년 사이 글로벌시장 곳곳에서 화웨이, 알리바바, 텅쉰의 모습뿐만 아니라, 중국 국주 마오타이의 모습 또한 보게 될 것이다. 마오타이로 인해 중국인의 자부심은 또 한층 높아질 것이다. 그것은 중국 전통 제조업의 자랑이기 때문이다.

　수십 년간 품질과 브랜드를 지키고 가꾼 마오타이는 이제 중국만이 아닌 세계무대에 우뚝 섰고, 세계시장에서 대단히 높은 지명도를 가지게 되었다. 2017년 6월, 글로벌 미디어그룹 WPP와 마케팅리서치 기관 밀워드브라운Millward Brown이 발표한 '2017년 세계 100대 브랜드가치' 선정 리스트에서 마오타이는 브랜드가치 170억 미국달러로 64위에 올랐다. 세계 증류주 제1위 브랜드로서 부끄럽지 않은 순위였다.

　현재 중국은 민족 부흥의 측면에서 절호의 역사적 기회를 맞았다. 민족 부흥의 실현을 위해 최우선적으로 필요한 것은 부강한 경제력과 이로 인한 영향력이다. 경제력은 중국이 이미 이루어냈다. 하지만 민족 부흥에 있어 더 중요한 것은 문화를 수출하고 이를 통해 세계에 영향력을 갖는 것이다. 문화가 없는 굴기崛起는 진정한 의미에서 중화민족의 부흥이라고 할 수 없다.

　전 세계의 이목이 지금 중국에 쏠려 있다. 그 시선은 궁금증으로 가득하다. 온 나라와 시대가 간절히 필요로 하는 건 중국의 우수한 기업이 해외로 진출하여 중국의 목소리를 내고 중국문화의 사절로서 중국문화를 전파하는 것이다. 국주 마오타이는 중국 기업의 대표이자 전 세계에 명성을 떨친 '중국의 얼굴'로서 앞장을 서야 할 것이다. 국주 마오타이의 상품과 브랜드가 구현하는 문화이념은 국가적인 문화이념과도 밀접하게 연관되어 있다. 예컨대 마오타이가 지켜온 전통공법의 전승과 품질을 추구하는 장인 정신, 천하의 벗과 두루 사귀고 손님을 환대하는 법도, 업계의 경쟁적 발전을 주도한 평화와 발전의 이념, 전력을 다해 1위를 쟁취한 도전 정신 등으로 알 수 있다. 마오타이는 중국문화의 사절이란 책무를 맡아서 자신 있게 국제무대로 나아가 중국문화를 전파해야 한다. 이것은 기업의 커다란 책임이요, 시대가 부여한 사명이며, 또한 역사의 선택이다.

우리는 미래에 더 많은 국제적 경제·문화 교류 활동에서 마오타이의 모습을 보고 마오타이의 소리를 듣기를 기대한다. 단지 중국 기업이나 중국 브랜드로 국제사회에 알려지는 것이 아니라, 우수한 중국문화의 사절로서 세계인의 인정과 예찬을 받기를 기대한다. 중국의 국주, 세계의 마오타이!

4장

마시기보다는 향으로 즐기는 술

3대 1의 경쟁률을
뚫어야 살 수 있는
마오타이

품귀 현상에도 생산을 늘리지 못하는 이유

중국인치고 마오타이주를 모르는 사람은 없을 것이다. 하지만 그 진한 향기로움을 모든 사람이 맛본 것은 아니다. 명성 자자한 마오타이이지만 많은 사람들에겐 그저 하나의 이미지일 뿐이다. 마오타이주를 마신다는 건 평범한 서민 입장에서는 엄두조차 못 낼 일이다.

마오타이주의 가격이 높다 보니 그 소비층은 중산층 이상으로 한정된다. 경제학자들의 계산에 따르면 중국의 중산층 이상 인구 수는 현재 1억을 넘어섰다. 마오타이주의 대표 격인 페이톈 마오타이는 1년에 약 4,000만 병이 시장에 출하된다. 1억 소비자가 4,000만 병을 산다고 보고 계산하면 어림잡아 3명이 1병을 사려고 경쟁하는 셈이다. 중국인의 생활수준이 날로 높아지는 추세를 고려하면 점점 더 많은 사람들이 마오타이주 소비 행렬에 동참할 것이고, 따라서 마오타이를 구매하기 위한 경쟁도 더 심해질 것이다. 마오타이 한 방울 한 방울이 소중하고, 한 병 한 병이 다 진귀하다고 할 수 있다.

2016년 이후로 시장에서 종종 마오타이주 품귀 현상이 일어났다. 이를 두고 마오타이주창의 '헝그리 마케팅'(생산판매 측에서 출고 제품 수를 제한해 의도적으로 품귀 현상이 일어나게 함으로써 화제를 모으고 소비자를 자극하는 마케팅 방법-역주) 전략이라 여기는 사람이 적지 않다. 하지만 마오타이는 절대 그런 마케팅을 하지 않는다. 말 그대로 생산량이 적다 보니 결과적으로 그렇게 된 것일 뿐이다.

상하이의 한 젊은이가 5월 1일(노동절이자 중국의 봄철 황금연휴를 대표하는 날-역주)에 치러질 결혼식 피로연에서 하객들에게 마오타이주를 대접하기로 마음먹었다. 춘절이 지나자마자 바로 페이톈 마오타이를 어디에서 살 수 있는지 알아보기 시작해 주류 전문매장과 대형마트에 가보았지만 모두 품절이었다. 인터넷 쇼핑몰 징둥京東에는 재고가 있었으나 일단 예약을 해 둔 후 다시 선착순으로 구매하는 방식이었으며, 선착순 구매권을 따냈어도 구매권 1장당 2병만 살 수 있었다. 술 전문 인터넷쇼핑몰 '1919넷'에서는 1인당 1병으로 판매를 제한했다. 도저히 마오타이를 구할 도리가 없어 결국 다른 술로 바꾸는 수밖에 없었다.

이처럼 품귀 현상이 심한 마오타이주의 가격은 과연 어느 정도로 오를까? 마오타이주의 시장 수급에 대해 축적된 분석을 바탕으로 향후 가격 동향을 추론해볼 수 있다.

2015년 하반기부터 경기가 회복되고 마오타이 판매도 호조를 이어가기 시작했다. 2017년 상반기 재무제표에 드러난 반년간의 마오타이주 판매량은 연간 예상치의 절반을 훌쩍 상회한다. 7월은 술 판매량이 떨어지는 비수기에 속하지만 마오타이주는 오히려 공급이 달릴 지경이었다. 몇 차례 공급량을 늘려도 시장의 굶주림은 해소되지 않았다. 널리 알려진 대로 시장에 출하되는 마오타이주는 5년 전에 증류된 술이다. 이는 곧 마오타이주의 연간 판매량이 5년 전에 이미 정해져 있으며, 다른 기업처럼 근무 시간을 연장해 생산량을 늘리는 것은 불가능함을 의미한다.

마오타이주창의 연간 출하 계획량 추산에 따르면 2017년 하반기 시장에 출하될 마오타이주는 3,000만 병에 못 미치는 매우 한정된 양이 된다. 게다가 "새 술은 팔지 않는다"는 방침을 여러 차례 내세운 마오타이는 다음해 출하 예정분을 미리 앞당겨 판매하는 법이 없다. 즉 '토끼해에 먹을 곡식을 호랑이해에 먹는' 일은 없다는 것이다. 설령 다양한 수단을 동원해 출하량을 다소 늘리더라도 그 수량은 지극히 제한적이다.

판매점과 업계 내부 관계자의 예측은 더욱 설득력이 있을 듯하다. 상반기 판매만으로 이미 연간 전체 수량의 약 70%를 공급했음에도 불구하고, 과거 경험으로 미루어볼 때 하반기에 또다시 수요가 쇄도하게 되리라는 것이다. 마오타이주 판매점의 다수가 하반기에는 물량 공급이 한층 더 달릴 것이며, 마오타이주 가격은 틀림없이 상승할 것으로 예측하고 있다. 판매점은 다들 확보 물량을 늘리고 싶어 하지만, 재고는 이미 바닥난 상태이며 물건을 더 들여올 방법도 없다. 업계 내부 인사는 마오타이주 시장의 제품 품귀 현상이 심각하다고 진단한다. 많은 판매상에 재고가 바닥난 게 확실한 데다, 가격 상승에 대한 기대감 때문에 소매시장에 물건 공급을 적극적으로 하지 않는 경우도 있다고 한다.

마오타이주창의 공식적 의견은 다음과 같다.

"마오타이주의 시장가격 상승은 수급관계 변동에 따른 정상적 현상으로, 저희는 앞으로도 시장과 소비자 여러분들께 공개적이고 투명한 방식으로 정확한 정보를 전달하겠습니다. 시장 독점을 조장하는 행위를 하지 않을 것이며 시장 조작도 하지 않겠습니다.

판매대리상의 수익은 합리적으로 회복되도록 적극 지원하겠습니다. 하지만 폭리를 추구하는 행위는 결코 용인하지 않을 것입니다. 병당 최종 소매가 1,299위안을 상한선으로 유지하고, 서민들이 수용할 수 있는 선을 가격의 척도로 삼을 것입니다."

하지만 품귀 현상은 해소되지 않았고 재고가 바닥나기 직전으로 내몰린 판매상들은 상품 공급을 늘려달라며 아우성이었다. 마오타이주 가격은 줄곧 '페이톈飛天'이란 이름처럼 하늘로 날아올라 최종 소매가가 병당 1,500위안을 넘어섰고, 병당 1,299원이라는 '상한선'은 빈말이 되고 말았다.

위에 정책이 있다면 아래에는 대책이 있다

지난 몇 년간의 판매 상황으로 볼 때, 마케팅의 방향 전환은 성공적이었다. 그 결과 마오타이주의 소비자 구조에 변화가 일었다. 공무 소비가 주력 소비층에서 사라진 대신 그 외의 소비자 그룹이 빠른 속도로 증가한 것이다. 비즈니스 접대나 각종 민간행사에서 소비되는 마오타이주의 수량이 대폭 상승했다. 일부 대도시 및 중간 규모 도시에선 젊은층이 마오타이주 소비층으로 유입되고 있다. 이런 사실들을 종합해볼 때 마오타이주 품귀 현상은 다름 아닌 소비자의 수요 폭발 때문이라고 판단된다.

상품 부족은 필연적으로 가격 상승을 불러온다. 이것은 시장의 법칙이요, 인력으로 조절하는 것이 아니다. 마오타이주창은 술을 고가에 판매하는 판매대리상을 엄중히 징계하고 있으며 판매대리상 자격을 취소하는 '중형'을 내리기도 한다. 하지만 이런 강력한 수단에도 불구하고 마오타이주 가격 상승을 막지는 못한다. '위에 정책이 있으면 아래에는 대책이 있다'고 했던가. 중징계가 두려운 판매대리상들은 정식 유통망에 공급하는 물량에 대해서는 가격 상한선을 엄수한다. 하지만 간이계약서나 구두계약만으로 상품을 공급하는 경우 가격 상한선 규정은 힘을 잃는다. 많은 판매대리상이 재고에 여유가 없어 간이계약서나 구두계약 분으로 출고되는 물량도 맞추기 힘든데 정식 유통루트로 보낼 물량이 또 어디 있겠느냐고 하소연한다. 한마디로, 술이 너무 모자라는 것이다. 그런데 광둥 영업

구역에서는 광둥의 판매대리상만 규제할 수 있기 때문에 다른 구역의 술이 광둥 시장에 들어오면 아무런 가격규제를 받지 않는다.

사재기 문제도 빠뜨릴 수 없다. 많은 사람들이 사재기에 참여한다. 판매대리상도 있고, 소비자도 있고, 마오타이주를 투자로 여기는 사람도 있다. 사재기는 당연히 위험부담이 있다. 판매대리상이 사재기를 하다 적발되면 마오타이주창으로부터 중징계를 받는다. 마오타이주의 가격이 이미 상당 수준으로 올랐기 때문에 투기성 사재기에는 리스크가 따른다. 순전히 소비만을 목적으로 하는 사재기 수량은 그리 많지 않다. 2017년 상반기에 약 70억 위안어치의 마오타이주가 사재기로 시장에서 자취를 감췄다는 소문은 가짜 뉴스로 판명되었지만, 양이 많은가 적은가의 문제일 뿐 사재기는 틀림없이 존재한다. 가격 상승이 예상되는 시점에서 사재기를 해두면 나중에 더 많은 돈을 벌 수 있기 때문이다. 이럴 때 마오타이주를 판매한다는 건 남한테 돈을 거저 주는 것과 다를 바 없다. 최종소매상의 입장에서 보면 마오타이주창의 상한선(1,299위안/병)을 따르면 병당 판매 수익이 낮아 수지 균형을 근근히 맞출 뿐이다. 그러다보니 당장 술 판매를 서두를 게 아니라 가격이 오를 때까지 기다리는 게 더 나을 수도 있다.

이러한 시장 상황에 대해 마오타이주창은 기쁨 반 걱정 반이다. 자사 상품이 잘 팔리기를 바라지 않는 기업이 어디 있겠는가. 당연히 판매 호황은 기쁜 일이다. 다만, 공급이 수요를 못 따라가 사재기가 일어나고 가격이 치솟으면 마오타이주창이 사회적 지탄을 받게 될까 봐 걱정이 되는 것이다. 결국 마오타이주는 중국에서 진작부터 일반적 상품의 속성에서 벗어나 있는 셈이다.

가장 좋은 해결 방법은 공급을 늘리는 것이다. 하지만 이야기는 늘 해묵은 문제로 돌아간다. 마오타이주의 생산량에는 한계가 있고, 숙성 기한을 못 채운 신주新酒를 내놓을 수도 없으니, 근본적으로 수요를 충족시킬 방법이 없다.

치솟는 가격을 막을 길이 없다

2017년 페이톈 마오타이의 연간 시장공급 계획은 총 2만 6,800톤이었다. 2016년의 판매량 2만 2,900톤에 비해 17% 증가한 수치이다. 두 자리 숫자의 증가폭이지만 여전히 시장수요에는 턱없이 부족하다. 2017년 하반기에 마오타이주창은 가능한 모든 수단을 동원해 공급을 늘렸지만, 시장에 풀린 페이톈 마오타이의 총량은 고작 약 1만 2,800만 톤, 즉 2,000만 병이었다. 공휴일을 제외하면 하루 평균 약 80톤 꼴이다. 이 정도의 양으로는 아무리 낙관적으로 계산해도 수요의 50%를 채우지 못한다.

공급량을 늘리는 것 외에, 판매점에 대한 단속을 강화하는 방법이 있다.

현재 마오타이주창의 판매대리상 수는 중국 국내 2,412개, 해외 94개, 총 2,506개이다. 그중 연간 판매량 50톤 이상의 대형 판매대리상보다는 중소 규모의 판매대리상 수가 더 많다.

마오타이주창 입장에서 대형 판매대리상이 많아지는 것은 다음의 두 가지 점에서 바람직하지 않다. 첫째, 대형 판매대리상은 해당 지역 내 시장을 독점적으로 장악하는 경향이 있다. 둘째, 마오타이주창이 유통망을 공평하고 평등하게 관리하는 데 불리하다. 이 두 요인 때문에 마오타이주창은 시장에 영향력을 발휘하는 데 어려움을 겪는다.

따라서 마오타이그룹 사장 겸 당위원회 서기인 리바오팡李保芳은 취임 이래 줄곧 판매대리상 정리에 힘을 기울였다. 그 조치 중 하나는 대형 판매상의 수를 줄이는 것으로, 마오타이주 판매 중점 지구에 있는 연간 판매량 80톤 이상의 대형 판매상들이 적잖이 문을 닫게 되었다. 반면, 중소 규모 판매상 비율이 증가함에 따라 마오타이주창이 정한 가격 상한선 정책이 원활히 추진되지 않게 되었다. 이는 중소 규모 판매상들에 의한 사재기 현상이 발생하면서 상품 부족이 더욱 심해지는 결과로 이어졌다.

2017년 3월, 마오타이주 가격이 급상승하던 때부터 마오타이주창은 판매상들에게 자제를 호소했다. 양심적이고 책임감 있는 태도를 가져야 하며, 긴 안목으로 가격 안정화의 필요성에 대해 인식할 것을 강조했다. 또한 소비자가 마음 편하게 마오타이주를 즐길 수 있도록 마오타이주창과 판매상이 가격 문제 해결을 위해 공동으로 노력하자고 호소했다. 리바오팡에 따르면, 마오타이주는 판매 활황을 틈탄 가격 인상을 절대 용인하지 않지만 수급 불균형이 고착화됨에 따라 판매상의 주도권이 더 커지기 되었기 때문에 판매 시스템 혁신이 필요한 상황이다.

치솟는 가격에 부담을 느낀 마오타이주창은 판매대리상에 대한 통제를 강화했다. 가격 상한선을 두는 것 외에도, 각 성省별로 판매대리상에 대한 집중점검과 특별단속을 실시했다. 그 결과 규정을 어긴 82개 대리상을 적발하고, 위반 정도에 따라 마오타이주 취급 계약의 일부 취소 또는 일시 정지, 위약 보증금의 20% 몰수, 옐로카드 경고 등 다양한 조치를 취했다. 계약 중지 및 해제, 위약 보증금 전액 몰수, 영업일 30일 이내 판매점 폐쇄, 마오타이 상표 사용 허가 철회 등 유례없는 중징계를 가하기도 했다.

마오타이주의 지속적인 공급 부족을 초래하는 요인은 품귀, 품질, 계획의 세 가지가 있다. 해마다 3만 톤씩 공급이 부족한 상황을 단기간 내에 해결하기란 불가능하다. 시장법칙에 부합하지 않는 가격통제를 계속한다고는 하지만 실제 효과가 그리 크지 않아, 공급 부족→판매 호조→가격 상승→가격 통제→사재기 증가→공급 부족 가속→가격 재상승의 악순환에 빠지기 쉽다.

그러고 보면 3대 1의 경쟁률을 뚫어야 비로소 마오타이주를 마실 수 있는 상황이 앞으로도 상당히 오랜 기간 이어질 것 같다.

변하는 것과
변하지 않는 것

세상에서 가장 술을 좋아하는 나라 2위

중국 술의 역사는 장구하다. 중국인이 술을 마신 역사 또한 마찬가지다. 수천 년간 빚어낸 미주에 취한 영웅호걸이 몇 명이요, 쓰러진 주당들의 수는 또 얼마였던가. 오천 년 중화문명사에서 술 문화는 빼놓을 수 없는 부분이다. 제사·참배에부터 문화·오락까지, 음식 조리에서부터 양생·건강까지, 병사 소집에서부터 문학 창작까지, 사당 제례에서부터 친목 도모까지, 그 어느 것 하나 술이 빠질 수 없다. 중국인은 거의 모든 상황에서 술이 꼭 있어야 한다. 술로 예를 행하고, 술로 정을 나타내고, 술로 병을 낫게 하고, 술로 기쁨을 나누고, 술로 근심을 잊고, 술로 용기를 북돋우고…. 어디서 무엇을 하든 술은 마치 그림자처럼 따라붙는다. 몇천 년 동안 예외란 없었다.

외국인들의 입장에서 중국인은 누구나 술 마시기를 좋아한다고 믿는 것도 무리는 아니다. 2013년 미국 CNN이 '세상에서 가장 술을 좋아하는 나라'를 선정한 결과 중국은 2위에 올랐다. '펍PUB 안에 들어앉은' 영국과 간발의 차이였다.

명·청대 이후에는 백주가 출현해 점차 중국인의 사랑을 받게 되었다. 오늘날 백주는 중국인의 주종목이다. 중국에서 가장 대표성을 띠는 술 역시 백주다. 중국의 술 문화는 곧 백주 문화이다.

중국에 다양한 서양 술이 들어오면서, 많은 사람들이 의문을 품었다. 서양 술이 과연 중국 소비자의 음주 습관을 바꿀 수 있을까? 서양 술이 백주를 대신해 중국인의 주종목이 될 수 있을까?

중국의 백주 문화에 대한 이해도가 남다른 마오타이주창은 이 질문에 대해 "적어도 현재까지 중국백주 문화에는 네 가지 불변이 존재한다"는 말로 대답을 대신한다. 즉, 백주는 중국인들이 감정을 교류하는 매개체라는 점, 중화민족의 문화 상징물 가운데 하나라는 점, 중국인이 각별히 사랑하는 기호품이라는 점, 중국인이 백주를 마시는 것은 전통적 풍속이자 문화적 습관이란 점에 변함이 없다는 것이다

중국인은 왜 그리 술을 마실 일이 많은지, 외국인들은 이해가 잘 안 된다고들 한다. 혼사와 상제 때, 생일을 축하할 때, 새 집을 지었거나 이사했을 때, 친족·친구와 만났거나 헤어질 때 등등…. 어찌 그렇게 크고 작은 일마다 매번 술을 마시냐는 것이다. 그런 질문을

하는 것은 사실 중국의 술 문화를 이해하지 못하기 때문이다. 중국인이 마시는 건 술이지만 그를 통해 표현하는 건 감정이다. 다시 말해 중국인이 술을 마신다는 것은 서로 감정을 표현하는 방식인 것이다. 먼 곳에서 벗이 왔는데 술 없이는 우정을 표현하기에 부족하다. 축하할 일이 생겨 기쁜 날에 술 없이는 행복과 즐거움을 드러내기 부족하다. 장례와 제사 때 술 없이는 슬픔을 씻어내기에 부족하다. 괴로운 일이 닥쳤을 때 술 없이는 쓸쓸함과 근심을 달래기에 부족하다. 일이 잘 풀려 뿌듯할 때 술 없이는 속내를 털어놓기 부족하다. 술을 통해 감정을 전하는 중국인의 소통 방식은 수천 년에 걸쳐 만들어진 것이어서 쉽사리 변하지 않을 것이다.

감정의 표현 이외에도, 중국인은 다양한 문화적 함의를 술에 부여했다. 선진先秦 시기, 술을 마시는 것은 의례儀禮였다. 주례酒醴는 그 시대 가장 엄격한 예절이었다. 술을 마실 때면 특히 연장자에 대한 예우를 중시했다. 가령 술안주만 해도 "60세는 3종류, 70세는 4종류, 80세는 5종류, 90세는 6종류로 한다"는《예기禮記》제45편〈향음주의鄕飮酒義〉기록도 있다. 한무제漢武帝 때는 곡물 절약과 부국강병을 내세워 금주령을 내리고 술에 대해 국가전매제도를 실시했다. 술은 경제 발전 및 국가 부강과도 밀접한 관련이 있었던 것이다.

위진魏晉 시기가 되자 술은 명사들의 풍류거리가 되었다. "배 속에 세 잔이 들어가니 호기가 하늘을 찌르고" "품은 뜻과 기개가 드넓게 펼쳐지니 우주가 좁다"는 식의 멋스러움이 넘쳐났다. 술을 빌려 심회를 표현했던 시인묵객들은 인생에 대한 깨달음과 어지러운 사회에 대한 근심과 역사에 대한 개탄을 술잔 속에 담아 마시고 또 마셨다.

당·송대가 되자 "술 한 잔 다 비우기도 전에 시가 완성되었는데, 하늘 향해 시 읊으니 하늘도 놀란다一杯未盡詩已成 , 誦詩向天天亦驚"(남송 문인 양만리楊萬里(1127~1206년)의 시구-역주)라는 구절에서 보듯, 술은 또다시 창작의 영감을 불러일으키고 사유와 발상을 촉발하는 원천이었다. 당시唐詩, 송사宋詞를 세 수만 읽어도 어김없이 주향酒香을 맡을 수 있다.

명·청대가 되자 술을 마시는 것이 곧 심신수양의 일종으로 받아들여지면서 '주도酒道'가 중시되었다. 술 종류와 등급을 따지고, 술잔과 술병을 감상하고, 벌주놀이를 즐기고, 음주의 도道를 추구하는 등 일상의 음주도 한층 높은 경지를 향했다. 이렇게 독특한 술 문화까지 만들어낸 민족의 음주 풍속과 관습이 그리 쉽게 변하겠는가?

양주는 영원히 백주를 이길 수 없다

중국인의 음주는 뚜렷한 특징이 있다. 백주는 식사와 함께하는 술, 음식에 곁들이는 술이다. 중국인들의 회식엔 반드시 술이 따르고, 술이 없으면 연회는 진정한 연회라 할 수 없다. 술을 혼자 마시는 사람은 드물고, 대부분 술동무를 부르거나 무리를 이루어 마신다. 술을 마실 땐 반드시 안주로 삼을 음식이 있어야 한다. 굳이 거창한 요리까지는 아니어도, 간단한 안줏감은 꼭 있어야 한다. 닭, 오리, 생선, 육류가 제일 좋지만 땅콩, 풋콩도 괜찮다.

잔을 주거니 받거니 하는 사이, 세상천지와 하늘과 바다가 드넓게 열린다. "자기도 모르게 취했다가 또렷이 술 깨는데, 요란한 우레 소리도 들리지 않고 커다란 태산도 보이지 않으며, 추위나 더위가 살갗에 파고드는 느낌도 없고 이익을 탐하는 감정도 느끼지 않는다. 내려다보이는 만물이 마치 장강이나 한수에 뜬 부평초처럼 어지럽다"는 경지에 오르는 것이다.(위진魏晉 시대 시인 유영劉伶의 〈주덕송酒德頌〉 구절 일부이다. 원문 兀然而醉, 豁爾而醒, 靜聽不聞雷霆之聲, 熟視不睹山岳之形, 不覺寒暑之切肌, 利欲之感情. 俯觀萬物, 擾擾焉如江漢之載浮萍.-역주)

중국인의 술자리에서 백주는 영원한 주역이다. 다른 술은 구색 맞추기나 장식에 불과하다. 바나 카페에서 맥주를 한 잔 시킨다거나 잠자리에 들기 전 와인을 한 잔 마시는 것, 독한 술에 과일주스, 탄산수, 콜라, 사이다를 섞어 마시는 등의 방식은 백주를 마시는 방식과 근본적으로 다르며 중국문화에도 어울리지 않는다.

중국에서도 선전, 광저우, 상하이, 베이징 등의 서양색 짙은 도시들이나 고급 호텔, 바, 단란주점, 나이트클럽 같은 서양색 짙은 장소들에선 양주가 팔린다. 주요 소비층은 외국인 여행객, 해외 귀국자, 비즈니스맨, 화이트칼라 계층 및 최신 유행을 쫓는 25~45세의 젊은 세대들이다. 이들의 소비 심리는 서양의 술 문화에 대한 진정한 공감이라기보다는 첨단 트렌드를 쫓는 유행의 일환 정도가 아닐까 싶다. 전부는 아니더라도 상당수의 사람들이 그러하다. 양주는 영원히 중국에서 술의 주류가 될 수 없다. 지존으로 군림하고 있는 백주의 지위를 빼앗는다는 건 생각조차 할 수 없다. 왜냐하면 중국에서 술을 마시는 사람, 술을 좋아하는 사람의 다수가 양주에 익숙하지 않기 때문이다. 그들은 그저 백주가 좋을 따름이다. 그러므로 중국 백주 문화에 '네 가지 불변'이 존재한다는 마오타이주창의 판단은 중국백주 문화를 훤히 꿰뚫은 고찰이라 하겠다.

그렇다고 해서 소비 행태 또한 변함이 없다는 건 아니다. 근래 들어 백주의 소비 행태와 생태계도 크게 달라졌다. 각 대형 주류기업이 직면한 뚜렷한 문제점은 백주 소비자가 높은 연령대에 치우쳐 있다는 것이다. 1950년대생, 1960년대생, 1970년대생이 주요 소비자다. 백주 소비열과 소비량 모두 높은 이 사람들이 전체 백주 소비자의 주력이다. 중국의 도시 거주자를 대상으로 한 조사에 따르면, 매일 백주를 마시는 사람 중 53%가 45세 이상이며, 47%가 45세 이했다. 이 주당들이 나이가 들면 백주 소비량도 줄어든다. 소비시장의 신예부대인 1980년대생, 1990년대생은 전반적으로 백주에 그다지 흥미가 없다. 백주를 마시는 습관이 붙지 않은 이들은 구매량이 적고, 연령이 낮을수록 백주 소비량은 더 떨어진다.

인터넷의 등장 역시 전통 백주업계에 변화를 가져왔다. 인터넷은 전통적 상업과 기존의 밸류체인을 무너뜨리고 경쟁구도를 탈바꿈시켰다. '인터넷 플러스'가 추진되고 백주업체들의 변모가 진행되면서 기회를 잡는 신흥 기업이 나타났다. 본래 컴퓨터 제조업체였던 레노보Lenovo까지 백주 양조업계에 뛰어들었다. 레노보 산하의 펑리엔豐

聯 그룹은 4개 양조기업을 사들여 인터넷과 결합시키고 빠른 속도로 이익을 내는 데 성공했다.

술을 마시는 사람은 당연히 술의 품질을 중시한다. 맛이 좋은지 나쁜지, 숙취가 있는지 없는지 꼼꼼히 따진다. 중요한 행사나 자리에서는 체면도 중시하기 때문에 브랜드와 입소문도 중요한 고려사항이다. 중국인으로서는 양주의 품질에 대해서는 관대하게 넘어간다 해도, 수천 년간 마셔온 백주에는 절대로 그렇게 할 수 없다. 품질도 좋아야 하고, 가격 대비 성능비도 합리적이어야 한다. 마오타이주 등 고급 백주와 달리 부담 없이 마실 수 있는 있는 중간 가격대나 저가의 백주도 수요가 활발한 편이다. 따라서 품질과 가격이 균형을 이루는 신상품 개발은 백주의 필연적 추세이다. 이름난 고급 백주의 품질에 중간 이하의 가격대를 갖추어야만 효과적으로 시장 우위를 점할 수 있다.

마오타이주창의 133 브랜드 전략

마오타이로 이야기를 돌려보자. 매일 술을 몇 잔씩 걸쳐야 직성이 풀리는 주당들이 페이톈 마오타이와 같은 고가품을 날마다 마실 수는 없다. 마오타이주 생산량은 극히 한정되어 있고, 장향형 백주를 선호하는 주당들이라 해도 대부분은 '마오^茅' 자를 향해 한숨을 내쉴 뿐이다. 부유해진 중국에서 절대 다수의 가정이 1년에 마오타이주 한 병쯤 소비하는 것은 얼마든지 가능한 일이다. 하지만 실제로는 그렇게 하지 못한다. 사지 못해서가 아니라 아까워서이다. 술꾼치고 술의 왕 마오타이를 마시는 것을 행복이자 영광으로 여기지 않는 이가 없다. 페이톈 마오타이의 생산량은 앞으로 100년이 지나도 강력한 마오타이주 수요를 충족시키지 못한다. 따라서 등급을 분화시켜 다양한 종류의 마오타이주를 개발하는 것이야말로 소비자들의 제각기 다른 수요를 충족시키는 유일한 방법이다.

마오타이주창은 이 점을 잘 인지하고, 상품 전략의 변화를 시도했다. 주력상품의 생산 규모를 한층 더 늘림과 동시에, 마오타이주 시리즈 제품의 개발에 박차를 가하는 '이륜구동' 전략이다. 이는 다양한 등급으로 분화된 상품으로 마오타이주 애호가의 갈증을 해소하는 시도라 하겠다. 마오타이주창의 중장기 발전 전략에서 내세운 '133 전략'은 다양한 등급의 마오타이주를 개발한다는 계획이다.

'1'은 구이저우마오타이주라는 세계적 핵심 브랜드를 키우는 데 힘을 쏟는 것이다. 세계 증류주 최고의 지위를 확고히 하는 데 그치지 않고 한층 높은 위상을 구축한다. 페이톈 마오타이라는 단일 브랜드가 매출 세계 1위, 브랜드가치 세계 1위의 지위를 굳건히 유지하도록 한다.

첫 번째 '3'은 세 개의 전국구 브랜드인 마오타이왕즈주茅台王子酒와 마오타이잉빈주茅台迎賓酒, 그리고 레이마오賴茅이다. 이 세 상품도 긴 역사를 갖고 있다. 중국에서 술을 판다는 건 스토리를 파는 것이요, 술을 마신다는 건 문화를 마시는 것이다. 귀족적 기품과 전통을 가진 레이마오의 복귀는 백주 시장에 커다란 자극을 주었다.

두 번째 '3'은 지역성을 띤 중점 브랜드, 즉 한장漢醬, 린주仁酒, 구이저우다취貴州大麴의 세 가지이다. 마오타이주창은 손을 댔다 하면 반드시 대작을 만들어낸다. 마오타이주창의 전통적 3대 '장醬'으로 불리는 한장과 런주, 구이저우다취는 이번에 중점 상품이 되어 진두에 서는 중책을 맡았다. 이 제품군의 취지는 각 지방 고유 브랜드의 각축장인 중간가격대 시장에 마오타이의 이름을 달고 침투하는 것이다. 줄곧 고급 상품에 전념했던 기업이 중간가격대 시장으로 진입하는 것은 제조 공정과 인건비 등 생산비 요소를 감안하면 큰 위험부담을 안고 뛰어드는 것이다. 하지만 오랜 전통의 3대 '장'을 앞세울 경우 어느 정도의 안정성이 확보되므로, 중간가격대 시장으로 침투하기 위해 쏟아야 할 힘을 절감할 수 있다.

'133 브랜드 전략'을 실시함으로써 마오타이주창은 중국백주 시장에 복수의 상품라인을 구축했다. 페이텐 마오타이가 선두에서 내달리고, '3마오'가 종횡으로 활약하고, '3장'이 각 지방에 침투하는, 합리적이면서도 타깃 계층이 뚜렷한 상품라인은 소비자층의 다양한 수요를 고려한 것이다. 앞으로는 상점에서 마오타이를 달라고 하면 "어느 마오타이를 원하세요?"라는 질문을 받게 될지도 모른다.

마오타이주창의 영업 비책

상품라인이 달라지면 마케팅 전략도 달라져야 한다. 시대가 달라지면 마케팅 방식도 달라져야 한다. 소비자의 요구가 달라지면 마케팅의 수준도 달라져야 한다. 경쟁 국면이 달라지면 마케팅 모델도 달라져야 한다.

사실 마오타이주창의 마케팅은 줄곧 훌륭했다. 중국 백주기업의 70%는 판매 수입의 20% 이상을 마케팅 비용으로 쓴다. 약 5%의 기업은 마케팅 비용에 50% 가까이를 쏟아 붓는다. 술을 팔아 번 돈의 절반을 술을 파는 데 쓰는 셈이다. 10%가 채 안 되는 기업이 마케팅 비용을 5% 이하로 유지하는데, 마오타이주창이 바로 이 10%에 속한다.

하지만 상품 구도에 큰 변화가 있으니 마케팅 전략도 그에 상응하는 조정을 거칠 필요가 있다. 마케팅 수단부터 마케팅 모델까지, 서비스 의식부터 서비스 품질까지 다 바꾸어야 한다. 많은 사람들이 페이텐 마오타이이 명성은 들어봤어도 실제로 본 적은 거의 없다고 말한다. 평생 그 짙은 향기조차 한 번 못 맡아본 사람도 많다. 페이텐 마오타이는 과거에도, 현재도, 미래에도 소수의 소비자를 만족시킬 수 있을 뿐이다. 일반 가정에서 새해맞이를 하면서 마오타이주 한 병을 마신다는 건 이론적으로야 가능하지만, 이건 페이텐 마오타이가 중점을 두는 마케팅 대상이 아니다. 이는 굳이 감출 필요도 없이 널리 알려진 사실이다. 대신 '3마오'와 '3장'이 대중적 백주 시장을 겨냥한다. 이는 각 지방의 유력 주류 기업들이 힘을 다해 세력을 구축한 영역이다. 사실 이 분야의 마케팅은 마오타이주창의 특기가 아니었다. 열세의 시장에서 어떻게 마오타이주창의 기세와 우월성을 떨칠 것인지, 마오타이주창의 실력에 걸맞는 마케팅 전략을 수립하는 것이 중요하다. 가 대상층에 특화된 맞춤형 마케팅 수단을 찾는 것 또한 매우 중요하다.

마오타이주창의 영업 비책이라고 일컬어지는 '9대 마케팅'은 변화에 부응해 만들어진 것이다. 이에 대해 마오타이그룹 회장 위안런궈는 여러 차례 해설을 한 바 있다.

1. 공학적 마케팅

장향형 백주 소비층을 늘리고 소비 트렌드를 유도한다. 체계적 마케팅 프로젝트로서 브랜드 전략, 문화 전략, 차별화 전략을 지속적으로 시행한다. 마오타이주 및 장향형 백주의 시장점유율을 높이고 영향력과 파급력을 증대시킨다.

2. 문화 마케팅

마오타이 상품이 가진 문화적 배경과 국주國酒 문화의 저력, 브랜드의 우위를 이용한 마케팅 전략이다. 마오타이주 문화에 스토리텔링을 적용하고 장기간 적당량을 마실 때의 건강 증진 효과를 내세운다. 마오타이주의 품질, 공법, 문화, 환경, 신뢰, 사회책임을 홍보한다. 민족브랜드로서의 긍정적 이미지를 구축하고 중국백주의 진취적 에너지를 전파한다. 문화와 브랜드라는 마케팅의 두 축이 조화를 이루도록 하면서, 백주 문화의 해외 진출을 위한 마오타이의 노력과 능력을 강조한다.

3. 이벤트 마케팅

이른바 '편승' 마케팅이다. 정치·경제·사회·문화적으로 중대한 이슈에 적극적으로 참여하고, 이벤트나 각종 회의에 대한 협찬을 활용하여 매스컴, 사회단체, 소비자의 흥미와 관심을 유도한다. 이를 통해 주요 현안에 대한 마오타이주창의 영향력을 확보하고 기업과 상품의 지명도와 명성, 신뢰도를 쌓아 브랜드 이미지를 높인다.

4. 서비스 마케팅

'행동으로 이끌어내는 감동, 초월적 가치의 구현'이라는 서비스 이념을 굳건히 다진다. 꼼꼼한 서비스 체제를 만들고, 서비스 표준화를 이룬다. 업무 흐름을 간명하게 정비하고 물류상의 약점을 보완하며, 사전 서비스와 구매 단계에서의 서비스 및 애프터서비스까지 전 단계에 걸쳐 성실히 이행한다. 고객시스템 관리를 강화하는 동시에 서비스 수준과 능력을 향상시켜 판매를 촉진하고 시장점유율과 만족도를 높인다.

5. 인터넷 마케팅

농부가 정성껏 밭을 일구는 것과 같은 자세로 인터넷 시장을 다져나가야 한다. 각종 판매 경로를 최적화하고, 온라인 판매망을 건실하게 구축한다. 비즈니스 소비와 대중 소비, 가정 소비, 레저 소비, 호텔·음식점 소비와 커뮤니티 소비로 전환을 추구한다. 지방 중소 도시에 영업망을 구축하고 배치를 완성한다.

6. 맞춤형 마케팅

개별 맞춤형 마케팅에 더욱 힘을 들이며, 기존의 것과 차별되는 완전히 새로운 '체험형 마케팅'을 도입한다. 세계 각국의 유명인사와 전국 대형 인터넷 기업을 겨냥한 특별주문 제작상품을 개발한다.

7. 감성 마케팅

진심 어린 고객 서비스를 통해 고객과의 감정적 소통을 강화하고 인간적 우의를 다지며, 이렇게 형성된 친밀감을 판매력으로 전환한다. 계속해서 '팔로워'와 '재구매 고객'을 늘린다.

8. 신뢰 마케팅

'100년 노포, 100년 신뢰'를 강조하고 '4대 신뢰', 즉 품질의 신뢰, 경영의 신뢰, 가격의 신뢰, 추천의 신뢰를 철저히 지킨다. '안심하고 마시는 술' 프로젝트와 무료 감정 행사를 적극 추진하고 '7가지 짝퉁 척결 활동'을 지속하여, 마오타이주의 브랜드 이미지와 100년 노포로서의 황금 간판을 지킨다.

9. 스마트 마케팅

인터넷과 빅데이터 기술을 활용해 온라인과 온프라인의 경계를 허물고, 실물점포부터 인터넷쇼핑까지 모든 채널을 아우를 수 있는 판매방식을 구축한다. 온라인으로 구매하고 오프라인에서 체험하는 방식으로 온·오프라인이 일체화된 마케팅 체인을 마련하고, 소비자의 '첫 1km'부터 '마지막 1km'까지 연결한다. '인터넷+빅데이터'의 영업 모델을 만들고 전국 유명 인터넷쇼핑몰, 주류 판매체인과 협력을 강화한다. '중국제조 2025'(2025년까지 중국의 제조업 경쟁력과 기술 수준을 독일과 일본에 버금가는 수준으로 끌어올리겠다는 중국 정부의 야심찬 전략-역주)와 적극 연동시켜 3~5년 내에 백주업계 최초로 B2B2C와 사물인터넷, 빅데이터 분석, 산업금융 서비스, 소장경매 등이 일체화된 종합플랫폼을 구축한다.

'9대 마케팅'은 점진적으로 갖추어진 것이다. 그중 가장 중요한 것은 '공학적 마케팅'으로, 1990년대 후반에 이미 제기되었다. '스마트 마케팅'은 인터넷 시대에 부응하기 위한 전략이다. 1980년대생, 1990년대생이 서서히 백주 소비자층으로 유입되면서 백주의 인터넷 구매 수요가 증가했다. 온라인 판매량은 해마다 급성장하고 있다. 온라인 구매를 선호하는 젊은 소비자층의 특성에 부응해 마오타이주창이 마련한 '스마트 마케팅'은 무한한 성장 가능성을 겨냥한 것이다.

술을 만드는 기업의 흥망성쇠는 결국 그 술을 마시는 사람의 손에 달려 있다. 자신이 만든 술을 누군가 마셔야만 그 기업은 살아남을 수 있다. 거창해 보이는 '9대 마케팅'도 알고 보면 핵심은 딱 하나, 술을 마시는 사람을 중심에 두고 더 많은 사람이 마오타이를 마시도록 끌어들이는 것이다. 이 하나만 틀어쥔다면 마케팅은 틀림없이 성공한다.

문화 마오타이

마오타이는 술이 아니라 문화다

중국인이 술을 마시는 것은 문화를 마시는 것이다. '하삭河朔의 피서음避暑飮'(소설 삼국지에 나오는 원소袁紹가 술에 취하면 더위를 모르고 지나갈 수 있다며 삼복더위에 술자리를 벌여 밤낮으로 술을 마셨다는 고사에서 유래한 말로 여름철에 피서避暑를 위해 술을 마시는 것을 말한다. 하삭이란 현재의 산시, 허베이, 산둥성 지역이다-역주)이나 '회계산의 유상곡수流觴曲水'(옛 선비들이 흐르는 물에 술잔을 띄우고 술을 마시며 시를 읊는 풍류를 유상곡수라 한다. 중국 동진東晋의 명필 왕희지王羲之가 AD 353년 지금의 저장성 샤오싱紹興에 있는 회계산會稽山 난정蘭亭에서 곡수연을 즐겼다는 기록에서 유래했다-역주)는 모두 술과 관련된 문화다. 시인문객이 주석에서 권커니 잣거니 하는 것도 문화이고,

장사치와 병졸이 술을 놓고 놀이로 내기를 하는 것도 문화이다. 고아한 상품의 술을 마시는 것도 문화이며, 뜻 맞는 사람을 만났다며 싸구려 술을 단숨에 들이키는 것도 문화이다. 문학청년이 술로 영감을 얻는 것도 문화이고 평범한 서민이 술의 힘을 빌려 짜릿한 자극을 찾는 것도 문화이다. 뭐가 어떻든 술을 마시면 그 술 속에 문화의 맛이 있기 마련이다.

술을 마시는 사람이 문화를 마시는 것이라면, 술을 파는 사람은 당연히 문화를 파는 것이다. 그러한 이치를 잘 알고 있는 마오타이 주창은 앞장서서 백주업계에 '문화주文化酒'란 개념을 제안했다. 큰형님 마오타이가 문화주 개념을 제창하자 추종자들이 나타나면서 백주업계에는 갑자기 문화의 꽃이 피어났다. 우량예伍粮液는 고귀함을 팔고 젠난춘劍南春은 경사스러운 기쁨을, 궈자오國窖1573은 역사를, 펀주汾酒는 소장 가치를, 랑주郎酒는 중국 혁명의 전통을, 수이징팡水井坊은 고상함을, 양허洋河는 감흥을, 진류푸金六福는 행운을, 동주董酒는 비전의 양조법을, 구징궁古井貢은 세월을, 루저우라오자오瀘州老窖는 발효조의 오랜 내력을, 주구이酒鬼는 간결하게 글자 한 자, 즉 '醉' 자를 판다. 술을 파는 사람은 술을 마시는 사람의 문화적 요구에 부응하여 자기만의 문화를 차례로 내놓고 있다.

그러나 문화라는 것은 단순히 말로써 되는 것이 아니고, 문패를 내건다고 금세 일이 이뤄지는 것도 아니다. 술 문화를 논하자면, 그것이 품질을 의미하건 숨은 내공을 의미하건 간에 마오타이와 비견할 상대가 없다.

마오타이야말로 문화가 있는 술이며 그 첫째는 유구한 역사다. 간단히 말해 명·청대의 '소방'에서 시작된 유구한 역사가 마오타이의 농염한 술 향기를 빚어낸 것이다. 파나마 만국박람회에서의 금빛 찬란한 수상의 역사는 두말할 나위도 없다. 파나마 만국박람회에서 상을 받은 기업이나 상품은 마오타이 이외에도 그 수가 적지 않고, 중국에도 있다. 하지만 백 년 동안 한결같이 그 영예를 기업의 생명처럼 여기며 가치를 중시해 온 기업은 마오타이뿐이다. 이런 것이 문화가 아니라면 무엇을 문화라 할 수 있단 말인가. 긴 역사가 있어도 이를 전승하지 않고, 역사를 중시하지도 않고, 역사의 가치를 심화시키지 않는다면 그 역사는 단지 종이 한 장의 기록에 지나지 않을 뿐, 문화라고 말할 수 없는 것이다.

마오타이주는 문화가 있는 술이다. 이는 또한 남다른 양조방식에서 비롯된 것이기도 하다. 중국의 백주가 전부 증류주이긴 하지만, 마오타이만의 '구증팔효'와 '삼고삼장'(제2장에서 상세히 기술함-역주)은 나머지 백주와는 비교가 안 되게 복잡한 것이다. 독특한 기술을 계승하고 지키는 것으로서 마오타이는 중국 전통공예의 살아 있는 화석이라 해도 과언이 아니다. 수백 년 동안 뽕밭이 바다가 되는 변화 속에서 마오타이는 공정의 흐름을 개선하고 기술과 설비를 개조하긴 했어도 전통 양조법의 본질은 건드리지 않았다. 따라서 그 속에 깃든 장인의 혼은 예나 지금이나 추호의 변함이 없다.

마오타이주는 문화가 있는 술이다. 술 속에서 인문의 광채가 빛을 발한다. 대장정 때 홍군이 마오타이진에 머물렀던 이야기가 대표적이다. 홍군이 마오타이진에서 술을 마신 것은 불과 사흘 동안이지만 마오타이 사람들의 마음속에는 80년 동안 전해 내려왔다. 홍군에 관련된 스토리와 마오타이의 연원적 빛깔인 '홍색'의 결합은 마오타이만이 보유한 내재적 가치가 되었다. 이는 남들이 흉내낼 수도 없고 빼앗을 수도 없는 것이다. 대장정을 완수한 붉은 군대 홍군, 마오타이 지방의 붉은 토양, 양조 원료인 붉은 고량, 마오타이 병에 묶인 붉은색 리본과 붉은색 상표, 이 모든 것의 조합이 마오타이의 '홍색' 이미지를 만들어냈다.

마오타이주는 문화가 있는 술이다. 또한 권위가 있고 영향력이 있다. 마오타이주는 중국 현대사에서 거의 모든 중요 사건의 목격자이다. 1949년 개국연회의 연회주로 사용된 것에서부터 중·미 데탕트와 중·일 관계 해빙에 이르기까지 역사적 현장을 함께한 외교의 술이었다. 만인이 축배를 들고 기뻐하는 환희의 술이자 출정하는 병사들의 무운을 비는 장행壯行의 술이었다. 1954년 제네바 국제회의에서는 두 개의 '타이' 중 하나로 회의장을 빛낸 우호의 술이었고(제1장 후반부 참조-역주) 1990년대 후반에는 홍콩과 마카오의 주권이 중국으로 반환되어 돌아온 것을 기념하는 축하주였다. 중국이 세계무역기구WTO에 가입하고 올림픽 유치에 성공했을 때는 기쁨을 나누는 술이었고, 우주왕복선 '선저우神舟'가 우주비행에 성공했을 때에는 공적을 기리는 술이었다. 문화의 사절 마오타이주는 때로는 우아한 자태로, 때로는 당당한 위엄으로, 현대 중국의 정치·경제·외교의 수많은 현장을 함께했다.

마오타이주는 문화가 있는 술이다. 친환경 술이자 건강의 술이다. 츠수이허의 원시적 생태와 친환경적인 원료 공급 체계는 녹색 술 마오타이주의 이미지로 연결됐다. 마오타이주가 '마시면 건강해지는 술'이란 슬로건을 내건 것은 한편에서 논란을 불러일으키기도 했지만 마오타이주창이 건강한 음주문화, 선진적인 음주문화를 지향하고 있다는 사실을 반영하는 것임에 틀림이 없다.

술에 문화의 요소가 녹아들어 있는 이상 술을 파는 것 역시 하나의 문화라 할 수 있다. 마오타이는 술을 파는 것에서 문화를 파는 것으로 전환했다. 마오타이주 최대의 가치는 술 그 자체가 아니라 문화에 있다.

백년기업의 나아갈 길

마오타이그룹의 리바오팡 사장은 100년 전통을 계승하고 혁신하는 가운데 화려한 나비로 변신한 마오타이 문화가 함축하고 있는 풍부한 의미를 '주향酒香, 풍정風正, 인화人和'의 6글자로 압축해 표현했다.

'주향'이란 단어는 마오타이에 명성을 안겨준 특징과 품질을 의미한다. 마오타이는 술로 시작해 술로 이름을 날리고, 술로 발전해왔다. 마오타이는 착실하게 좋은 술을 빚는 데만 전심전력을 기울이며 그만의 고유한 역사를 써왔다. 기초를 탄탄히 다져서 경쟁력을 키우고 영향력과 시장 지배력, 리스크에 대비하는 능력을 부단히 쌓아왔다. 이는 흔들림 없이 견지해야 할 입신入身의 기본이다. 본업에 충실하지 못하면 다른 어떤 일도 잘 해낼 수 없는 법이다.

마오타이가 백 년에 걸쳐 아름다운 향기를 발산하고 있는 것은 하늘이 내려준 독보적인 환경의 혜택을 누린 덕택도 있지만 오랜 기간 전통 제조법을 이어 나가기 위한 군건한 의지와 한 치의 흔들림 없는 품질에 대한 집착, 브랜드가치의 추구, 시장 개척에 대한 부단한 노력에 힘입은 바가 크다. 오늘의 마오타이는 그렇게 가꿔온 '주향'을 지키고 그 근간을 더욱 더 튼튼히 다져야 한다. 관건은 역시 품질이다. 한편으로는 술을 빚는 데 더욱 더 절차탁마함으로써 품질을 지키고, 독보적인 맛과 향을 더욱 짙고 그윽하게 다듬어야 한다.

품질을 유지하는 관건은 전통을 지키면서도 혁신을 거듭해나가는 데 있다. 전통의 바탕 위에서 품질을 지키고, 혁신으로 이를 더욱 군혀나가는 것이다. 절차탁마의 장인 정신으로 공정의 전 과정에 임하는 것은 한 획 한 획에 흐트러짐 없어야 '酒'란 글자를 제대로 써 내려갈 수 있는 것과 같다. 그렇게 빚어진 술의 향기는 사람을 매료시킬 수 있다. 다른 한편으로는 브랜드의 명예를 지키는 데 진심진력함으로써 모든 사람이 칭송하는 향기를 전승해 나가야 한다. 브랜드파워를 한 단계 끌어올리는 요체는 브랜드의 매력을 쌓는 것이다. 매력은 안에서부터 밖으로 퍼져 나오는 것이다. 그러기 위해서는 탄탄한 저력과 경쟁력이 필요하고 사람들로 하여금 기꺼이 '좋아요' 버튼을 누를 수 있게 하는 공신력이 필요하다. 요컨대 마오타이의 브랜드 매력은 '내실'에서 나온다는 이야기다.

올바른 바람, 올바른 기풍을 뜻하는 '풍정'은 조직인으로서의 본분을 실천하는 것을 의미한다. 중국인은 자고로 '正', 즉 올바름을 숭상해왔다. 올바름을 고결함을 지키고, 품성을 닦고 수양을 하는 근본으로 삼았다. "물결 잔잔하니 강폭이 넓고 바람이 제 방향이니 돛을 올린다"(원문 潮平兩岸闊, 風正一帆懸. 당唐나라 시인 왕만王灣이 지은 〈차북고산하次北固山下〉라는 제목의 시 구절-역주)는 말처럼, 기업이 번창하는 것도 바른 기풍이 확립되어야 가능하다.

마오타이가 올바른 기풍을 추구하는 것은 '풍조가 맑아지면 기운이 바로잡히고, 기운이 바로잡히면 마음이 단정해지고, 마음이 단정해지면 일이 이루어진다'는 말(시진핑 중국 국가주석이 공직자의 바른 자세를 강조하며 2014년에 한 발언-역주)을 따르는 것이다. 이는 마오타이의 인문적 환경과 생태적 환경을 갖춰 발전을 이루어내는 것을 의미한다. 마오타이그룹은 모두가 한 가족이란 집단의식을 확고히 하고 항상 집단의식의 바탕 위에서 일을 해 나가야 한다. '우리들의 마오타이를 사랑하고 나라를 빛낸다'는 기업정신에 따라 전심전력을 다해 마오타이의 발전을 위해 나아가고, 본연의 업무에 충실해야 한다. 끊임없이 주인의식과 일에 대한 책임을 강화하고 업무에 대해서는 '곧바로 행하고, 제대로 해낸다'는 마음가짐을 가슴속 깊이 새겨야 한다.

마오타이는 중국 백주업계의 선두주자로서, 마땅히 업계 전체의 발전을 위해 새로운 역할과 새로운 공헌을 해야 하며, 모범과 표준이 되어야 하다. 마오타이는 스스로 올바른 기풍을 갖춘 뒤 솔선해서 모범을 보이고 용기 있게 실천함으로써 업계 발전을 주동적으로 이끌어야 한다. 장인 정신을 잃지 않고 기본에 충실함으로써 품질의 최저 기준과 제품 표준을 엄격하게 준수해야 한다. 공정한 경쟁의 룰을 준수하고 성심과 신용을 중시하며 상도덕을 지킴에 있어서도 업계를 이끌어 나갈 책무가 있다. 거시경제가 내리막길을 향하고 업계가 조정 국면에 직면할 때에도 동요하지 말고 냉정하게 대처해야 한다. 개혁으로 혁신하고, 혁신으로 변화를 추동함으로써 에너지와 활력을 끌어올리고 외부의 도전에 적확하게 대처하여 안정적이고 건강한 발전을 이끌어내야 한다. 폭넓은 교류 속에서도 화이부동和而不同의 자세를 잃지 말고, 개방과 포용으로 동종업계의 기업들과 우호협력을 강화하여 모두 함께 번영하는 윈-윈의 관계를 지향해야 한다. 업계의 조화로운 발전을 주도하는 동시에 자기 발전을 위해서도 더욱 힘을 쏟아야 한다.

'인화'는 마오타이가 영리를 추구하는 과정에서 관계를 맺는 모든 사람들을 대하는 기본적 사고방식이다. 중화문명이 생겨난 이래 중국인들은 하늘과 사람이 하나 되는 천인합일天人合一을 강조하고 자연을 존중하며 "무릇 만물은 자연의 조화和를 얻어 생겨나고 자연의 양분養을 얻어 성장한다"(《순자荀子》에 나오는 구절. 원문 萬物各得其和以生, 各得其養以成 -역주)는 생각을 지켜왔다. 마오타이에 관해 말하자면 인화는 투자자와 주주, 소비자, 판매상, 종업원 등 마오타이의 이익에 관련되는 모든 사람, 모든 조직과 조화로운 관계를 맺고 공존·공영하는 것을 말한다.

마오타이는 국유기업인 동시에 상장기업이다. '혁신, 협조, 환경, 개방, 공영'이라는 발전이념을 추구하며 생산과 판촉 등 본업에 힘을 쏟고 금융에도 관심을 기울여 기업의 성장과 규모 확대를 이뤄내는 한편, 질서 있고 건강하며 지속 가능한 발전을 추진해야 한다. 더욱 많은 이익과 효용을 창출해냄으로써 국유자산의 가치 증대를 실현하고, 주주의 이익을 안정적으로 늘려감으로써 투자자 및 주주와의 인화를 달성해야 한다.

마오타이에 대한 세간의 상찬은 품질에 대한 고집에서 비롯된 것인 동시에 객관적이고 공정한 시장의 작용에 의한 것이기도 하다. 마오타이는 시장의 자원 배분 기능을 일관되게 중시해왔다. 시류의 흐름에 맞게 대응하고 낡은 전통적 사고에 대한 집착에서 벗어나 혁신적 수단과 기법을 도입해 마케팅에서 성공을 거두었다. 판매대리상들은 마오타이의 협력 파트너이고 소비자는 마오타이에게 부모와 같은 존재다. 정석에 따라 공개적이고 투명한 방식으로 시장과 소비자에게 정확한 정보를 전달하고 그로써 소비자의 충성을 이끌어내고 강한 확신을 심어줄 수 있어야 한다. 판매대리상들의 지혜와 힘을 모아 합리적 수준의 이익 향상을 도모해야 한다. 폭리는 기대하지도 말고 추구하지도 말 것이며, 일반 서민이 사 마실 수 있는 합리적 가격을 실현해야 한다.

기업의 발전은 궁극적으로 사람에 의해 실현된다. 애사심으로 뭉친 상하가 일치단결하여 착실히 일해 사업을 일으키고 한 배를 탔다는 마음가짐으로 함께 노력해야 한다. 사원의 수입과 회사 이익을 함께 보고 함께 늘려 적정한 비율로 나누는 것이 사원의 기대를 높이고 의욕을 일깨우는 결과로 이어진다. 사람을 핵심으로 삼는 문화와 소프트파워를 신장시켜 제일선에서 일하는 사원들의 의욕을 고취하고 그들이 건강하고 생활을 즐기면서 성취감을 갖고 일하게 해야 한다. 기업가 정신과 장인 정신을 십분 발휘하여 '달인'을 이끌고 '장인'을 밀며 '계승자'를 육성해야 한다. 전략과 시장, 금융, 관리, 빅데이터, 홍보 등의 영역에서 혁신성을 갖춘 뛰어난 인재를 국내외에서 불러들여야 한다. 전통기술을 숙지하고 품질에 대해 신앙에 가까운 믿음을 가진 장인 집단을 육성하여 마오타이 발전을 떠받치는 원동력으로 삼아야 한다.

마오타이주 문화에서 문화 마오타이로

총괄적으로 말해 마오타이의 문화는 '술의 향기'로 일어서고, 올바른 기풍으로 혼을 단련하며 인화로써 일을 성공시키는 것이다.

'주향, 풍정, 인화'의 문화가 함축하고 있는 요소들은 명확하게 마오타이의 전략과 의도를 명확하게 보여준다. 중국 제조업의 상징적 브랜드인 마오타이는 '문화의 술文化酒'을 만들고 있다는 사실에만 만족해서는 안 된다. 마오타이그룹의 선략 방향은 양조 산업 및 업무 일체화, 업무 다원화, 금융 투자 등 4대 분야에서 잠재력과 장점을 활용하고 기존의 발전이념과 전략, 로드맵에 따라 독창적인 발전의 길을 달려 '대大마오타이의 시대'를 개척하는 것이다. 그리하여 마오타이를 강하고 뛰어나며 성장하고 장수하는 기업으로 만들어야 한다. '마오타이주 문화'는 시작에 불과하다. 궁극적으로는 '마오타이주 문화'를 특징으로 하는 '문화 마오타이'를 세상 사람들에게 제시해야 한다(둘의 차이에 대해서는 284페이지에서 설명-역주)

수십 년 동안 중국은 뛰어난 학습능력과 혁신 의지로 자신을 변화시킨 동시에 전 세계에도 영향을 주었다. 산업혁명 이후 세계사의 흐름은 줄곧 서양의 문화가 주도해왔다. 그러나 '강산은 대대로 인재를 배출했고, 각 분야에서 수백 년 동안 독자적인 전통이 이어졌다'고 했다(청나라 문인 조익趙翼의 칠언절구 논시이수論詩二首에 나오는 구절. 원문 江山代有才人出 各領風騷數百年-역주). 고속 경제성장은 중국인의 문화적 자신감에도 크게 영향을 미쳤다. 최근에 일어나고 있는 공자孔子 붐이나 노자老子 붐, 경전 암송 유행이나 서화書畫 유행, 차도, 고古주택, 골동품, 중의학, 전통 보양법 등에 대한 열기는 가히 중국 전통문화의 르네상스라 할 만하며, 중국의 부상과 굴기崛起의 과정에서 중국의 독창적인 문화유산이 중요한 역할을 하고 있음을 보여준다.

중국이 제창한 '일대일로一帶一路' 구상은 결코 경제의 영역에만 한정되는 것이 아니며, 단순한 생산능력의 이동을 뜻하는 것은 더욱 아니다. 2017년 5월 베이징에서 열린 일대일로 국제협력 정상포럼이 공전의 상황을 이룬 것에서도 쉽게 알 수 있듯이 중국은 이미 여러 분야에서 선도적 위치에 올라섰고, 한·당漢唐 시대의 위엄을 되새기는 고속열차에 올라탔다. 중화민족의 부흥을 이루기 위해서는 우선적으로 경제가 강성해지는 것이 필요하지만, 최종적으로는 민족문화가 세계에 영향을 미치는 것으로 판가름된다. 문화의 재再굴기 없이는 진정한 의미에서 중화민족 부흥은 있을 수 없다. 일대일로 경제권의 힘을 빌어 우수한 민족문화를 세계에 전파하고 중국문화를 세계에 진출시켜 영향력을 발휘할 수 있는 시대의 서막을 열기 위한 기본적 조건은 이미 무르익었다.

우수한 민족기업의 사회적 책임은 희망학교에 찬조를 하거나 빈곤층을 돕는 활동에 국한되는 것이 아니라 더 큰 역사적 중임을 맡는 것이다. 지금과 같은 역사의 중요한 갈림길에서 국주國酒 마오타이주창은 중국의 문화사절로서의 역할을 마다해서는 안 된다. 중국의 민족공업을 대표하는 '문화 마오타이'를 만들어내는 것은 시대가 마오타이주창에 부여한 사명이자, 국가와 민족이 마오타이주창에 부여한 책임이다.

오늘날 마오타이주창은 수십 년간 이어진 품질 시대의 연마와 십수 년간 계속된 브랜드 시대의 노력을 거쳐 이루어진 것이다. 국내 경쟁사들을 따돌리고 국경을 넘어 세계 시장에서의 높은 지명도와 명예를 누리게 되었고 국제사회에서도 화제에 오르내리는 일이 빈번하다. 2017년 6월초 WPP와 밀워드브라운Milward Brown사가 발표한 '전 세계에서 가장 가치 있는 브랜드 기업 톱 100'에서 마오타이주창은 브랜드가치 170억 달러의 기업으로 100강에 들어갔다. 브랜드Z가 발표한 '2017 중국 브랜드 랭킹 톱10'에서는 9위에 랭크되었다. 톱10 가운데 유일한 제조업 기업이었다. 마오타이주창은 나라의 종합적인 국력과 민족의 역사, 문화의 후광을 등에 업고 중국 기업을 대표하여 국제무대에 진출할 자격을 완전히 갖추었으며 '중국의 상징'으로서도 전혀 부끄러움이 없다.

'문화 마오타이'는 이전의 '마오타이주 문화'와 다르며 그 기능은 브랜드의 전파와 상품의 세계 시장 진출에만 한정되지 않는다. 문화 마오타이는 하나의 프로젝트이다. 중국문화를 짊어지고 민족적 사명과 사회적 책임을 수행해 나가는 프로젝트다.

민족적인 것은 곧 세계적인 것이다. 중국백주는 독창적이다. 그 독창성으로 인해 '세계적' 문화로 발전할 수 있는 가능성이 크다. 상품으로서의 마오타이는 평화의 함의를 갖고 있다. 마주치는 술잔은 은인과 원수의 구별을 사라지게 한다. 기업으로서의 마오타이는 장인 정신을 대표한다. 보통의 마오타이주는 30가지 큰 공정과 165단계의 세부 공정을 거쳐야 완성된다. 술을 빚는 데 5년의 시간이 걸린다. 브랜드로서의 마오타이주창은 끊임없이 1등을 추구하며 절대적인 '큰 형님'의 지위에 선 지금도 여전히 '5자 정신伍自精神' 즉, 5가지 '스스로 정신'을 강조하고 있다. 이는 스스로 어려운 문제를 만들어내고, 스스로 번거로움을 마다하지 않으며, 스스로 고생하고, 스스로에게 부담을 가하며 스스로 쉬지 않고 노력하는 것을 말한다. 마오타이 문화 속에 존재하는 세계평화에 대한 애호와 장인 정신을 견지하며 1등 품질을 추구하는 것은 실로 문화 마오타이가 추구하는 가치이자, 중국문화의 주요 부분을 대표하는 것이다. 따라서 문화 마오타이는 중국문화가 세계를 향해 나아가는 과정에서 중요한 표지가 될 것이라 말할 수 있다.

필자가 생각하기에 '문화 마오타이' 프로젝트는 적어도 다음과 같은 항목들로부터 우선적으로 실시해 나갈 수 있다.

첫째는 슝안雄安 신도시에 국주박물관을 건설하는 것이다. 국가의 '천년대계'로 입안된 슝안 신도시가 건설되고 나면, 국유기업 본사들이 숲을 이루고 교육·의료·과학기술 관련 기관들이 밀집하게 될 것이다. 중국문화를 대표하는 기구인 '공자학원'도 여기에 본부를 둘 것이다. 세계 각국이 이곳에 대사관이나 영사관을 설치하도록 장려할 것이며, 국제무역센터를 세워 서로 다른 문화가 서로 다른 방식으로 전시하는 것을 장려하게 될 것이다. 마오타이가 슝안에 국주박물관을 세우는 것은 문화적으로 범상치 않은 의미를 갖는다. 국주박물관은 중국인들로 하여금 술 문화가 중국문화에서 차지하는 비중을 다시금 인식하게 만들 것이다. "벗이 왔으니 좋은 술이 있어야 한다"는 중국의 손님 맞이 전통을 전달하고, 슝안에 몰려오는 외국인들이 술 문화를 통해 중국을 깊이 있게 이해하는 데 기여할 것이다. 중국문화의 사절 마오타이는 슝안을 기점으로 일대일로 경로를 따라 중국문화를 전파하는 여정을 떠나게 될 것이다.

두 번째는 일대일로의 경로에 마오타이의 창구 역할을 하는 기구를 창설하는 것이다. 일대일로 프로젝트의 진행에 따라 일대일보 연선에 위치한 각국 주요 도시는 그 나라의 정치·경제 중심으로서의 기능뿐 아니라 각국 문화 교류의 요충지 역할을 하게 될 것이다. 마오타이는 일대일로 연선상의 주요 국제공항에 전문매장을 개설하고 중국문화 전시와 선전·보급의 중요 창구로 삼고, 일대일로 경로를 중국문화 전파의 고속도로로 삼아야 한다.

세 번째는 마오타이의 이름으로 '세계 장인상'을 창설하는 것이다. 그 목적은 장인 정신, 특히 식품업계의 장인 정신을 널리 전파하는 것이다. '마오타이 세계 장인 기금'을 설립하고 권위 있는 제3자기관에 운영을 위탁하여 전 세계 언론의 투명하고 공정한 직접 투표로 매년 한 차례 '마오타이 세계 장인상' 수상자를 뽑는 것이다. 세계 각지의 식품업계로부터 후보자를 추천받아 장인 정신을 구현한 수상자 세 사람을 뽑는다.

네 번째는 '동방삼보東方三寶'의 재정의이다. 국제적으로 권위 있는 브랜드 및 문화기구, 미디어, 학술단체가 공동으로 동방삼보를 선정하고 결과를 발표하는 것이다. 동방삼보는 잠정적으로 구이저우의 마오타이와 징더전景德鎭의 자기(역자주), 항저우杭州 시후西湖의 룽징차龍井茶로 한다. 항저우시, 징더전시의 자원과 역량을 결합하여 전담 조직을 만들고 공동으로 동방삼보를 새로이 정의하고 대외적으로 전파한다. 담장 안에 핀 꽃의 향기가 밖으로 퍼져나가면 그 향기는 다시 안으로 되돌아오는 법이다. 해외의 인터넷매체나 SNS 등의 힘으로 민간에서 유행을 일으키고 사회적 영향을 만들어낸 뒤 다시 그 소식을 중국 국내로 역수입해 전파한다. 주요 국내 언론과 영향력 있는 뉴미디어나 블로그가 함께 호응하면 뜨거운 반향과 함께 성공할 수 있을 것이다.

문화 마오타이는 일개 기업의 활동일 뿐 아니라 중국의 술을 대표하고 중국의 민족 공업을 대표하는 활동이기도 하다. 따라서 문화 마오타이 창건에는 국제성과 독창성이 필수 요소이다. 전 세계를 시야에 두고 중국의 꿈中國夢, 즉 중화민족의 위대한 부흥을 실현한다는 전략적 배경 아래 걸출한 제조업 기업인 마오타이주창을 중국의 상징으로 내세우고, 국제무대에서 마오타이의 장점과 독자성을 발현하도록 해야 한다. 모두가 알고 있듯, 마오타이주는 복제가 불가능한 상품이다. 다른 사람이 하지 않는 일을 하기 때문에 혼자만의 깃발을 높이 들 수 있다. 다른 사람이 할 수 없는 일을 하기 때문에 바위를 깨뜨리고 하늘을 놀라게 할 수 있다. 문화 마오타이는 마오타이의 문화적 특징과 품위를 발현하는 것일 뿐 아니라 마오타이주창에 부여된 역사적 책임과 역할을 구현하는 것이어야 한다.

국주國酒

마오쩌둥이 선택한 지존의 연회주

마오타이주는 나라의 술, 국주國酒이다. 사람들의 마음속에 확고 부동한 이미지가 새겨져 있다. 국주 마오타이의 지위는 스스로 자처한 것이 아니요, 한순간에 이루어진 것도 아니다. 백여 년의 역사를 거치며 필연적으로 만들어진 결과이다.

1915년 파나마 만국박람회에서의 금상 수상은 마오타이주가 훗날 국주가 되는 토대를 닦았다. 20세기 초 중국은 가난하고 약한 나라였다. 실크, 도자기, 찻잎 등의 전통적 수출품 말고는 세계에 알릴 만한 제품이 거의 없었다. 마오타이는 나라가 곤궁했던 시절, 깊은 산에서 단번에 혈로를 뚫고 나가 일약 유명해졌고, 중국 제품이 세계로 진출하는 큰 문을 열었다. 이 한 가지만으로도 마오타이주는 중국백주의 대표, 나아가 중국 민족을 대표하는 상품이 될 자격이 충분하다.

1949년 10월 1일, 마오타이주는 베이징호텔에서 거행된 건국 축하연의 대표 연회주로 선정됨으로써 국주로서의 기초를 확고히 했다. 그 후로도 매년 건국기념일 공식연회의 지정주로 쓰이고 있다. 또한 중대한 정치·경제·문화 행사 때마다 마오타이주가 등장해 자리를 빛낸다. 마오타이주를 국가 연회 전용주라고 해도 좋을 것이다.

마오타이주는 중화민족을 대표하는 상품으로서 신중국의 외교 업무에도 큰 공을 세웠다. 마오쩌둥毛澤東은 북한 지도자 김일성, 베트남 지도자 호치민, 소련 지도자 후루시초프 등 해외 귀빈을 마오타이주로 접대했다. 마오타이주창에는 지금도 마오쩌둥이 외국VIP들과 술잔을 부딪치는 사진이 소중히 보존되어 있다. 1954년 스위스 제네바 국제회의에 참석한 저우언라이周恩來가 중국대표단 주최 공식연회에서 내놓은 술도 마오타이주였다. 1972년 마오쩌둥과 저우언라이는 중·미 관계 개선을 위해 방중한 닉슨을 마오타이주로 환대했다. 같은 해 9월, 일본 수상 다나카 가쿠에이田中角榮의 방중 기간 내내 중국 지도자들과 함께 마신 술도 마오타이주였다.

덩샤오핑鄧小平 또한 1984년 12월, 홍콩 반환을 약속한 중국과 영국 간의 역사적인 공동성명을 발표한 뒤 열린 연회에서 마오타이주로 '철의 여인' 대처를 접대했다. 2년 후, 덩샤오핑은 베이징 댜오위타이釣魚臺 국빈관에서 중국을 첫 방문한 영국 여왕 엘리자베스 2세를 환대하면서 개인적으로 20여 년간 소장했던 마오타이주를 내놓왔다. 마오타이주가 갖는 의미와 무게를 단적으로 보여주는 예라 할 것이다.

　중국의 외교무대에서 마오타이주는 중국백주의 상징이자 대표다. 외교 현장에 등장하는 횟수가 늘어날 때마다 마오타이주의 명성은 자연히 더욱 높아졌고, 국주로서의 지위도 갈수록 확고해졌다.

　마오타이주가 국주로 인식되기 시작한 것은 중화인민공화국의 초대 총리 저우언라이와 관계가 깊다. 저우언라이가 1935년 대장정 때 홍군과 함께 마오타이진에 도착했을 때 마오타이주를 처음으로 마셨다는 이야기가 사실인지 여부는 아직 역사적 고증을 거치지 못했다. 그러나 분명한 것은 이때 저우언라이의 뇌리에 마오타이주가 깊이 새겨졌고, 술을 좋아하는 사람으로서 잊히지 않는 기억이 되었다는 점이다. 이후 여러 상황에서 저우언라이는 마오타이주를 적극 추천했고, 마오타이주는 국주로서 지존의 자리를 차지하게 되었다. 건국 축하연의 대표 연회주로 마오타이를 강력히 추천한 것도 저우언라이였다. 1950년 건국 기념 공식연회 때는 저우언라이가 직접 구이저우로 전화를 걸어 마오타이주를 조달했다.

　예로부터 마오타이주와 펀주汾酒는 경쟁 관계였다. 누가 앞서고 누가 뒤따르는지, 누가 스승이고 누가 제자인지 다툼이 끊이지 않았다. 1963년의 어느 전국 규모 회의에서 저우언라이는 이 다툼의 종지부를 찍으며 말하기를, 마오타이주의 향형香型과 양조법은 펀주와 완전히 똑같으며 이 둘 사이에 사제관계는 존재하진 않지만, 굳이 선후를 논하자면 마오타이주가 먼저라고 했다. 츠수이허 상류에 화학공장 건설을 금지하여 마오타이주 생산용수 확보 문제를 해결한 것도 본디 저우언라이의 지시에서 나왔다. 저우언라이가 없었다면 마오타이의 오늘은 없었다고 할 수 있을 것이다. 마오타이 역시 저우언라이를 줄곧 '국주의 아버지'로 받들고 있다. 마오타이주창 본부 앞 광장, 가장 눈에 잘 띄는 곳에는 장쑤江蘇성 후이안淮安시 정부가 보낸 저우언라이의 동상이 세워져 있다. 후이안은 저우언라이의 출생지다.

전국평주회가 인정한 최고의 품질

신중국의 역대 술 품평회에서 마오타이주는 거의 매번 1위를 차지했다. 이 역시 마오타이주가 국주가 되는 중요한 계기였다.

제1차 전국평주회는 1952년 베이징에서 열렸다. 당시 전국 양조업계는 정체기에서 회복 중인 상태였다. 본래 관료가 경영하던 양조업체가 몰수되어 공유화된 소수의 경우를 제외하면, 대다수의 양조장은 민간이 경영하고 있었다. 술 생산과 관리를 담당한 중국전매사업공사는 사전에 정해진 선발 조건에 근거해 전국의 백주, 황주, 과실주, 포도주 103종을 모았다. 이 평주회를 지휘한 전문가 주메이朱梅와 신하이팅辛海庭은 베이징시험창(현재의 베이징 양주총창 北京釀酒總廠) 연구실의 화학실험 분석 결과를 종합해 전국 명주 8종을 발표했는데, 그중 백주는 마오타이주, 펀주, 루저우다취주, 시펑주의 4종이었다. 이 평주회는 중국 주류 품평의 새로운 장을 열었고, 8대 명주 선정 결과는 중국 주류업계의 기본 틀을 확립했다. 만인의 기대를 한 몸에 받은 마오타이주는 품질과 독창적 제조 기법, 유구한 역사, 높은 평판 등으로 백주 부문 1위에 올랐다.

제2차 전국평주회는 제1차 평주회 개최 이후 11년만인 1963년 10월, 역시 베이징에서 경공업부 주관으로 열렸다. 전국 27개 성, 시, 자치구에서 백주, 황주, 포도주, 맥주, 과실주 등 5개 분야에 총 196종의 술이 출품되었다. 백주계의 태두 저우헝강周恒剛 명장이 평주회 총괄 전문가를 맡았다. 2차 평주회에서는 전국 명주 18종, 우량주 27종이 선정되었는데, 그중 백주는 8종으로 우량예, 구징궁주, 루저우야오자오터취, 취안싱다취주, 마오타이주, 시펑주, 펀주, 둥주이다. 이때는 아직 백주의 향형 이론이 성숙되지 않았고, 배합(블랜딩) 명인 리싱파가 한창 장향주의 3가지 전형주체典型酒體(제3장 초반부 참조-역주)에 대해 한창 비교분석을 하던 중이었다.

따라서 이 당시의 평가 및 선정 과정에는 백주의 상이한 향형 구분이 없었기 때문에 결과적으로 향기가 짙은 쪽이 우위를 점했고, 훗날 농향형으로 불릴 백주들이 승리를 싹쓸이했다. 반면 향기가 상대적으로 약한 청향형이나 장향형 백주는 비교적 낮은 점수를 받았다. 제1차 평주회에서 4대 유명 백주에 들었던 마오타이주, 시펑주, 펀주 모두 이런 이유로 순위가 처지게 되었다. 이는 역대 평주회 사상 유일하게 마오타이주가 1위를 차지하지 못했던 때이기도 하다. 2년 후 리싱파와 지커량의 장향주 3종 전형주체 발견을 시작으로 백주의 향형이론이 세상에 퍼졌고, 마오타이주는 중국명주 1위의 자리를 다시는 놓치지 않았다.

　제3차 전국평주회는 개혁개방 이후인 1979년 8월에 풍광이 수려한 해변도시 다롄大連에서 거행되었다. 제2차 평주회 이후 13년만이었으며 이번에도 경공업부가 주관했다. 앞서 열린 제1, 2차와 비교해 3차 평주회는 몇 가지 크게 주목할 만한 점들이 있었다. 첫째, 9개 항 100여 개조에 달하는 〈제3차 전국평주회 평주방법〉을 제정해 표준적이고 명확한 평주 기준을 제시했다. 둘째, 백주를 장향, 농향, 청향, 미향, 기타향의 5개 향형으로 분류해 따로 평가함으로써 중국백주의 향형 분류를 한층 더 확고히 했다. 셋째, 평주위원의 진용이 대단했다. 평주회를 총괄한 저우항강과 경자오린耿兆林 외에도 평주위원 65명이 있었으며, 그중 백주 평주위원은 22명이었다. 소수의 특별초빙 위원을 제외한 대다수 전문가들은 철저한 심사를 거쳐 평주위원으로 임명된 사람들이었다.

　제3차 평주회에서는 전국 명주 18종, 우량주 47종이 선정되었으며, 그중 백주는 8종으로 마오타이주, 펀주, 우량예, 젠난춘, 구징궁, 양허다취, 동주, 루저우라오자오터주였다. 13년이 지나는 동안 8대 명주 순위에도 변동이 생겨, 마오타이주는 1위를 되찾았고, 양허다취가 급부상했으며 시펑주는 쇠락했다. 농향형 백주의 강세는 여전했다. 충분한 준비 과정을 거친 제3차 평주회는 치밀한 조직과 과학적이고 합리적인 판정으로 사람들의 신뢰를 얻었다. 중국 주류 품평 역사의 이정표라 부를 만하다.

　제4차와 제5차 전국평주회는 중국식품공업협회 주최로 각각

1984년 타이위안太原, 1989년 허페이合肥에서 거행되었다. 두 번의 평주회 모두 마오타이주가 아무런 이변 없이 백주류 1위를 차지했다. 제4차 이후로는 브랜드에 대한 인식이 높아진 것에 발맞춰 모든 주류가 브랜드별 출품 방식으로 바뀌었다. 두 번의 평주회에서 금상을 차지한 마오타이주는 국내외에 명성이 드높은 페이톈 마오타이였다.

1990년대 이후, 중국 경제의 급속한 발전과 함께 대형 주류회사들은 시장경제라는 도도한 물결을 타고 개혁과 경영 독립을 추진했다. 경영 손익은 개별 기업이 스스로 책임을 지게 되었고, 기업 평가의 기준은 판매량과 매출이익, 순이익 등의 잣대로 재빨리 바뀌었다. 상대적으로 전국평주회의 실질적 가치는 떨어지기 시작했다. 경공업부는 '중국명주'의 권위를 보호하기 위해 전국평주회를 중지한다는 결단을 내렸다. 이에 따라 1989년 제5차 평주회가 결과적으로 '피날레'를 장식한 격이 되었다. 하지만 역대 평주회가 선정한 '중국명주'의 개념은 사람들의 의식에 깊이 새겨져 후발주자가 넘어서기 어려운 큰 산이 되었다.

코냑, 위스키와 어깨를 나란히 하는 세계 3대 증류주

제1차 평주회에서 8대 명주에 선정된 4종의 백주 가운데 마오타이주, 루저우라오자오, 펀주는 5회 연속, 시펑주는 4회 연속으로 '중국명주'의 호칭을 획득했다. 제1차 평주회의 권위와 가치를 보여주는 대목이라 하겠다. 총 5회의 평주회에서 네 차례 1위를 차지한 마오타이주는 의심의 여지 없는 백주의 대표다. 마오타이주를 '국주'라 부르는 데에는 어떤 이견도 있을 수 없다.

누구나 쉽게 차지할 수 없는 '국주'의 명예를 마오타이 사람들은 몹시 소중히 여겼고, 한껏 그 영예를 즐겼다. 그들은 자랑스럽고 위풍당당하게 홍보한다. "국주를 마시러 마오타이로 오세요!"

마오타이주의 '국주' 칭호는 해외에서 명성을 쌓는 데에도 공헌이 컸다. 파나마 만국박람회 금상 이야기는 지금까지 귀에 못이 박히도록 했으니 더 이상 반복할 필요가 없을 것이다. 다른 중국백주가 해외에 알려지지 않았던 1940년대에, 마오타이주의 전신인 '레이마오'는 이미 해외에서 판매되고 있었으며 실적도 양호했다. 1953년, 설립된 지 단 2년 만에 마오타이주창은 홍콩을 교두보 삼아 동남아로 진출했다. 몇십 년간 마오타이주창은 해외시장을 탄탄히 다지면서 수익과 명성을 모두 얻었다. 중국백주는 수천·수만 종류가 있으며, 명주로 불리는 술 또한 수십 종류에 달한다. 하지만 해외에선 딱 두 종류로만 통한다. 마오타이, 그리고 마오타이가 아닌 것들이다.

현재 마오타이주창은 전 세계에 94개 판매대리상을 두고 있으며, 직접 출하하는 국가(지역)는 63곳에 이른다. 오대양 육대주의 주요 면세점에는 어김없이 마오타이 상품이 진출해 있다. 해외시장 영업 판매망도 날로 완벽해지고 있다. 2016년, 마오타이주 해외 판매량은 1721.03톤에 달했다. 수출에 의한 외화 수입은 전년 동기 대비 50% 증가한 3.14억 달러이다. 이는 중국백주로 이룬 외화 수입 총액의 4분의 3이며, 다른 백주 브랜드와는 비교가 안 되는 수치다. 최근 5년간 마오타이주창은 해외시장에서 연평균 15% 이상의 성장을 실현했고, 2020년에는 마오타이주 총판매량 중 10% 이상을 해외 판매로 달성할 계획이다. 해외시장의 주요 타깃 역시 화교 등 중국계 위주에서 서양인들을 대상으로 하는 주류主流 시장으로 전환할 계획이다.

2015년 11월, 마오타이주는 샌프란시스코에서 '세계에 향기를 퍼뜨린 100년'을 주제로 파나마 만국박람회 금상 수상 100주년 기념행사를 개최했다. 샌프란시스코 시장 리멍시엔李孟賢은 이 행사에 참석해 매년 11월 12일을 샌프란시스코의 '마오타이 데이'로 정한다고 선언했다. 미국의 도시에서 중국 기업에 이런 영예가 주어진 것은 극히 이례적인 일이다. 비즈니스 활동이 밀집한 도시이자 각종 첨단산업이 발달한 샌프란시스코는 세계 최정상급 브랜드의 각축전이 가장 치열한 곳이다. 도시 곳곳에 일류 브랜드의 광고판이 즐비하고 유통 속도도 빠르다. 마오타이가 이곳에서 성대하게 100주년 기념행사를 열었다는 것은 세계 최정상 브랜드가 되었다는 자신감의 표현이며, 국제적 영향력이 적어도 중국의 백주기업 중에서는 능가할 곳이 없다는 뜻이기도 하다.

중국정부가 '일대일로一帶一路'를 내세우자, 마오타이주창은 즉각 그 일대일로 경로상에 있는 나라들을 상대로 포석을 닦았다. 2015년에 모스크바와 밀라노에서 홍보 활동을 펼친 데 이어, 2016년 연말에 다시 함부르크에서 '일대일로 마오타이'를 소개하는 행사를 열었다. 마오타이는 일대일로 연선국가의 시장수요에 대한 조사 결과를 바탕으로 '일대일로 마오타이 기념주'를 개발해 함부르크에서부터 정식 판매에 들어간 것이다. 현재 마오타이주는 이미 26개 일대일로 연선국가에 진출했으며, 그 판매량은 전 세계 총판매량의 18.91%에 달한다. 그중 ASEAN(동남아국가연합) 내 판매량이 연선국가 총판매량의 71.11%를 차지한다. 중앙유럽과 동유럽에서도 만족스러운 결과를 거두고 있다. 리투아니아, 벨라루스, 우크라이나에 판매대리상을 새로 두었으며, 판매량은 전년 동기 대비 90% 가까이 증가했다. 이전까지 마오타이주가 브랜드 영향력으로 주요 해외시장에서 꾸준히 인정받고 있었다고 한다면, '일대일로' 구상은 마오타이주를 둘러싸고 있던 담장을 훌쩍 넘어 해외 진출의 날개를 달아준 격이라고 하겠다. 나아가 세계시장에서의 경쟁에 더욱 적극적으로 참여하기 위한 창구를 나라가 열어준 셈이다.

프랑스 코냑, 영국 스카치위스키와 어깨를 나란히 하는 세계 3대 증류주 중 하나로서, 마오타이주는 지금까지 해외에서 무수히 많은 상을 수상했으며 그 브랜드가치는 줄곧 상승일로에 있다. 세계적으로 가장 권위 있는 브랜드 평가기구 브랜드 파이낸스Brand Finance의 보고에 의하면, 마오타이주는 2015년에 10년 연속 1위를 지키던 조니워커Johnnie Walker 위스키를 제치고 세계 최고 명수 브랜드로 등극했다. 브랜드 파이낸스가 발표한 2017년 전 세계 증류주 브랜드가치 50위 순위표에서도 마오타이주는 브랜드가치 115.48억 미국달러로 1위 자리를 지켰다.

마오타이주는 중국의 외진 지역에서 양조되는 고高알코올 농도의 증류주로, 여러 세대에 걸쳐 완성된 품질과 100년 이상의 문화적 숙성을 거쳐 마침내 중국 전통 제조업의 상징적 브랜드가 되었고, 또한 전 세계에 향기가 퍼지는 국가적 명품이 되었다. 마오타이주는 중국의 명실상부한 '국주'로서 부족함이 전혀 없다.

컬렉션 시장의
총아

명품의 세 가지 자격 요건

술은 마시라고 있는 것이다. 하지만 명주가 되면 이야기가 달라진다. 명주를 마시는 것은 그 현실적 가치를 실현한 것으로 그친다. 명주에는 마셔서 맛을 보는 것 말고도 투자 대상으로서의 가치가 있다. 많은 사람들이 명주를 사들여 쌓아두고 가격이 오르기를 기다리면서 이것을 일종의 투자로 여기고 있다. 명주에는 또한 문화적 가치도 있는데, 이 문화적 가치를 실현하는 방식이 바로 컬렉션收藏이다. 실제 사용도 가능하고, 투자 대상도 되며 컬렉션 품목도 될 수 있는 상품이 있다면, 의심할 여지없이 진귀한 명품이다. 그리고 이 세 가지 가치를 모두 갖춘 술이 있다면, 당연히 명주 중의 명주로 인정받을 것이다.

마오타이주가 바로 그런 술이다. 마오타이주는 마시는 술이다. 손에 잔을 들면 향기가 코를 가득 채우고, 고개 숙여 한 모금 삼키면 여운이 끝없이 이어진다. 마오타이주는 투자가치가 있다. 마오타이주는 시장공급량이 제한된 희소상품으로, 오랜 세월에 걸쳐 가격이 오를 때는 크게 오르고 내릴 때는 그 폭이 작았다. 가치가 분명히 보장되어 있고 가격이 더 상승할 여지가 많은 까닭에 담보물로 쓰이는 경우도 있을 정도다. 마오타이주는 수집하고 소장하는 컬렉션의 타깃이다. 문화적으로 격조가 높고 고상하며 제조 기법상 뚜렷한 특징이 있다. 세계적으로 잘 알려진 브랜드로서 주류 세계에서 그 지위를 따를 자가 없다. 무엇보다도 중요한 사실은 장향주인 까닭에 오래 두면 둘수록 품질이 더 좋아진다는 것이다.

따라서 마오타이주는 마시거나 투자하는 용도 외에도 컬렉션계의 총아로 각광을 받고 있다. 지존의 '국주'가 된 후로 수많은 수집가들이 마오타이주를 놓고 경쟁을 벌였고, 그 소장가치는 갈수록 높아지고 있다.

일반적으로 마오타이주를 소장하겠다는 의지만 있다면 손에 넣을 방법은 없지 않다. 페이톈 마오타이와 우싱 마오타이는 어느 시기의 제품이건 컬렉션으로서 가치가 있다.

마오타이주 출하 시기로 구분을 한다면 당연히 오래된 수장품일수록 가치가 높다. 장향주에서 중요한 건 결국 숙성 저장 기간인데, 저장 기간이 길수록 잘 숙성된 것이고 가격도 올라간다. 장향주형이라는 마오타이주 특성상, 몇 년산인지가 소장가치의 판단기준으로 항상 중요하게 작용한다. 하지만 50년산, 80년산처럼 너무 오래된 경우라면 수집품으로만 취급할 뿐, 실제로 마시지는 못한다. 그래도 굳이 마시겠다면 반드시 새로이 배합(블랜딩·勾調)을 해야 한다. 바둑 명인 녜웨이핑聶衛平(1952년~)은 1920년대에 생산된 '절판絕版' 마오타이주를 한 병 소장하고 있었다. 1985년에 후야오방胡耀邦으로부터 선물받은 것으로, 좀처럼 보기 드문 보물이라 하겠다. 2001년, 녜웨이핑은 중국 남자축구팀의 월드컵 본선 진출을 축하하며 이 마오타이주를 마시기로 마음먹었다. 이를 실천하기 위해 그는 구조대사勾調大師 지커량에게 베이징으로 와서 새로 배합해줄 것을 특별히 요청해야 했다.

마오타이주 컬렉션은 통상적으로 신중국 성립 초기, '문혁' 시기, 개혁개방기, 고도성장기의 네 시기로 구분한다. 시기적으로 앞설수록 소장가치가 높아진다. 같은 시기라도 연산이 다르면 소장가치도 다르다. 컬렉션 세계에서 만고불변의 진리는 휘귀할수록 비싸다는 것이다. 따라서 자금력이 튼튼하고 술 관련 지식도 풍부한 수집가는 수량이 적게 남아 있는 품종을 타깃으로 삼는 경우가 많다. 그중에서도 1950~60년대에 생산된 도기陶器병 속에 든 마오타이주가 으뜸이다. 가치는 100만 위안 이상이며, 상승률도 매우 가파르다. 일반 수집가들에게는 1980년대의 페이톈 마오타이나 우싱 마오타이가 무난하다.

마오타이주는 상표에 따라 진룬, 우싱, 페이톈, 쿠이화로 나뉜다. 진룬은 우싱의 전신이다. 상표도안은 동일한데 명칭만 바뀌었다. 진룬 마오타이는 수량이 많지 않아 상당히 진귀하다. 우싱 마오타이는 중국 내에서 줄곧 판매되었기 때문에 제법 많이 남아 있는 편이다. 1966년 7월에 우싱으로 상표가 바뀔 때 '삼대혁명운동 전개'라는 문구가 병 후면에 붙여졌다가 1982년 말에 폐지되었다. 이 후면 라벨이 붙은 마오타이주는 시대적 특성이 짙기 때문에 기본적인 컬렉션 대상이 되었다.

1959년부터 생산되기 시작한 페이톈 마오타이는 줄곧 해외 판매용 브랜드였다. 당시 생산량이 많지 않았기 때문에 현존 수량이 매우 적을 수밖에 없다. 적어도 이론적으로는 그렇다. 하지만 실제로는 페이톈 마오타이의 가격에 상당히 불리한 영향을 끼친 요인이 있다. 1976년부터 2006년 사이에 나온 페이톈 마오타이의 경우 병 자체에는 생산일자 표기가 없고 포장상자에만 출고일자가 붙어 있다는 점이다. 이 시기의 페이톈 마오타이가 온전히 상자 포장 그대로 남아 있다면 매우 높은 가격대를 형성할 것임에 틀림없다.

쿠이화마오타이 역시 시대의 산물이다. '페이톈' 상표가 '사구四舊'(구사상舊思想, 구문화舊文化, 구풍속舊風俗, 구습관舊習慣을 가리킨다. 1966년부터 약 10년간 계속된 문화대혁명 시기에 '사구'는 타도의 대상으로 매도되었다-역주)에 속한다는 혐의를 받아 폐기된 후, 대체상표 '쿠이화'가 해외에서 판매되었다. 쿠이화는 1967년부터 사용되기 시작해 1975년 2월까지 사용되었다. 쿠이화 마오타이가 존재한 기간이 길지 않았고, '홍색紅色'과 연관된 이미지로 인해 수출량도 많지도 않아(홍색은 중국공산당의 상징 색깔이다. 쿠이화 상표가 사용된 시기가 문화대혁명 시기와 거의 일치하는데, 문혁에 대한 해외에서의 부정적 이미지로 해외 수출량이 많지 않았다-역주) 남아 있는 수량이 대단히 적다. 따라서 수집가들 사이에 경쟁이 치열한 품목이 되었고, 가격은 1970년대의 페이텐 마오타이보다 높다.

1978년에 창고를 정리하던 직원이 3년간 방치돼 있던 '쿠이화' 라벨 25만 8,000장을 발견했다. 절약 정신이 강했던 마오타이는 이 라벨을 그해 내수용 제품의 포장에 쓰기로 했다. 대신 뒷면에 당시 내수용 마오타이 병에 붙이던 '삼대혁명'을 넣었다. 이렇게 나온 쿠이화마오타이를 그래서 속칭 '삼대혁명 쿠이화' 혹은 더 줄여서 '삼대쿠이화'라고 한다. '삼대 쿠이화'는 마오타이 역사에서 매우 특수한 존재로, 시대성이 강하고 의미가 남다른 데다 수량도 극히 제한되어 있어 수집 가치가 높다. 컬렉터들 사이에 거래되는 가격은 같은 해에 생산된 우싱 마오타이나 페이텐 마오타이보다 훨씬 높다. 1978년산 우싱 마오타이의 현재가치는 5만 위안 정도인데 '삼대 쿠이화'의 현재가치는 10만 위안 이상이다.

그밖에 '기념주'라는 컬렉션 장르가 있다. 전적으로 컬렉션 용도로 만들어진 것으로, 독특한 격조와 문화적 색채를 띠는 상품이다. 기념주는 역사적 중대 사건과도 밀접한 관계가 있는데, 매번 한정 수량만 발매되기 때문에 마오타이 수집가늘이 늘 간설히 탐내는 품목이다.

마오타이 기념주는 두 종류가 있다. 하나는 마오타이가 공식적으로 발매하는 경축 기념주다. 예컨대 홍콩 반환 기념주, 마카오 반환 기념주, 건국일 기념주 등이다. 고급스러운 느낌의 특별제작 패키지에 들어 있어 수집가들의 마음을 빼앗는다. 다른 하나는 지정 기념주로, 예컨대 건군 70주년 기념주, 인민대회당 건립 50주년 기념주 등이다. 대부분 보통의 마오타이주에 관련 글자만 몇 개 추가한 형태이며, 종류가 많고 분류도 복잡해서 소장가치는 보통의 마오타이주와 크게 다르지 않다.

기념주 중에서는 특히 '전前 3대사건'과 '후後 3대사건'의 기념주 6종이 컬렉터들 사이에 높은 평가를 받는다. '전 3대사건'은 각각 1997년 홍콩 반환, 1999년 마카오 반환, 같은 해 10월 건국 50주년 경축대전을 기념하는 마오타이주다. '후 3대사건'은 북경올림픽 유치 성공과 중국남자축구 국가대표 월드컵 본선 진출, 중국 WTO 가입 기념 마오타이주로 모두 2001년에 발매되었다. 이러한 기념주는 중대한 역사적 사건과 관련이 있고 한정량만 생산되었으며 패키지 디자인이 뛰어나고 주령도 이미 20년 가까이 되었기 때문에 소장가치가 매우 높다. 또 연산이 더 오래된 마오타이에 비해 상대적으로 진품율이 높아 수집하기에 유리하다. 컬렉션계에서는 수집가들의 수요에 부응하는 진위 감정 기술이 확립되어 있다.

6종 기념주 가운데 가장 진귀한 것은 1997년 홍콩 반환 기념 마오타이주이다. 장기 숙성과 정밀한 배합을 거쳐 만들어진 이 기념주는 1997병만 한정 생산되었다. 병, 라벨, 소책자에 고유 일련번호가 찍혀 있으며, 후면 라벨과 소책자에는 중국백주의 태두 지커량의 친필사인이 들어가 있다. 2007년 5월 선전에서 열린 세계 명주 진품 경매장에서 1997년 홍콩 반환 기념 마오타이주가 18만 위안에 낙찰되었다. 그해 12월, 구이양에서 열린 국주 마오타이 자선경매장에서는 또 다른 홍콩 반환 기념 마오타이주가 25만 위안에 구이양의 어느 기업에 낙찰되었다.

1992년에 마오타이주창은 한제漢帝 마오타이주라는 기념주를 특별 제작했다. 한제 마오타이주의 외부 패키지는 청동 주조물을 순금 도금한 옥새 모양의 상자로, 위쪽에 용머리가 새겨져 있으며, 전체가 통주물이다. 상자 뚜껑의 손잡이는 용머리 모양인데 황금 여의주를 물고 있고 수염을 움직일 수 있어 살아 있는 듯한 느낌을 준다. 상자 안에 자리 잡은 술병의 양쪽에는 청동제 술잔이 각각 놓여 있다. 이 기념주는 총 10세트 생산되었으며, 외부패키지를 만드는 데 쓰인 주형은 제품 제작 완료 후 폐기되었다. 1세트 제작비가 무려 10만 달러에 달했다. 마오타이주창에 남겨둔 1세트를 제외한 한제 마오타이 9세트는 홍콩에서 경매에 붙여졌고, 그 후로 소식이 끊겼다. 한제 마오타이가 세상에 다시 모습을 드러낸 건 그로부터 19년 후, 2011년 제1회 구이저우마오타이 특별경매장에서였다. 여기 출품된 한제 마오타이주 1세트는 996만 8,000위안이라는 거액에 낙찰되었다. 마오타이주 경매 사상 역대 최고가 기록이었다.

자기만의 세계를 구축하는 마오타이주 수집가들

마오타이주 수집가가 많은 만큼, 수집 스타일도 각양각색이다. 고급품, 희소품을 고집하는 수집가가 있는가 하면, 종류별로 골고루 갖추기를 지향하는 일반수집가도 있다. 프리미엄급이건 중간급이건 가리지 않고 사들이는 너그러운 수집가도 있다. 현재 가장 많은 수량의 마오타이주를 보유한 수집가는 허난성의 장張씨 성을 가진 사람으로 알려져 있다. 대체 소장 규모가 얼마나 되는지는 본인만이 알 뿐이다. 선전의 수집가 류劉씨는 상하이대세계大世界기네스(상하이대세계그룹이 전액 출자해 만든, 중국 자체적 최고기록 등재 제도-역주)에 마오타이주 컬렉션으로 한동안 이름을 올렸다. 구이양의 수집가 샤오肖씨는 신중국 수립 이전의 마오타이주 술병과 술단지를 전문적으로 수집해 이 방면의 전국 일인자가 되었다.

어떤 이는 프로 수집가로서 마오타이주 관련 지식이 풍부하고 기초가 튼튼하고, 어떤 이는 취미 수준의 아마추어로서 마오타이주와 그 문화가 좋아 빠져들었다가 마오타이 전문가가 되기도 한다. 타지 출신의 리융李勇은 구이양으로 갓 왔을 무렵만 해도 마오타이주에 대해 흥미도 없었고 아는 것도 없었다. 그는 누군가의 소개로 마오타이주창에서 화물 운전기사로 일하게 되면서 마오타이주와 인연을 맺게 되었다. 리융의 말을 빌리면, 마오타이주창에서 일상적으로 한 일 세 가지는 '술 만드는 것 구경하기' '남들이 술 놓고 싸우는 것 구경하기' '마오타이 직공들과 어울려 놀기'였다고 한다. 마오타이 관련 지식을 제법 습득하게 된 리융은 자신도 직접 술을 만들고 싶다는 생각을 품게 되었다. 그는 중국 경공업부가 운영하는 고급 양조 기술자 양성 과정에 자비 부담으로 등록해 훈련을 받았고, 수료 후에는 린화이에 양조공방을 열었다. 그는 각기 다른 향형과 느낌의 술 열 몇 종류를 정확히 식별할 수 있게 되어, 현직 배합사와 감정사들을 깜짝 놀라게 했다. 전국당주회 현장에서 어느 백주기업이 고의로 내놓은 그럴싸한 가짜 술을 족집게처럼 식별해낸 것을 계기로 리융의 이름이 점차 업계에 퍼졌다. 리융은 요란스럽게 떠벌리지 않고 마오타이주를 수집하는 스타일이다. 그의 컬렉션 대상은 희소품종으로, 20여 년간 몇백 병의 마오타이 고주古酒를 수집했다. 각 병마다 상세한 기록이 있고, 사연이 있고, 생명이 있다. 리융의 수집과 홍보는 마오타이주창의 인정과 격려를 받기에 이르렀고, 몇 년 전에는 마오타이 '대원로'인 지커량, 위안런궈, 류즈리劉自力 3인의 친필사인이 들어간 마오타이주 한 병을 선물받기도 했다. 리융은 현재 국가급 고급 백주 배합사 겸 감정사로서 술 만들기를 계속하고 있다. 양조와 수집을 병행하다 보니 시너지 효과도 있지만, 사실 그가 좀 더 정성을 쏟는 건 수집 쪽이다. 그는 중국 장주藏酒협회가 그를 인정해 부여한 '마오타이 소장 전문가'라는 칭호가 그어느 타이틀보다 마음에 든다고 한다.

산동 린이臨沂의 마오타이주 수집가 츠즈량遲志亮은 처음에는 애주가였던 부친을 기리며 집에 명주 몇 병을 놓아두기 시작한 것을 계기로 컬렉션의 길로 접어들게 되었다. 각 명주의 산지, 원료, 향형, 제조법 등을 익힌 뒤 본격 수집으로 빠져든 그의 컬렉션 타깃 역시 마오타이주다. 츠즈량은 마오타이주 수집을 위해 전재산을 쏟아붓다시피 했다. 몇 채의 집을 다 팔고, 차도 아우디에서 폭스바겐 투아렉으로 바꾸었다가 다시 중국제 중고차로 바꾸었다. 츠즈량은 거의 매일같이 마오타이주를 사들였다. 여유가 있을 때는 희소품을, 빠듯할 때는 보통의 마오타이주를 샀다. 그는 고급, 중급, 하급 가릴 것 없이 보이기만 하면 사들이는 스타일이었다.

1960년대 '큰발바닥' 페이톈, 주둥이 짧은 나무마개 황장黃醬, 쿠이화, 삼대혁명, 철제마개, 붉은 거죽, 사각 인장, 1704, 그 밖의 다양한 기념주까지 츠즈량이 소장한 마오타이주는 100가지 종류에 2,000병을 넘는다. 그중 1996년 이전에 생산된 마오타이주가 1,500병에 달한다. 1954년부터 1996년 사이 딱 2개 연도만 빠져 있을 뿐, 나머지 모든 연도에 생산된 실물을 소장하고 있다.

2009년, 술을 목숨처럼 사랑하던 츠즈량은 150만 위안이라는 거액을 들여 극히 희귀한 1954년산 '초두머리(艹) 삼절三節 도기병 마오타이'를 손에 넣었다. 병에 '1954년 생산'이라고 표기된 이 마오타이주는 필히 5년간 숙성 저장 후 출하하는 마오타이주창의 원칙대로 계산하면 1949년 신중국이 수립되던 해에 양조된 것으로, 신중국 제1대 마오타이주가 된다.

마오타이주창의 경영이 공사합영公私合營 방식으로 바뀐 뒤 최고의 생산 수준에 이르기까지 60여 년 역사를 지켜본 증인인 셈이다. 마오타이주창 설립연도인 1951년부터 1953년 사이에 생산된 마오타이주는 지금까지 한 번도 실물이 컬렉션 시장에 나타난 적이 없다. 현재로서는 이 1954년산 마오타이가 정확한 생산연도가 붙은 최초의 마오타이주이다. 이 마오타이주의 정면라벨에는 '수레바퀴'

도안이 있고, 번체자로 '貴州茅苔酒'라고 쓰여 있다. 지금 사용하는 茅台의 '台'가 아니라 초두머리(艹)가 붙은 '苔' 자이다. 우측 하단 모서리에는 영문 표기가 있다. 마오타이주창 설립 후 최초로 포장되어 출고된 마오타이주이다.

'수레바퀴' 도안은 마오타이주 홍콩 진출 초창기의 등록상표로 딱 5년간 쓰인 후 '페이텐'으로 교체되었다. '貴州茅苔酒'의 '苔' 역시 이내 간체자 '台'로 대체되었다. 따라서 이 상표가 붙은 제품은 대단히 희귀하다. 1950년대에 싱가폴로 수출되었던 이 마오타이주는 반세기 이상의 파란만장한 역사를 거쳤다. 병에는 당시의 수출통관 딱지가 붙어 있고 라벨과 밀봉 상태도 완벽하며 실제 마시는 것도 가능하다. 역사적 가치와 문화적 가치는 말할 것도 없다.

마오타이주 컬렉션에 대해 이야기하자면, 2011년에 1,000만 위안 가까운 거액에 한제 마오타이주를 낙찰 받은 수집가 자오천趙晨을 빠뜨릴 수 없다. 사람들의 말문을 막히게 했던 것은 자오천이 이 '술의 왕'을 낙찰 받은 후 아주 담담하게 자평하기를, 예상보다 싸게 샀다고 말한 대목이었다.

1990년대에 술 수집을 시작한 자오천은 입문 단계 때부터 마니아 기질을 보였다. 그는 단 십여 년 만에 중국 17대 명주 및 55종 우량주의 거의 모든 품종을 자신의 술 수장고에 완벽하게 갖추었다. 후에는 목표를 마오타이로 특화했으며 특히 희소 마오타이주에 집중하게 되었다.

자오천은 자신이 수집한 마오타이를 투자품으로 보지 않는다. 그는 자신의 마오타이주 컬렉션을 유구한 역사 이야기요, 아름다운 시편이라고 말한다. 또한 문화의 관점에서 마오타이주를 수집해야 한다고 주장한다. 풍부한 문화적 기초가 배경이 되어야만 수집품에 내포된 무한대의 가치를 제대로 향유할 수 있다는 것이다. 개인의 차원에서 수집은 하나의 즐거움이지만 민족의 차원에서 컬렉션은 문화의 전승이자 보호이다.

자오천은 마오타이주 수집을 위해 전 세계를 두루 돌아다녔다. 마오타이주가 있는 곳이라면 어디든 멀다 않고 찾아갔다. 홍콩, 동남아시아, 중서유럽 등 마오타이가 과거 수출되었던 곳은 그가 '보물'을 발견하는 노다지였다. 단기간에 자오천의 마오타이주 컬렉션은 1,000병을 넘어섰다. 신중국 수립 이전 중화민국 시기의 '레이마오'에서부터 신중국 수립 후의 '우싱' '페이톈' '쿠이화' 등 거의 모든 시대별 마오타이주를 빠짐없이 소장하게 되었다. 2008년 그의 마오타이주 컬렉션은 상하이대세계기네스 기록에 등재되었다.

2011년에 자오천이 출판한 《마오타이주 소장》은 개인이 출판한 주류 컬렉션 연구서적의 시초다. 자오천이 오랜 세월 마오타이주를 수집하며 체득한 내용들을 정리한 이 책은 마오타이주의 발전 역사와 문화전승에 관한 깊이 있는 연구를 담고 있으며, 마오타이주의 기원, 명칭, 문화·정치와의 관계, 성공 요인 등을 하나하나 고증했다. 또한 마오타이주 수집의 역사, 현황, 현존 소장품 및 수집 지식 등에 관해 백과사전식 소개를 한 데 이어 마오타이주 문화의 발전에 관한 일련의 질문에 독창적인 견해를 제시했다. 마오타이주 컬렉션의 지침서이자, 마오타이주 문화대사전인 셈이다.

희소성은 마오타이주의 영원한 특징 중 하나이다. 희귀함이 곧 비싼 가격으로 연결되는 컬렉션의 세계에서 마오타이주 수집 이야기는 언제나 사람들의 마음을 두근거리게 한다. 마오타이주를 수집하면서 소장품의 스토리에 귀를 기울이는 건 대단히 중요하다. 어느 마오타이주가 몇 년산이고, 패키지는 어떻고, 현존품의 개수는 얼마나 되는지 등도 물론 중요한 정보이다. 하지만 다른 마오타이주와는 구분되는 그 소장품 자체만의 역사, 남들이 알지 못하는 뒷이야기 또한 소장품의 문화적 가치를 높여준다.

마오타이주 컬렉션은 마오타이주 문화전승의 일부분이다. 마오타이주의 지위와 사회적 영향력이 그 소장가치와 가격 상승의 잠재력을 결정지었다. 어쩌면 머지않은 장래에 마오타이주 컬렉션은 다른 세계유명주류 컬렉션처럼 수천, 수만 애호가의 총애를 한 몸에 받으며 컬렉터들을 끌어들이게 될지도 모른다.

짝퉁에도
끄떡없는
마오타이

짝퉁 90%와 5% 사이의 진실

마오타이를 마시건, 수집하건 간에 가장 큰 걱정거리는 다름 아닌 가짜 마오타이이다.

실제로 가짜 마오타이는 적지 않게 존재한다. 대체 어느 정도나 있는지를 파악하기란 쉽지 않은 일이다. 몇 년 전 항간에는 "시중의 마오타이는 90%가 가짜"라는 말이 떠돌았다. 이에 마오타이 본사 측은 가짜 마오타이가 유통의 5%를 넘을 리 없다고 단호히 반박했다. 가짜 마오타이는 제조 수법과 판매 수법이 가지각색이다 보니 단일한 기준으로 통계를 내기 어렵다. 대략적 규모조차 파악이 불가능한 실정이다. 그러므로 90%와 5%란 수치는 둘 다 부정확한 것일 가능성이 높다.

시중에 나도는 마오타이주의 90%가 가짜라는 것은 사실상 지나친 과장이다. 마오타이주의 2016년 매출액은 약 500억 위안인데, 90%가 가짜라고 가정한다면 진품과 짝퉁을 다 합친 마오타이주 1년 매출액은 약 5,000억 위안이 되어야 한다. 그런데 2016년 중국백주 매출액의 총합계는 9,800억 위안이었다. 중국백주 소비자의 반수 이상이 다들 진품, 짝퉁 구분 없이 마오타이주를 마셨다는 말인가? 중국 내 일정 규모 이상의 백주기업이 약 1,500개인데 이들은 그러면 술을 어떻게 팔았단 말인가? 그러므로 마오타이주의 90%가 가짜라는 말은 어불성설이다.

마오타이주의 5%가 가짜라는 말도 따져봐야 한다. 비록 마오타이주창, 정부 공상工商 관련 부서, 공안부가 짝퉁 근절에 힘을 쏟고 있으나, 적발된 가짜 마오타이는 빙산의 일각에 불과하다고 보는 것이 옳을 것이다. 적발 건수만을 근거로 삼아 가짜 마오타이가 많다 적다 논하기는 어렵다. 민간에서 종종 발생하는, 가짜 마오타이를 샀다거나 마셨다는 등의 사건 건수로 추산해 보아도 5%라는 수치는 너무 낮게 잡은 듯하다.

제조의 측면에서 보면 가짜 마오타이주는 크게 세 가지 유형으로 나눌 수 있다. 첫 번째 유형은 철저한 가짜이다. 술병, 라벨, 뚜껑, 장식 띠, 바코드, 위조 방지 식별, 외부 포장 등 마오타이를 완벽하게 똑같이 만든다. '내가 한 뼘 자라면 저들은 열 뼘 자라는' 격으로 진짜 기술을 따라잡기 때문에, 마오타이주창이 만든 그대로 가짜 마오타이도 똑같이 만들어진다. 전문화·산업화된 전형적인 짝퉁이라 하겠다. 몇 차례 대대적인 단속과 적발 이후 요즘은 가짜 마오타이주를 대량으로 제조하는 업자가 많이 줄어들었다. 하지만 소량으로 제조하는 이들은 여전히 많다. 전국 어디에나 있으며, 심지어 마오타이주창의 소재지 마오타이진에도 있다. 이런 유형의 가짜 마오타이주를 소비자들은 '특급 이미테이션 마오타이주'라 부르고, 그 제조업자에겐 '프리미엄급 맞춤 제작자'란 칭호를 붙이곤 한다. 다들 어떻게든 '가짜'라는 글자만큼은 피하려는 표현에 웃어야 할지 울어야 할지 모르겠다.

두 번째 유형은 모방품이다. 내용물도 겉포장도 다 정품 마오타이주를 쏙 빼닮게 만든다. 상표권 침해의 경계를 아슬아슬하게 넘나들지만, 마오타이주라는 브랜드만큼은 붙이지 않는다. 가짜 제품을 만든 것 아니냐고 물으면 절대로 아니라고 말한다. 자체적 상표가 있고, 자체적 공장이 있다는 것이다. 가짜가 아니라고는 하는데, 겉포장을 보면 이게 또 마오타이주랑 상당히 비슷하다. 헷갈리고 모호하고 애매하고 임의적이다. 마오타이진의 크고 작은 주창 중 적어도 3분의 1이 이 노선으로 가고 있다.

세 번째 유형은 재활용이다. 정품 마오타이주 포장을 회수해서 가짜 술을 채워 넣는다. 술병, 포장 상자, 장식 띠, 병뚜껑 등이 전부 마오타이주창에서 출고된 정품인 셈인데 그 안에 든 술만 가짜다. 겉포장으로 마오타이주 진위를 판단하는 데 익숙한 사람들이 곧잘 여기에 속는다. 빈번하게 발생하는 일이다. 어떤 시장에서 마오타이주 빈 병이 100위안에 팔린다는 소문이 있는데, 이게 사실이라면 그렇게 회수된 병은 재활용 방식의 가짜 제품에 쓰이는 게 틀림없다.

결국 판매와 구입의 측면에서 보면, 아무리 주의를 한다 해도 어떤 경로로든 가짜 마오타이주를 사게 될 가능성이 존재한다. 마오타이주는 '국주'라는 명성이 있는 데다 공급량이 제한되어 있어 시장에서 아주 잘 팔린다. 진품 마오타이가 불티나게 팔리듯, 가짜 마오타이도 불티나게 팔린다. 가짜 마오타이는 길거리의 술·담배 판매점에도 있고 대형쇼핑센터와 마트에도 있다. 오프라인 점포에도 있고 온라인 숍에도 있다. 보도에 따르면, 항상 '정식 유통망'으로 '100% 정품 판매'만을 한다고 홍보했던 B2C 인터넷쇼핑몰 웨이핀후이唯品會가 2015년 특가행사에서 판매한 마오타이주 전량이 가짜였다는 사실이 드러났다.

소수이긴 하지만, 일부 마오타이주 판매대리상과 전문판매점에서도 가짜 마오타이주를 판매한다. 광둥廣東성 메이저우梅州의 한 마오타이 전문판매점 업주가 가짜를 팔다 체포되어 수감되기도 했다. 베이징의 어느 고급 음식점은 고객 대부분이 성공한 상류층 인사들로, 식사 도중 다 못 마신 술을 음식점에 맡겨두었다가 다음번에 이어서 마시는 경우가 많다. 그중 상당수가 마오타이주였는데, 우연히 이곳에 들러 식사를 하게 된 마오타이 전문가가 육안으로 감정한 결과 열 병 중 여덟 병이 가짜 마오타이였다고 한다.

고수도 속아 넘어갈 가짜 제품들

마오타이주 컬렉터들은 스스로를 고수라 여기면서 남다른 안목이 있다고 자부하곤 한다. 하지만 그들도 아차 하는 사이 속아 넘어가게 된다. 생산연령이 오랜 마오타이주나 기념주는 위조품 제조 기술이 이미 최고의 경지에 이르렀다. 1980년대에 생산된 페이텐 마오타이의 경우, 포장상자 회수 가격이 1,400위안에 이른다. 포장상자는 대략 15년산이 300위안, 30년산이 1,000위안, 50년산은 3,000~4,000위안에 거래된다고 한다. 80년산은 1만 위안에도 군말 없이 사들이는 사람이 있다. 포장상자 회수는 수집·보관 용도보다는 짝퉁 제조를 위한 용도가 많다. 현재 1980년대 초반 생산된 마오타이주의 거래가는 약 4만 위안이며, 질이 약간 떨어져도 3만 위안 이하로는 내려가지 않는다. 계산해보면 노령주 한 병을 짝퉁으로 만들면 원가를 빼도 2만 위안 가까운 이윤을 얻을 수 있으니, 불법업자들이 위험을 무릅쓰고 뛰어들 만도 하다. 또한 평소 마오타이주를 접할 기회가 적은 소비자의 입장에서 마오타이주 진위 판별은 결코 쉬운 일이 아니다.

마오타이그룹 산하에는 현재 수십 개의 자회사가 있는데, 그중 마오타이주 주식유한공사, 마오타이주창 기술개발공사, 마오타이그룹 시주習酒공사, 마오타이그룹 보건주유한공사 등 4개 자회사가 백주를 생산한다. 마오타이그룹 계열사가 만든 제품을 마오타이주라고 하지 않으면 뭐라고 하겠는가? 따라서 이 4개 자회사가 생산한 백주를 다 통틀어 마오타이주라고 부르기도 한다. 하지만 4개 회사가 만드는 백주는 각 종류마다 독립 상표와 브랜드가 있다. 생산 제조원을 표기할 때만 '마오타이그룹'이라는 글자가 들어갈 뿐이다. 리바오팡 사장은 취임 후 마오타이 산하 각 자회사들의 백주 브랜드를 대대적으로 정리했다. 마오타이의 브랜드 관리가 규범화되었고, 이에 따라 식별도도 올라갔다.

마오타이주 주식유한공사는 천하에 명성이 드높은 페이텐 마오타이와 우싱 마오타이를 생산하는 마오타이그룹의 기둥이다. 각종 기념주도 이 회사에서 만든다. 마오타이주 주식유한공사의 연간 생산량은 약 5만 톤이다. 하지만 배합을 거쳐 페이텐 마오타이나 우싱 마오타이를 만들 수 있는 건 약 2만톤뿐이다. 그렇다면 나머지 3만 톤의 술은 어디로 갈까? 최종적으로는 배합을 거쳐 마찬가지로 장향형 술이 된다. 품종이 많으므로, 이것들을 묶어 마오타이 계열 장향주라고 부를 수 있다. 계열주는 앞에서 이미 소개했던 '3마오', '4장' 등 6개 품종이 현재 주류를 차지하는데, 품질이 다들 좋고 가성비도 훌륭하다. 단, 마오타이주이긴 하지만, 소비자가 지향하는 '푸마오普茅'는 아니다(계열주에 대해서는 제3장 참조-역주)

1992년 설립된 마오타이주창 기술개발공사가 생산하는 백주도 장향형이다. 품종도 다양한데, 비교적 유명한 것으로는 푸구이시주富貴禧, 푸구이시위안장富貴禧原漿, 마오타이춘茅台醇, 구이저우다취貴州大麴 등이 있다. 이 회사는 마오타이그룹 산하 자회사이자 마오타이주 주식유한공사의 출자회사이기도 하다. 여기서 생산한 제품은 당연히 마오타이주라 부를 수 있으며, 가짜 마오타이주가 아니다.

마오타이그룹 시주공사는 쭌이遵義시 시수이習水현에 있으며, 강 건너편에는 랑주郞酒를 만드는 회사가 있다. 농향형과 장향형 시주 시리즈, 그리고 류허춘六合春, 주창춘九長春 등의 고급 백주를 생산한다. 시주공사의 제품은 생산제조원 표기에만 '마오타이그룹'이라고 표기될 뿐, 디자인과 포장이 마오타이주와 명확한 차이가 있어 쉽게 구별이 가능하다.

마오타이그룹 보건주유한공사 역시 다양한 백주 품종을 생산하는데, 주요 품목으로는 마오타이에 '불로주'란 이름을 붙인 마오타이부라오주茅台不老酒와 바이진주白金酒 등이 있다.

'마오타이'와 '구이저우마오타이' 모두 마오타이주창의 등록상표이다. 현재 그 상표권이 사용되는 제품은 마오타이주 주식유한공사가 생산하는 '구이저우마오타이주' 시리즈, 페이텐과 우싱의 '마오타이왕즈주' 시리즈, '마오타이잉빈주' 시리즈, 마오타이그룹 보건주유한공사가 생산하는 '마오타이부라오주' 시리즈, 마오타이주창 기술개발공사가 생산하는 '마오타이춘' 시리즈이다. 이들 이외에 그 어떤 형태로든 '마오타이'나 '구이저우마오타이' 상표를 썼거나 '마오타이그룹 무슨 무슨 술'이라는 이름을 붙인 상품은 다 조악한 가짜 마오타이다.

이 밖에도, 마오타이진에 있는 1,000개소 이상의 크고 작은 양조장에서 생산하는 술 대부분이 '마오타이진鎭주'라는 이름으로 시장에 나와 있다. 마오타이주와 아주 유사한 명칭을 붙이거나 자칫 혼동하기 쉬운 상표를 등록하는 것도 종종 있는 수법이다. 마오타이진에서 양조된 술로서 현지의 전통 제조법에 따라 생산된 장향형 백주라면 당연히 '마오타이의 술'이라고 할 수 있다. 이런 류의 술은 모두 마오타이주와는 무관하다. 하지만 마오타이주 상표권을 침해하지 않는 한, 법률적으로 가짜는 아니다.

마오타이진에는 마오타이주창 외에도 중대형 규모의 양조기업들이 많이 있다. 이 기업들이 생산하는 궈타이國台, 구이하이貴海, 훙쓰두紅四渡, 탄왕자오주壇王窖酒 등은 다들 좋은 장향주로서 값이 비싸지 않고 마시기에도 적당하다. 다만 소장가치는 떨어진다.

하지만 마오타이진에 가짜 마오타이주를 만드는 업체가 존재하는 것도 틀림없는 사실이다. 마오타이진 사람들에게 있어, 동일한 지리조건과 환경 속에서 비슷한 제조법으로 맛과 느낌과 향형이 흡사한 '준마오타이주'를 만드는 건 어려운 일이 아니다. 일반 소비자는 마시더라도 좀처럼 그 진위를 판별하지 못한다. 마오타이진에서 가짜 마오타이주를 만드는 일은 다른 지역에서보다 확실히 수월하다. 그리하여 높은 이윤의 유혹 아래 가짜 마오타이주 제조가 이뤄지고 있는 것이다.

집요한 주격과 성교한 따돌림

감별이 가장 어려운 건 마오타이주를 철저히 본떠 만든 짝퉁들이다. 자주 쓰이는 감별 방법은 향을 맡고, 눈으로 살피고, 맛을 보는 것이다.

향을 맡는다

장향주는 향형이 독특해서 다른 백주의 향형과 큰 차이가 있다. 더구나 장향주의 대표인 마오타이주는 품질이 일반 장향주보다 훨씬 좋다. 따라서 술을 자주 마시는 사람은 향을 맡아보면 진짜인지 가짜인지 금방 구분한다. 하지만 이 방법은 정확성이 높지 않다. 가짜 마오타이주 향기도 진품 마오타이주에 근접한 경우가 많아서, 일반인은 구별하기 어렵다.

눈으로 살핀다

마오타이주 포장에는 위조 방지책이 많이 있다. 포장을 통한 마오타이주 진위 식별은 가장 많이 쓰이는 방법이다. 첫째, 병뚜껑을 살핀다. 진품 구이저우마오타이주에는 전부 식별기가 첨부되어 있다. 이 식별기를 통해 마오타이 위조 방지 표시를 관찰하면 육안으로는 보이지 않던 효과가 나타난다. 뚜껑커버 옆 표면은 기존 문양이 사라지면서 무지개색 배경의 노란색 글자 '국주 마오타이'와 'MOUTAI'가 나타나고, 뚜껑커버 윗표면도 은색 또는 금색으로 빛이 난다. 둘째, 장식 띠를 살핀다. 페이텐 마오타이 정면에는 빨간 장식 띠가 두 겹으로 늘어뜨려져 있다. 구김 없이 빳빳한 이 장식띠는 병 앞면 라벨과 수직을 이루며 흘러내려 라벨의 '茅' 자를 위풍당당하게 내리누른다. 안쪽 겹띠에는 0부터 20 사이의 아라비아숫자가 표시되어 있는데, 한 박스 내 6병이 모두 같은 숫자일 가능성은 높지 않다.

셋째, 병 밑바닥을 본다. 병 밑바닥을 살펴보면 작은 사각형, MB, CKK, HB 중 하나가 표시되어 있다. 같은 박스 안에 든 마오타이주 6병의 밑바닥 표시기호는 일치하며, 만약 표시기호가 다르면 가짜 마오타이주이다. 넷째, 세부 디자인을 본다. 확대율 5배 이상의 돋보기를 사용해서 보면 '페이톈' 상표도안의 왼쪽 선녀 머리 위에 진주가 3개 보인다. 만약 진주가 없거나 흐릿하면 짝퉁이다. 이밖에도 위조 방지 표식, 바코드, 출고번호 등을 살펴보며 식별 절차를 밟을 수도 있다. 포장물 인쇄 상태가 흐릿하거나 라벨이 반듯하지 않거나 주름이 생기게 부착되었다면 그것도 진품이 아니다.

맛을 본다

사학詞學의 대가 루지예盧冀野(1905~1951년)는 수필집《시실소품柴室小品》에서 항일전쟁 시기에 오로지 마오타이주를 마시기 위한 목적으로 구이양으로 갔다가 화마오양조장 대표 화원취華問渠 선생이 소장하고 있던 7, 8년 묵은 마오타이주를 한 옹기 마신 후에야 세상에 가짜 마오타이주가 많다는 사실을 알게 되었다고 썼다. 마오타이주의 진정한 장점은 순수하고 진하다는 데 있다. 많이 마셔도 머리가 아프거나 입이 바싹 마르지 않고, 트림을 하면 향이 실내를 가득 채운다. 일반적으로 말하면, 평소 술을 잘 마시는 사람이라야 맛으로 마오타이주 진위를 판별할 수 있다. 술을 잘 못 마시는 사람은 마시고서 머리가 아픈지 안 아픈지로 첫 판단을 내리는 수밖에 없다.

가짜 마오타이주의 도전장을 받은 마오타이주창은 위조 방지 기술을 끊임없이 높이는 한편, 짝퉁 적발에 힘을 쏟으면서 결코 짝퉁의 범람을 용인하지 않겠다는 입장이다.

마오타이주창은 끊임없이 위조 방지 기술을 개발했다. 비용을 아끼지 않고 병과 병마개, 상표, 겉포장 등에 다양한 위조 방지책을 고안해냈다. 하지만 내가 뛰면 상대는 난다고 했던가. 짝퉁 제조업자의 사전에 불가능은 거의 없고, 따라서 마오타이주의 위조 방지 수단은 있으나마나 한 것이 되었다. 허난河南성의 어느 소비자가 2015년 출하된 1리터들이 페이텐 마오타이를 마오타이진에 있는 두 곳의 가짜 술 감별기구에 보내 감정을 의뢰한 적이 있는데, 감정 결과가 서로 정반대로 나왔다. 두 기관의 감정사들은 의견을 교환한 뒤에도 각자 자기의 감정 의견을 고집했고 결국 제품을 마오타이주창 본사로 보내 감정을 받는 수밖에 없었다.

마오타이주창은 위조 방지를 위해 인터넷 기술도 도입했다. 한 최고경영자 포럼에서 텅쉰그룹 CEO 마화텅馬化騰은 인터넷, 클라우드, 블록체인 등을 이용한 가짜 마오타이주 퇴치 방안을 제안했다. "과거의 위조 방지는 오프라인 방식으로만 이루어졌고 그에 따른 위험이 컸습니다. 위조 방지용 식별마크를 생산하는 공장이 마크를 따로 더 생산해서 내다팔 수도 있지 않습니까. 저는 미래에는 반드시 인터넷을 이용해야 한다고 봅니다. 인터넷을 이용하면 언제 생산했고, 어느 트럭으로 출고했고, 어느 판매대리점으로 보내졌는지 등을 모두 추적할 수 있습니다. 게다가 블록체인 기술은 이 데이터를 서버 쪽에서 복사가 불가능하게 만듭니다. 서버의 데이터가 생성하는 블록체인들은 모두 분산 보존되기 때문에 누구도 데이터를 조작할 수가 없습니다. 그걸로 완벽합니다."

2017년부터 마오타이주창의 위조 방지 기술은 한층 더 업그레이드되었다. 병뚜껑 아래쪽에 RFID칩을 부착해 각 병마다 고유의 이력 표기 시스템을 갖추었다. 마오타이주 한 병 한 병마다 생산에서 유통, 소비에 이르는 전 과정의 라이프 사이클 자료가 여기에 기록된다. 스마트폰으로 스캔하면 해당 병의 클라우드서버 고유IP 획득을 통한 추적 조사가 가능하므로, 손쉽게 마오타이주의 진위를 판별할 수 있다.

마오타이주창에는 약 200명의 짝퉁 척결 조직이 있다. 마오타이그룹 지식보호처 소속이다. 하지만 일개 기업인 마오타이에 공무집행 권한은 없기 때문에, 각 지방정부 공상 부문과 경찰의 힘을 빌려 단속 활동을 펼치는 수밖에 없다. 게다가 전국 각지의 가짜 마오타이주 조직 규모에 비하면 짝퉁 척결 조직의 역량은 턱없이 모자라다. 온갖 위조와 모방 수법에 맞서기에는 힘이 따르지 못할 때가 많다.

몇 년 전, 짝퉁 척결반은 다칭大慶시의 한 대형마트에서 가짜 마오타이주를 발견하고 다칭시 상무국 주류 검사팀과 연합해 출처를 추적한 결과 가짜 술 공급업자 중宗모라는 인물을 찾아냈다. 놀라우면서도 울지도 웃지도 못할 내막이 밝혀졌다. 중씨는 1년 전에

900만 위안을 들여 '친구'로부터 '마오타이주 헤이룽장黑龍江 지역 대리권'을 취득했으며, '친구'가 상품 공급을 담당하고 중씨가 판매를 담당하기로 했다는 것이다. 사건이 터지기 전까지 중씨는 이 '대리권'이 가짜이고 술도 짝퉁이라는 것을 전혀 몰랐다. 마오타이주창의 전문가가 감정한 결과, 중씨의 창고에 있던 미출고분 314박스 전량이 영세 공장에서 만든 짝퉁으로 드러났다. 하지만 포장 상태 등 외관은 감쪽같았다.

식지 않는 시장 수요와 높은 이윤이 불법업자들을 짝퉁 제조의 위험한 길로 끌어들였다. 하지만 조악한 가짜 마오타이주가 강력한 브랜드파워와 권위를 갖춘 정통 마오타이주의 명성에 흠집을 낼 리 만무하다. 짝퉁이 마오타이주의 신용, 명성, 판매 추세에 끼치는 영향은 미미하다. 오히려 가짜 제품은 마오타이그룹이 시장을 단속하고 정비하는 계기를 제공했으며, 마오타이주 전문판매점 시스템의 권위를 높여주었다. 마오타이주의 브랜드파워가 워낙 높다보니 소비자들은 '맹목적 사랑'에 빠지게 되었다고 볼 수 있다. 소비자들은 마오타이주창이 절대로 가짜 술, 조악한 술을 시장에 유통시킬 리 없다고 철석같이 믿고 있다. 설사 운 나쁘게 가짜 마오타이를 사게 되었더라도 그들은 절대로 마오타이주의 품질 자체는 의심하지 않는다. 마오타이주창의 짝퉁 대처 능력을 비난하는 사람은 더욱 적다. 짝퉁 때문에 결국 망한 몇몇 유명 브랜드의 사례와 비교해보면 마오타이주의 브랜드파워가 얼마나 강력한 것인지 알 수 있다.

마오타이주는 마오타이 사람들의 자랑이다. 그들에겐 마오타이라는 브랜드를 지키겠다는 자각이 분명하다. 수만 명의 마오타이주창 직원들은 마오타이주 브랜드에 대한 애착이 한층 더 강하다. 마오타이주창은 지방에 본거지를 둔 기업으로서 다른 기업들보다 더 소재지의 수익에 관심을 쏟고 지역민과 이익을 공유하는 방향으로 가야 한다. 온 천하에 명성이 높은 마오타이주는 마오타이주창의 재산일 뿐만 아니라 마오타이진과 런화이시의 재산이기도 하다. 마오타이진과 런화이시의 모든 사람들은 마오타이주창 직원과 마찬가지로 마오타이주 브랜드의 명성을 지키는 데 앞장서야 한다. 이때다 싶어 짝퉁이나 만들고 이익만 꾀해서는 안 될 일이다. 다함께 힘을 모아야 비로소 가짜마오타이주의 근절이 가능해질 것이다.

'마오타이진' '마오타이주' 브랜드의 곤경

·

장루산江潚山
산업경제학자, 중국 디테일경영연구소 특약연구원

2017년 9월 중순부터 '구이저우마오타이' 주가는 미친 듯이 치솟아, 주당 약 500위안에서 단숨에 712위안 전후로 뛰었다. 동시에 간판상품인 53도 페이톈 마오타이주의 가격도 급상승했다. 병당 시장가격이 1,800위안에 이르는 고가에도 불구하고 품귀 현상이 갈수록 심해져 술 한 병을 손에 넣는 게 하늘의 별 따기가 되었다. 이와 극명한 대조를 이루는 것이 마오타이진과 주변 지역의 지방 기업들이 생산한 장향형 백주의 대규모 재고 누적 상황이다. 낮은 가격에도 판매가 이루어지지 않다 보니, 적잖은 양조업체 대표들이 산더미 같은 빚더미에 울고 싶을 지경이다. 이에 시중에는 "마오타이주는 미쳤고, 마오타이진은 통곡한다"라는 말까지 나왔다.

널리 알려졌다시피 구이저우貴州성 런화이仁懷시 마오타이진을 중심으로 하는 츠수이허 유역은 세계 3대 유명 증류주의 하나인 장향형 백주의 원산지이다. 근래 십여 년 동안 이곳의 장향형 백주 양조업체는 한때 1,000여 개까지 늘어났다. 2010년 전후에는 전 주민이 양조업에 종사하는 현상이 나타나기도 했다. 기본적 규모를 갖춘 양조기업 중 현재 살아남은 건 100여 개 업체이다. 하지만 2013년부터 이곳의 장향형 백주산업은 극도로 위축된 국면을 보였다. 지방 중소업체의 대부분이 심각한 재고 누적 상황에 처했고, 가격은 큰 폭으로 쪼그라들었다. 어떤 이는 장향형 백주시장의 호시절이 이미 끝난 것은 아닌지 의심하기도 했다. 적잖은 업체가 영업을 중지했거나, 오래 묵은 고주古酒를 싼 값에 처분했다.

2016년 중반부터 장향형 백주의 수요가 늘어나는 추세 속에서 마오타이그룹의 주력상품인 53도 페이톈 마오타이주의 가격이 반등하기 시작하더니 지금과 같은 폭등 국면으로 이어졌다. 하지만 구이저우마오타이주 시장이 회복됐음에도 불구하고 마오타이진과 주변 지역에서 생산된 백주의 가격 및 출고량은 여전히 바닥 수준을 맴돌고 있다는 점은 참으로 이해하기 힘든 현상이다.

이에 대해 많은 사람들은 지방기업이 생산한 장향형 백주의 품질이 들쭉날쭉하고 마케팅이 형편없어 소비자의 신뢰를 잃었다는 점에 그 원인이 있다고 생각한다. 그러나 이건 여러 원인 중 일부에 불과하다. 더욱 근본적 원인은 '마오타이진' 장향형 백주의 원산지 문화 및 지역 브랜드의 자리매김이 시장과 명확하게 어긋나 있기 때문이다. 그리고 '마오타이주'라는 독특한 상품 브랜드가 마오타이진을 '납치'해버렸다는 점도 상당히 큰 원인으로 작용했다. 지역 브랜드와 싱품 브랜드가 어긋나버린 전형적 케이스이자, 원산지 문화와 기업 문화 간의 이익이 충돌해 발생한 현상이라 하겠다.

요컨대, 구이저우마오타이그룹이 한층 더 강성해지고, 마오타이진 백주 생산단지의 지방 양조기업들이 공평한 경쟁을 거쳐 적자생존을 조속히 마무리하고, 최종적으로 런화이시 전체 백주산업이 하루빨리 흥성하려면, 심층적 연구를 통해 '마오타이진'과 '마우타이주'의 뒤에 자리 잡고 있는 브랜드와 문화, 그리고 이익의 충돌 문제를 해결해야 한다.

브랜드 문화 정리

1. 마오타이진의 '지역 브랜드'와 '상품 브랜드'는 각각 무엇인가?

경제적 가치의 관점에서 보자면 '지역 브랜드'는 특별한 품질의 상품을 생산하는 특정 지역을 가리킨다. 이 특정 지역과 지명이 곧 '지역 브랜드'를 형성한다. 지역 브랜드는 해당 지역의 문화의 범주에 들어가므로, 지역 브랜드의 소유권과 수익권은 그 지역의 주민, 기업 및 단체 공동의 것이다. 예를 들면 질 좋은 민물털게 산지로 유명한 양청후陽澄湖, 고품질 쌀 재배로 이름난 헤이룽장黑龍江 우창伍常시, 명조明朝 황릉군으로 잘 알려진 베이징 창핑昌平의 스산링十三陵(십삼릉)진 등이다. 우수한 품질의 장향형 백주를 생산하는 '마오타이진'은 상업적 가치가 지극히 높은 지역 브랜드를 이미 형성한 상태이다. 이 지역의 모든 기업,

단체 및 개인은 이 브랜드를 누리고 애호할 권리가 있다.

한편, 상품 브랜드는 특정 기업의 특정 생산품 표식을 의미한다. 예를 들면 '취안쥐더全聚德 오리구이', '중화中華표 담배', '뉴란산牛欄山 얼궈터우二鍋頭', '페이텐 53도 마오타이주' 등이다. 런화이시 마오타이진의 장향형 백주 생산단지 내에는 합법적 등록을 마친 백주 상품 브랜드가 대단히 많다. 하지만 구이저우마오타이그룹의 '구이저우마오타이주'와 '페이텐 53도 마오타이주'는 상품 브랜드 가치가 압도적으로 높아서 비슷한 종류의 다른 제품과 비견될 바가 아니다.

2. '마오타이'는 무엇이며 '마오타이진'은 무엇인가?

'마오타이'는 본래 마오타이진이라는 지명의 간칭이다. 하지만 현재는 지명인 동시에 장향형 백주의 브랜드 이름이기도 하다. 하지만 많은 사람들이 마오타이진의 지역정보를 알지 못하기 때문에 '마오타이'를 곧 '마오타이주'를 지칭하는 것으로 받아들이는 경우가 많다. 만약 특정한 상업 활동의 전파와 확대로 지명의 인지도와 영향력이 커졌다면 이 지역에는 그에 상당하는 상업적 가치가 유입된 셈이다.

'마오타이진'은 확실히 지명이다. 행정구역으로 보면 '구이저우성 쭌이遵義시할구市轄區 런화이시 마오타이진'이다. 시장市場의 관점에서 보면 '마오타이진'은 이미 전형적인 '지역 브랜드'의 가치를 보유했으며 '마오타이주'의 정취가 짙게 배어 있다. 그러므로 '마오타이진'이라는 말은 해당 지역의 모든 기업, 단체, 개인이 공평하게 사용할 수 있다.

3. '마오타이주'는 무엇이며 '구이저우마오타이주'는 무엇인가?

'마오타이주'는 본래 마오타이진 지역에서 생산되는 술을 가리켜야 맞다. 하지만 몇 가지 특수한 원인으로 인해 '마오타이주'는 구이저우 마오타이그룹이 양조하는 장향형 백주를 특정해 가리키는 경우가 많다. 반면 런화이시 주민들은 현지의 다른 양조기업들이 생산하는 장향형 백주도 전부 '마오타이주'에 포함된다는 인식이 강하다. 구이저우마 오타이그룹이 '마오타이주'에 관한 지식재산권 보호를 신청했기 때문에, 엄격한 의미에서 런화이시의 다른 양조기업들은 '마오타이주'라는 글자를 써서 상품명을 짓거나 상업적 마케팅 활동을 할 수 없다. 강력한 배타성을 가지는 '구이저우마오타이주'는 구이저우마오타이그룹이 독점적으로 소유하는 '상품 브랜드'이다.

상업적 관점에서 다음과 같이 정리할 수 있다.

'마오타이진'은 지역 브랜드이다. 구이저우성 런화이시 장향형 백주의 원산지 문화가 담겨 있으므로, 런화이시 마오타이진 장향형 백주주요 생산구역 내 모든 기업, 단체, 개인의 상업적 활동에 사용할 수있다.

'마오타이주'는 원산지 지명을 따 이름을 붙인 술이다. 이치상으로는 원산지 구역 내 모든 양조기업이 합법적으로 생산해 품질검사를 마친 술 제품에 이 칭호를 두루 붙일 수 있다. 하지만 '구이저우마오타이그룹'이 합법적 지식재산권 보호를 신청했기 때문에, 다른 양조기업은 '마오타이주'라는 이름의 사용이 허용되지 않는다.

'구이저우마오타이주'는 구이저우마오타이그룹의 전속 브랜드이다. 그룹 측이 장기적 사용권을 가지고 있으며, 마오타이그룹을 제외한 그 어떤 기업, 단체, 개인도 사용할 수 없다.

'구이저우마오타이그룹'과 '지방 기업'의 충돌

1. 쌍방의 곤경

'구이저우마오타이그룹'의 곤경 : 상품공급은 수요를 충족시키지 못하고, 가격은 치솟아 떨어질 줄 모르는 데 반해 단기간 내 가능한 증산 규모는 매우 제한적이다. 구이저우마오타이그룹은 특수한 지리적 환경 때문에 마오타이진 지역 내에서의 새 부지 확보와 공간 확장에 큰 제약이 있다. 설령 새 부지 확보에 성공해 설비 공사를 마치고 제품 생산능력을 갖춘다 해도 5년의 양조기간이 필요하다. 이는 단기간 내 생산 규모 확대가 아주 어렵다는 뜻이다. 더구나 5, 6년 후의 시장 상황은 예측하기 매우 힘들다.

지방 양조기업의 곤경 : 상당수의 지방 양조기업과 개인 사업자는 갈수록 심한 악순환에 빠지고 있다. 그 원인은 들쭉날쭉한 상품 품질, 브랜드가치의 결핍, 안정적 판매채널의 결핍, 시장 개척 및 전문적 마케팅의 결핍에 있다.

쌍방의 이익 충돌 : 객관적으로 보자면, 개혁개방 이후 정부의 전면

적 지지와 마오타이진 주민들의 적극적 지원 속에 구이저우마오타이그룹은 장향형 백주를 세계로 진출시켰고, 이 술은 유일하게 '국주'로 칭송받게 되었다. 마오타이그룹이 빠르게 우뚝 서지 못했더라면 마오타이진의 명성이 널리 퍼지는 일도 없었을 것이요, 장향형 백주의 시장점유율도 날로 성장하지 못했을 것이다. 무엇보다 런화이시와 마오타이진의 경제, 사회가 빠르게 발전하지 못했을 것이다. 하지만 따지고 보면 구이저우마오타이그룹은 마오타이진에 소재한 수많은 기업 중 하나일 뿐이다. 지방문화유산으로 인정받는 장향형 백주는 그 지역 사람 누구나 양조할 권리가 있기 때문에 지방 양조기업의 수가 빠르게 늘어났다.

그러나 좋은 술과 저질 술이 일단 뒤섞이면 시장의 혼란이 일어나기 마련이다. 지금도 런화이시의 많은 우량 기업들이 경쟁을 펼치며 성장하고 있지만 '마오타이' '마오타이주' '마오타이진'이라는 브랜드를 적절히 쓰지 못하는 탓에 성장의 한계에 부딪히고 만다. 이는 일종의 불공정 경쟁 논란으로 이어졌고 지난 십 몇 년 간, 양측은 여러 차례 역사 갈등과 브랜드의 혼란, 이익 충돌의 대결 상황에 빠졌다.

곤경 극복과 원원 실현의 전략

모든 발전과 진보는 자연의 규율을 따르게 되어 있다. 현재 글로벌화 및 IT화라는 거대한 추세 속에 '내가 남을 먹지 않으면 남이 나를 먹는다'는 식의 무한경쟁 현상이 번지고 있다. 하지만 구이저우마오타이그룹과 지방 양조기업들을 놓고 보자면 이 말이 꼭 들어맞는 건 아니다. 그들은 이미 원원의 실현을 목표로 삼았기 때문이다.

먼저, 상품 특성의 측면에서 보면 런화이시 마오타이진 산업단지의 장향형 백주는 원재료, 생산기술, 술 성분, 마실 때의 느낌 등이 별반 다르지 않다. 주요한 차이는 작업 기준과 배합 기술, 생산공정 관리에서 벌어진다. 바로 이 세 가지 측면에서의 차이 덕분에 마오타이그룹은 장점을 살리고 결점은 줄일 수 있다. 양조기술과 저장 및 배합 기준, 자본, 시장관리, 유통채널 등의 장점을 키우는 데 집중하면서 지방의 주요 양조 기업들과의 조정을 통해 저비용으로 생산능력을 확대해나갈 수 있다.

다음으로, 지방정부가 나서서 원산지 상품의 보호에 관한 연구에 힘써야 한다. 행정기관이 생산 표준화를 지휘하고, 시장경쟁의 힘을 빌려 낙후된 저질 설비를 퇴출시킨 뒤 지역 브랜드를 강력히 지원해야 한다.

또, 철저한 계획을 세워 미래로 나아가야 한다. 지방정부와 주민들은 중국 전역 및 해외에서 '구이저우마오타이진'이라는 지역 브랜드를 강화하는 데 더 힘을 기울여야 한다. 지역 브랜드 강화만이 지역 제품의 시장판로를 넓힐 수 있고, 또한 지방 양조기업의 판매채널을 대폭 확장할 수 있다.

마지막으로, 지방정부와 구이저우마오타이그룹은 협력관계를 구축하여 진솔하고 성실하게 서로를 대해야 한다. 마오타이진을 원산지로 하는 장향형 백주의 종합적 위상 확립과 다양한 등급별 위상 정립을 공동으로 모색해 제품군별로 각기 다른 역할을 수행하도록 설정하면 된다. 그리고 중국 및 해외의 판매채널과 유통시스템, 시장이 보유한 제3의 유통채널에 공동으로 대처하도록 힘을 모은다. 윈윈의 실현을 통해 전체 '마오타이진'의 '마오타이주'는 대량으로 중국 전역 및 해외를 향해 퍼져나가는 것이 가능해진다.

이때 승리의 최종적 모습은 소수의 사람이 손에 값비싼 술을 들고 만족스럽게 기뻐하는 장면이 아니라, 전 세계에서 더 많은 소비자가 기꺼이 지갑을 열어 마오타이의 미주에 매료되는 것이다.

마오타이의 다음 100년

마오타이는
고독한
선두주자인가?

백주업계의 맏형님

마오타이주의 거침없는 고도성장은 앞으로도 한동안 꺾이지 않고 지속될 것으로 예상된다. 전반적인 경제 상황이 성장 둔화세로 접어든 현 단계에서 이는 상당히 드문 사례다. 마오타이주는 영업매출을 앞으로 매년 100억 위안씩 늘려 2020년에는 1,000억 위안 매출을 달성한다는 목표를 세워두고 있다. 지금의 추세로 보면 어렵지 않게 실현할 수 있을 것으로 보인다. 이는 프리미엄 백주의 판매가 본래적 의미의 소비로 돌아갔다는 사실과 깊은 관련이 있다.

프리미엄 백주는 사교의 윤활제로서 확고한 수요가 있다. 마오타이주는 공무 소비 비중이 종래의 30%대에서 1%에도 못 미치는 수준으로 떨어지자 판매 전략을 바꾸었다. 그 결과 종전의 공무 소비

위주에서 비즈니스 관련 소비와 개인적 수요를 충족시키는 쪽으로 중점을 옮기는 데 성공했다. 이는 마오타이주가 소비의 본령으로 돌아가 더 많은 일반 소비자의 식탁을 향해 나아간 것을 의미한다. 이처럼 날로 확대되는 소비층이야말로 마오타이의 지속적 성장을 가능케하는 토대가 되었다.

마오타이주는 백주업계의 '맏형님'으로서 고급 중의 고급으로 손꼽히지만, 그렇다고 유일무이의 경지에 오른 건 아니다. 프리미엄 백주업계는 여전히 극심한 경쟁의 세계다.

프리미엄 백주로 분류되려면 다음의 몇 가지 특징을 모두 갖추어야 한다는 의견이 보편적이다. 첫째, 유구한 역사가 있어야 하며, 문화적 밑바탕이 풍부해야 한다. 새로 출시된 백주는 제아무리 노력해도 당장은 프리미엄의 반열에 오를 수 없다. 둘째, 품질이 좋아야 한다. 이는 고급주의 기본 요건이다. 좋은 품질은 필연적으로 높은 가격을 동반한다. 이는 외적으로 드러나는 고급주의 특징이다. 셋째, 지명도가 높고 시장에서 평판이 좋아야 한다. 넷째, 일정 정도의 시장점유율을 유지해야 한다. 지나치게 대중화된 술은 고급품이 될 수 없다. 반대로 찾는 사람이 너무 없어도 고급화를 지향하지 못한다. 다섯째, 시장의 검증을 통과해야 한다. 업계가 조정 국면을 겪는 대풍랑 속에서도 두려워하지 않고 당당하게 헤쳐 나가야 한다.

2013년 이래의 업계 재편성으로 백주업계에는 명확한 분화가 나타났다. 앞서 기술한 조건에 따라 선별해보면 현재 프리미엄 백주라 부를 수 있는 건 페이톈 마오타이, 수이징 우량예水晶伍糧液, 궈자오

國窖1573이다. 다시 말해, 지금 현재 그리고 앞으로 상당 기간 마오타이주에 도전할 가능성이 가장 높은 술은 우량예와 궈자오1573이라는 말이 된다.

이처럼 현재 우위를 점하고 있는 '3거두' 외에도 양허다취, 수이징팡, 랑주, 펀주, 젠난춘, 퉈파이셔더沱牌舍得 등이 차례차례 고급 백주 시장에 뛰어들어 경쟁을 벌이고 있다. 2000년 이후 소비 수준이 향상된 덕분에 상당수의 사람들이 술을 마시면서 품격과 브랜드, 그리고 건강을 중시하기 시작했다. 그에 따라 이런 준프리미엄 백주는 부유층 소비자의 주된 선택지가 되었고, 시장점유율은 줄곧 상승했다. 준프리미엄 백주 역시 유구한 역사와 높은 품질을 보유했을 뿐더러 20년 가까운 시장 경험도 축적했기 때문에 이미 상당한 '폭발력'을 갖춘 상태다. 기회만 잘 만난다면 '3거두'에 강한 타격을 줄 수도 있다.

2017년 5월 북경에서 거행된 '일대일로' 국제협력 정상포럼에서 양허다취의 멍즈란夢之藍(M9)이 공식 지정주로 오찬 테이블에 올랐다. 이는 '3거두' 입장에서는 큰 충격이었다. 수없이 많은 역사적 현장에서 존재감을 뽐냈던 마오타이주에게는 특히 더 충격이 컸다.

마오타이주와 똑같이 츠수이허 유역에서 장향주를 만드는 랑주郎酒그룹은 원주原酒 생산량이 3만 톤에 날한다. 고주古酒 저장량은 12만 톤이며, 톈바오펑타오탄天寶峰陶壇 저장고가 완공되면 저장 능력은 25만 톤이 된다. 랑주에서 근래에 출시한 '칭화랑青花郎'은 이미 유명한 장향주 브랜드가 되었다. 병당 1,098위안의 권장소비자가격은 '푸마오' 소매가격 1,299위안에 바짝 따라붙어, 고급주 범주에 들게 되었다. "칭화랑은 중국 양대 장향백주의 하나"라는 광고문구도 랑주의 패기를 보여준다.

고급 백주 제조사들의 공략법은 대체로 이렇다. 첫째, '문화'라는 카드를 쓴다. '술을 마시는 것은 문화를 마시는 것'이라는 상위 구매층의 심리를 이용해, 역사와 생산연도, 양조 명인, 양조 장소, 수상 경력 등을 내세운다. 근거가 확실한지 아닌지는 나중 문제고, 일단 내세울 수 있는 것은 이것저것 모두 다 갖다 붙인다. 둘째, 단체 구매를 따낸다. 경제계의 중요한 행사나 문화이벤트를 영업의 기회로 삼고, 술 증정을 포함한 찬조나 스폰서 활동을 한다. 사람들의 관심이 뜨거운 곳이면 어디든 찾아간다. 영업 담당부서의 홍보력과 실행력은 아주 중요한 요소다.

셋째, 포장에 승부를 건다. 예쁘고 고급스러운 패키지 디자인을 통해 상품의 품격을 내세우는 것이다. 하지만 이 방법으로 실질적 도약을 이룬 사례는 적어도 현재까지는 없었다. 이제까지의 디자인은 대체로 경축慶祝의 의미를 담는 것이나 화려함의 추구, 혹은 자기 과시 등 세 가지 범주를 벗어나지 못했다. 넷째, 가격에 집착한다. 가격을 높게 설정해 브랜드 이미지를 높이는 것이다. 고급 소비층의 외면을 받는 것은 비싼 술이 아니라 오히려 값싼 술이다. 비싸다는 건 멋있고 고급스런 이미지로 연결된다. 따라서 프리미엄 백주의 가격에 '가장 비싼 가격'이란 존재하지 않는다. '더 비싼 가격'이 꼬리에 꼬리를 물고 이어질 뿐이다. 가격 설정은 기술을 요하는 작업이다. 언제 어떤 상황에서 가격을 올리고 내릴지, 시장의 반응에 어떻게 반응할지 등 여러 가지 요소가 기업의 예측 판단 능력을 시험한다. 판단이 조금이라도 어긋나면 큰 낭패를 볼 수도 있다. 다섯째, 전통적 홍보 방법을 쓴다. 주요 매스컴에 광고를 내거나 대형 문화예술 행사의 스폰서를 맡음으로써 시선을 끌고 지명도를 높인다.

이상의 다섯 가지 공략법은 모두 외부를 향하여 힘을 쏟는 것이며, 말 그대로 돈을 들이붓는 수법이다. 프리미엄 맥주, 준프리미엄 맥주에 있어 돈은 문젯거리가 아니다. 설령 문젯거리라 해도 돈을 들이부어야 한다. 그렇게 하지 않으면 고급주 시장에서 급속히 퇴출되기 때문이다. 물량 싸움의 결과 3~5개 브랜드만 남게 되면, 이제부터는 과열 경쟁 단계로 진입한다. 경쟁은 양강 구도로 정리될 때까지 이어진다. 어느 정도 힘의 균형을 이룬 상황이 되면, 두 진영은 화력의 강도를 낮추고, 고급주라는 좁은 시장을 공유하면서 이윤의 극대화를 추구한다. 전장에서 한때 퇴장했던 기업에게도 완전한 포기란 없다. 완전히 포기하고 명주라는 신분을 영영 잃는 건 고급주로서 체면이 서지 않는다. 일단 퇴장했던 기업들도 좁은 프리미엄 시장이 커지는 때를 노리고 권토중래를 꾀한다. 예전과는 완전히 다른 모습으로 판에 뛰어들어 시장의 분할을 재차 시도한다. 새로운 판짜기의 시작인 것이다. 이런 순환이 끝없이 되풀이된다.

천하무적 또는 고독한 선두주자

중국 백주업계가 1990년대에 시장경제로 진입한 이후의 상황을 《삼국지연의》와 같은 소설에 비유해보자. 가장 먼저 천하의 패권을 잡은 건 편주였다. 이어서 우량예가 옥좌에 올랐다가 지금은 마오타이주가 패왕이 되어 사방을 내려다보고 있다. 2016년 프리미엄 시장 규모는 약 600억 위안이며, 몇 년 이내로 1,000억 위안까지 확대될 것이다. 현재 마오타이주는 전체 고급 백주 시장의 절반 정도를 굳건히 장악하고 있다. 마오타이주는 영원히 강호의 패왕으로 군림할 수 있을까? 만약 그렇지 않다면, 다음번 무림의 맹주는 또 누가 될 것인가? 현재로서는 모든 것이 미지수이다.

마오타이주창이 '제13차 5개년 계획' 말기에 영업매출 1,000억 위안을 돌파한다는 목표를 세운 데 이어 우량예도 마찬가지로 매출 1,000억 위안 목표를 세웠다. 100억 위안 클럽 가입을 달성했거나 이를 위해 한창 발돋움 중인 주류기업도 최소 5개사가 있다. 옥좌를 노리는 호랑이들이 호시탐탐 기회를 엿보고 있는 상황이다. 마오타이주창그룹은 천하무적도 아니요, 고독한 선두주자도 아니다. 마오타이주창 입장에서 추적자가 될 가능성이 가장 큰 자가 누구인지는 중요하지 않을지도 모른다. 분명한 것은 위기감을 느끼지 못할 때 최대의 위기가 닥쳐오고, 자신의 단점을 발견하지 못하는 것이 최대의 단점이 될 것이라는 사실이다.

마오타이주의 장점을 들어보자. 생산능력이 안정되어 있고, 생산

공정의 표준화를 이루었다. 장향형 백주의 대표로서 누구도 그 자리를 넘보지 못한다. 페이텐 마오타이와 우싱 마오타이의 안정적이고 뛰어난 품질은 발군의 경지이다. 탄탄하고 깊은 문화적 밑바탕과 감동적인 스토리텔링이 있다. 해외시장에서 타의 추종을 불허하는 독보적 성과를 거두며 장기간 최고의 지위를 유지하고 있다. 과거에는 공무 소비에 많이 의존했지만 조정기를 거치면서 고급 비즈니스와 중산층을 겨냥한 마케팅 방향 전환에 성공했다. 지존으로서의 지위는 예나 지금이나 변함이 없다. 급속히 발전하는 경제, 날로 방대해지는 중산층 인구, 소비 수준의 상승, 이 모두가 마오타이주의 다음 발전을 위한 새로운 기회가 된다.

하지만 마오타이주의 미래에 불리한 요소들도 있다. 중국 술 애호가들의 음주 경향으로 보면 장향형 백주는 대중적 품종이 아니다. 장향주를 마시는 것에 익숙하지 않은 사람이 많다. 그리고 지리적 환경의 제약으로 다른 향형의 술처럼 대량생산을 할 수가 없다. 상품 구도 면에서 보면 페이텐 마오타이의 독무대라는 점이 문제다. 다양한 마오타이 계열 브랜드가 있고 그 등급 구분도 뚜렷하지만, 매출수입 면에서는 페이텐 마오타이와 비교가 불가능하다. 마오타이 계열주는 주요 경쟁 상대인 우량예, 양허와도 꽤 큰 차이를 보인다. 단일 품종에 과도하게 의존하다 보니 위기 대처 능력이 취약하다. 따라서 페이텐 마오타이에는 조그만 문제점도 용납할 수 없다.

마오타이주는 소비자가 주로 중산층 이상이다. 그런데 이 소비자층은 근래에 양주, 포도주 등 서양 유행에 열중하고 있다. 중국백주의 '네 가지 변하지 않는 것'에 대한 마오타이주창의 분석(제4장 가운데 '변하는 것과 변하지 않는 것' 참조-역주)이 상당히 정확하기는 하지만, 커다란 흐름에 대한 판단일 뿐이다. 부분적 시장의 변화는 반드시 발생한다. 양주와 포도주의 유행에 따라 고급 백주의 시장점유율이 가장 먼저 타격을 입을 것이란 사실에는 의심의 여지가 없다. 그 밖에 끊임없이 오르는 소비자가격도 마오타이주에게 있어 반드시 좋은 일만은 아니다. 지나치게 높은 가격은 '소비 장벽'을 생성하기 쉽고, 이로 인해 일부 소비자는 발길을 돌릴 수밖에 없다. 게다가 정부의 가격관리 담당부서 역시 이를 방관하지 않는다. 2016년 국가발전개혁위원회가 가격을 문제 삼아 마오타이주창 간부를 불러들였던 실례가 있다.

마오타이주는 여전히 잘 팔리고 있고, 앞으로도 불티나게 팔리겠지만, 업계 큰형님의 지위를 유지하기 위해서는 더욱 더 많은 노력을 기울여야 한다.

어쩌면 타법에 변화를 주는 것이 또 한 단계 도약하는 멋진 효과를 가져올 수도 있다. 지난 몇십 년간 사활을 건 시장경쟁으로 내몰렸던 중국의 대형 주류기업들은 '늙어 죽을 때까지 발길을 끊는' 정도까지는 아니어도 상호교류가 아주 적었던 건 분명한 사실이다. 특히 명주 업체일수록 스스로를 가두고 자신에만 골몰했다. 중국 대형 주류기업이 해외의 명주 기업과 산지 시찰에 나서는 일은 매우 빈번했으나, 그들 서로간의 왕래에 관해선 들어본 일이 별로 없다. 각 기업끼리는 브랜드와 상표, 역사와 영예, 시장점유율 등에서 전쟁을 거듭했고, 종종 피비린내 나는 상황으로 치닫기도 했다. 같은 업계 사람은 원수나 마찬가지였기에, 교류가 드물었던 것도 이해 못할 바는 아니다.

하지만 이해가 된다고 해서 그것이 정상적이라는 건 아니다. 설령 정상적이라 해도 반드시 올바른 것은 아니다. 중국백주가 명성을 얻은 지 이미 오래지만, 최근 몇십 년 동안 많은 기업이 심한 부침을 겪었다. 그 원인 중 하나가 '폐쇄적 울타리' 때문은 아닌지 다시 한번 되돌아 봐야 할 문제다.

동종업자들에게 협력의 손을 내밀다

바로 이런 인식에 기초하여 '맏형' 격의 마오타이주창은 업계의 건강한 발전을 이끌기 위해 자발적으로 백주업계 상호 교류의 큰 문을 열어젖혔다.

2011년 보아오 포럼 개막식에서 위안런궈는 포용성에 대해 언급했다. 그는 중국 백주기업 간 경쟁이 극히 치열한 시대를 맞아 야심찬 전진뿐 아니라 관대한 공유도 똑같이 중요하다고 목소리를 높였다.

2016년, 위안런궈와 리바오팡 등 라오타이주창의 고위 경영자들은 구징古井, 숭허崇河 등의 백주업체를 방문해, "교류를 통해 업계 내부적 시너지 효과를 일으키고 그것을 공유하길 희망한다, 더욱 공고한 상호관계를 구축하고 건강한 발전을 지속할 수 있도록 함께 공헌하자"는 뜻을 전했다. 2016년 상반기 영업판매회의 석상에서 "양허로부터 배우자"는 리바오팡의 한마디는 업계에서 큰 화제가 되었다. 폐쇄성을 거둬들이고 업계 내부의 교류를 시작하는 것이 백주업계의 새로운 조류가 되고 있다.

2017년 2월, 우량예, 루저우라오자오, 랑주, 젠난춘이 '팀을 짜서' 마오타이주창을 방문했다. 5대 명주기업 임원진은 심층 토론회를 열어 쓰촨과 구이저우 백주산업의 발전 방향을 전망하고, 각 기업 간 협력 가능성과 방법을 모색했다. 업계 전체가 조정기를 겪는 가운데 5대 명주 기업이 '마오타이 회의'를 개최한 것은 의미심장한 일이 아닐 수 없다.

중국 양조업계 판도에서 쓰촨과 구이저우 두 성의 활기는 단연 시선을 집중시키고 있다. 쓰촨·구이저우의 백주산업은 기후, 수원水源, 토양이 '삼위일체'를 이루는 생태환경을 갖추었으며 지구상의 동일 위도 지역 가운데 양질의 증류주 생산에 가장 적합한 지역으로 인정받고 있다. 몇만 km²에 불과한 지역 내에 중국 최대의 백주기업들이 위치하고 있다. 중국백주 중 장향, 농향 양대 향형을 대표하는 유명 기업들은 대부분 이 산업벨트에 자리잡고 있다. 마오타이, 우량예, 루저우야오자오, 젠난춘, 퉈파이, 수이징팡, 랑주 등 이름난 백주 브랜드가 이 지역에서 매혹적인 술 향기를 뿜어낸다. '마오타이회의'에 참가한 5대 명주 기업도 전부 쓰촨·구이저우 백주산업벨트에서 왔다.

마오타이주창은 백주업계를 이끄는 선두 기업으로서 중국백주의 세계적 경쟁력을 높이기 위해 국내 동종업자들과 적극적으로 제휴

하는 태도를 보여왔다. 마오타이주창 사장 리바오팡은 쓰촨·구이저우 두 성은 모두 역사가 유구하고 위치상 동일한 산업지구에 속하며, 두 성이 연합한다면 중국 백주산업의 판도를 새롭게 쓸 수 있다는 의견을 피력했다. 그리고 쓰촨·구이저우 백주산업벨트의 대형 주류기업은 국가적 프로젝트인 '일대일로'를 계기로 단결해 중국백주가 세계로 더 멀리, 더 깊이 나아가도록 해야 한다고 강조했다.

'마오타이 회의'는 '배움을 좋아하는' 마오타이주창의 입장에서도 아주 좋은 일이었다. 마오타이주창은 예컨대 우량예의 계열주 완비 성과, 루저우야오자오의 영업 개혁 방식, 랑주의 제품 다양화 전술 등을 학습할 수 있었다. 마오타이주창 역시 '마오타이 경험'을 기꺼이 공유하며 백주업계 공동의 발전을 위해 맡은 바를 수행했다.

한때 얼어붙었던 백주업계가 2015년부터 활기를 되찾는 동안, 우량예는 줄곧 마오타이주창의 뒤를 바짝 따라붙었다. 우량예는 한때 업계 1인자였고 여전히 패기가 넘치긴 하지만, 단기간 내에 마오타이를 넘어서지 못하리라는 것도 잘 알고 있었다. 만일 마오타이주창을 공격 표적으로 삼고 경쟁 상대로만 취급한다면 오히려 부작용을 야기하기 십상이며, 호시탐탐 기회를 노리는 양허에 따라잡힐 위험도 있었다. 따라서 우량예 입장에서 마오타이주창과 손을 잡는 것은 분명히 나쁘지 않은 선택이었다.

마오타이 회의는 우량예가 지근거리에서 마오타이주창을 관찰하고 이해하는 좋은 기회가 되었으며, 값진 경험과 전략을 얻는 계기가 되었다. 가격 조정이 불가피했던 당시 상황에서 우량예는 출하량을 제한함으로써 가격을 유지하는 방침을 택했다. 하지만 실제로는 가격이 하락하고 판매대리상이 맥을 못추는 상황이 벌어졌다. 아마도 마오타이주창의 가격 안정 방책은 우량예 입장에서 문제를 해결하는 '양약'이 되었을 것이다.

랑주는 사천성에 위치한 기업이기는 하나 실제로는 마오타이주창과 강 하나를 사이에 두고 있다. "그대가 사는 곳은 강 머리 쪽, 내가 사는 곳은 강 꼬리 쪽"이라 할 만한 관계이다. 랑주 또한 장향형 백주를 생산한다. 랑주는 나름의 전통이 있고 지금도 번성하고 있지만, 마오타이주창이라는 거인과 비교하면 작은 양조기업에 불과하다. 고급주 분야로만 본다면 랑주는 마오타이와 경쟁할 수준에 못 미치지만, 마오타이주창 계열주와는 제품군이 상당 부분 겹친다. 마오타이주창이 장향형 백주의 대중화에 힘을 쏟으면 랑주 또한 큰 수혜자가 된다. 그리하여 랑주는 지리적 위치의 우세함을 살려 마오타이와 '눈맞춤'을 한 지 오래이다. 두 기업은 장향형 백주 전체의 세력을 키우는 '파트너'가 되는 것에 기본적 합의를 이루었다. 랑주가 '마오타이 회의'에 참석한 것은 협력의 성과를 확실한 열매로 거두기 위해서다.

마오타이와 우량예가 매출 1,000억 위안 목표를 세울 때, 루저우야오자오는 '100억 위안 클럽'에 다시 들기 위한 노력을 기울였다. 현재 루저우라오자오 제품 중 페이텐 마오타이, 수이징우량예의 시장점유율을 잠식할 수 있는 것은 궈자오1573뿐이다. 루저우라오자오의 경쟁 상대가 마오타이주와 우량예일 수 없다는 건 자명하다.

이번 '마오타이 회의'에 참가한 루저우라오자오와 젠난춘은 완전히 똑같은 마음가짐이었다. 그들은 '마음을 비우고서 열심히 배우고, 협력을 추구하며, 실력을 쌓는다'는 자세로 임했다.

쓰촨·구이저우 백주산업구의 명주 기업들이 하나로 뭉쳐 협력과 공동의 발전을 논의한 것은 중국백주 발전사상 처음 있는 일이었다. 어쩌면 이를 시작으로 상호 경쟁하던 구도에서 전반적 협력으로 나아가는 새로운 흐름이 형성될 수도 있을 것이다. 물론 출발점은 저마다의 더 나은 미래를 위해서였지만, 이는 또한 백주업계의 한층 건전한 발전을 도모하는 길이기도 했다. '마오타이 회의'는 중국 백주업계에 새로운 사고의 방향을 제시했다.

신세대 '마오 팬'

팬덤 경제, 인터넷 시대의 새로운 비즈니스 모델

인터넷 시대에는 '열성팬'을 확보하는 자가 천하를 갖는다. '열성팬'은 곧 가치 창조와 수익 획득으로 이어진다. 인터넷 덕분에 상품 생산자와 소비자 간 의사소통의 장벽은 거의 허물어졌다. 소비자는 생산자 측과 활발히 소통함으로써 소비자가 존중받는 분위기를 이끌어내고 소비생활의 질質을 업그레이드했으며 상품에 대한 애착을 갖게 되었다. 탄탄한 브랜드 기반을 다지는 것은 상대적으로 안정된 소비층을 구축한다는 것인데, 이 안정된 소비층이 바로 '열성팬'이다. '열성팬'을 얻는 자는 금맥을 캔 것이나 마찬가지이다. 열성팬의 관심과 '팔로우'는 신속한 환금으로 이어질 수 있다.

'팬덤 경제'를 최고 수준으로 이뤄낸 건 애플이다. 애플의 창업자

스티브 잡스는 인터넷 시대의 팬덤 경제를 가장 성공적으로 실천한 인물이다. 스티브 잡스가 출현하기 이전, 사람들의 관심 대상은 주로 하이테크 기업과 그 제품이었다. 대중은 우직하게 일만 하는 소프트웨어 개발자에게 아무런 매력을 느끼지 못했다. 그러나 예술적 퍼포먼스 자질까지 갖추었던 스티브 잡스는 애플의 과학기술력을 자본으로 삼고 애플 제품을 도구로 삼아 자신을 과학기술계의 스타로 연출했다. 그리고 실리콘밸리에 즐비한 하이테크 기업 중에서 애플을 가장 독보적인 존재로 만들었다. 신격화된 잡스와 애플은 단기간에 전 세계의 수많은 '열성팬'을 보유하게 되었다. 애플 제품을 향한 애플 팬의 애정과 숭배는 종교 신도를 연상시킬 만큼 경건했다. 애플이 신제품을 발매할 때마다 조금이라도 빨리 신제품을 손에 넣으려는 전 세계의 애플 팬들은 밤새도록 줄을 서는 수고도 마다하지 않았다.

중국의 샤오미小米는 처음부터 팬덤 경제 노선을 추구했다. 창업자 레이쥔雷軍은 스스로 샤오미의 상품 관리를 책임지면서 출중한 재능과 영리한 연출로 자신을 중국의 스티브 잡스로 포장하는 데 공을 들였다. 단 2년 만에 '레이브 잡스'와 샤오미는 무수한 '미 팬'들을 끌어 모았다. '미 팬'들의 열광적 지지 속에 샤오미 휴대폰의 판매 실적은 수직상승했다. 중국산 휴대폰 브랜드가 이렇게 급성장을 이룬 것은 기적에 가까운 일이었다. 샤오미 휴대폰이 가진 결함조차 IT업계에 종사하는 '미 팬'들이 나서서 옹호해주는 바람에 결함이 오히려 장점처럼 받아들여지기도 했다. 그들은 '미 팬이니까

당연히 샤오미를 산다'는 태도를 고수했다. 샤오미 스스로도 샤오미의 발전은 '미 팬'과 떼어놓을 수 없는 것이며 샤오미의 철학은 곧 '미 팬'의 철학임을 공언했다.

팬덤 경제는 인터넷 시대의 새로운 비즈니스 모델이다. 누군가가 단언한 것처럼 인터넷이 발전할수록 팬덤 경제를 통해 신속하고 지속적인 발전을 추구하는 기업들은 더욱 많아질 것이다.

마오타이주는 예전부터 '마오 팬'이 넘쳐나지 않은 적이 없다. 팬이라는 용어가 나오기 전부터 마오타이주의 팬은 존재했다. 마오타이의 가치와 이념을 인정하고, 마오타이의 문화를 널리 퍼뜨리며, 소비를 주도하는 능력을 갖춘 '마오 팬'은 갈수록 수가 늘어났다. '불후의 마오타이주'란 명성은 이들 '마오 팬'이 존재했기에 가능했다.

'마오 팬'은 몇 가지 부류로 나눌 수 있다. 첫째, 뼛속까지 마오타이만을 사랑하는 '골수파' 팬이다. 이들은 마오타이가 아니면 마시지 않고, 평생 마오타이만 마신다. 이런 골수파 마오 팬은 수적으로는 많지 않지만 충성도에서는 타의 추종을 불허한다. 둘째, '기술파' 마오 팬이다. 이들은 마오타이 문화를 좋아하고 마오타이주의 역사와 제조법에 훤하며 마오타이주의 정신적 가치를 추구한다. 마오타이주를 자기 목숨만큼 소중히 하는데, 진정으로 사랑하는 마오타이주를 위해 천금을 아끼지 않는 일도 종종 있다. 이런 '기술파'도 숫자가 많지는 않지만 훌륭한 기품과 높은 충성심으로 무장해 있다. 마오타이주 컬렉터들은 기본적으로 '기술파' 들이다.

셋째, '박애파' 마오 팬이다. 술 마시기를 좋아하고, 술에 대한 이

해도 깊으며, 술의 맛과 향, 느낌을 중시한다. 장향형 마오타이주에 대한 애정이 강하고 기회가 될 때마다 열광적 지지를 표현한다. 이런 '마오 팬' 그룹도 숫자가 꽤 많지만 앞의 두 그룹에 비해 충성도는 높지 않다. 게다가 다른 백주의 '팬'이기도 할 가능성이 있다.

넷째, '맹목파' 마오 팬이다. 이들은 마오타이주의 명성에 홀려 맹목적 숭배를 바친다. 중국 현대사의 몇몇 중요 장면에 등장했던 역사적 사실과 여러 유명 인사들의 사랑을 받았던 전설 때문에, 마오타이주는 중국 민간에서 광범위한 지지층을 갖게 되었다. 생활수준이 날로 풍족해짐에 따라 소비수요가 상승하면서, 마오타이주는 이러한 '맹목파' 마오 팬의 식탁에 종종 오르게 되었다. '맹목파'는 수적으로도 많고 기반도 탄탄하지만 충성도가 떨어지고 1인당 소비량도 많지는 않다. 아무래도 이들의 마오타이주에 대한 열광은 심리적인 면에 치우쳐 있다.

마오타이주창이 직면한 과제는 인터넷을 이용해 어떻게 '마오 팬'의 활동 공간을 구축할 것인가, 그리고 다수의 '팬'을 보유한 장점을 살려 어떻게 효율적인 마케팅을 펼칠 것인가에 있다. '마오타이 클럽'을 어떻게 만들면 고참 '마오 팬'을 안정적으로 유지하고 신입 '마오 팬'을 확충할 수 있으며, 어떻게 하면 '마오타이주를 마시는' 팬에서 '오직 마오타이주만 마시는' 골수파 팬으로 바뀌게 할 수 있는지도 고민거리이다.

2013년부터 마오타이주창은 베이징, 상하이 등지에서 '팬클럽 오프라인 활동' 행사를 개최하고 있다. '마오 팬'의 소비 체험과 참여의식, 교류를 통한 동질감을 한층 더 높이고 더 많은 소비자를 '마오 팬'으로 끌어당기기 위해서다. 행사에 초청받은 '마오 팬'은 마오타이주창 직영점을 둘러보고, 술을 시음하고, 전문 감정사의 강연 등에 참석한다. 이런 교류를 통해 '마오 팬'과 마오타이주 사이의 거리는 빠른 속도로 좁혀졌다. 행사 참가자들은 대부분 1970년대생, 1980년대생 '마오 팬'이다. 이는 마오타이주창이 소비자의 체험을 매우 중시하며, 이 세대가 백주 및 마오타이주 소비에 익숙해지도록 만드는 데 착수했음을 의미한다.

2015년, 마오타이주의 파나마 만국박람회 금상 수상 100주년을 경축하기 위해 마오타이주창은 '100개 도시 100만 마오 팬이 함께 축하하는 마오타이 금상 수상 100년'이라는 일련의 이벤트를 개최했다. 이벤트는 약 3개월간 지속되었는데, 그중 백미는 전국 각지의 사회 저명인사와 인터넷 스타를 초청해 길이 100m의 긴 종이에 사인을 받은 후 100개 도시를 순회하며 전시하는 것이었다. 100m짜리 두루말이 사인첩은 각 전시장에 도착할 때마다 큰 화제를 불러일으켰다. '마오 팬'은 사인을 추가해 넣거나, 사진을 찍거나, QR코드를 스캔하거나, 슬로건을 외치는 등 다양한 방식으로 마오타이주 금상 수상 100주년에 진심 어린 축하를 보냈다. 사인에 참여한 100만 '열성팬'의 연령대는 20살을 갓 넘긴 젊은이에서 거동이 불편한 70대 노인까지 다양했다. '열성팬' 중에는 스위스, 일본, 한국, 미국 등 다양한 나라에서 온 외국인 팬도 많았다.

2017년 9월 30일에는 제1회 '마오 팬 축제'가 마오타이진에서 열려 전 세계의 '마오 팬'들이 츠수이허변에 모였다. 서로 다른 나라, 다른 지역, 다른 직업, 다른 연령대의 '마오 팬' 1,000명 이상이 같은 기호, 같은 가치관, 같은 문화적 취향을 추구한다는 이유로 마오타이진에 모여 함께 미주를 즐겼다. 이들은 가을 황금 들녘의 상쾌한 바람 속에서 츠수이허의 신비로움을 직접 느끼고 마오타이주의 빼어난 향을 감상했으며 국주 문화의 정수를 맛보았다. 이날 모인 '마오 팬' 중에는 저우언라이 총리와 함께 마오타이주를 마시며 천하를 논했던 일본 전 수상 다나카 카쿠에이田中角榮의 아들 다나카 교田中京도 있었고, 여러 나라 대사를 포함한 외교관들도 있었다. 1971년부터 2017년까지 생산된 마오타이를 한 해도 빠짐없이 수집한 광둥廣東성 자오퉁交通그룹의 고급 엔지니어 원위에순文躍順도 참석했다. 위안런궈, 리바오팡 등 마오타이 고위임원들도 현장에서 '마오 팬'들과 어울려 마오타이주를 마시고 국주문화성國酒文化城을 거닐고 자선경매에 참여하는 등 감동 넘치는 '마오 팬'의 밤을 함께 즐겼다.

이와 같은 '마오 팬'과의 교류 활동을 통해 소비자와 마오타이주 창의 거리가 좁혀졌다. 기업 호감도와 긍정적 이미지가 크게 높아졌고 소비자의 브랜드 인지도도 크게 향상됐다. 마오타이주는 소비자 대중을 향해 친근한 메시지를 발신했고, 충성스런 구매자층을 확고히 다졌다. 동시에 새로운 '열성팬'을 확충해 마오타이에 대한 그들의 인식과 충성도를 높임으로써 미래 시장 개척을 위한 기초를 튼튼히 닦았다. 그야말로 한 번에 여러 마리 토끼를 잡은 셈이다.

현재의 '마오 팬' 중에는 젊은층의 비율의 높지 않다. 1970년대 이전에 태어난 사람들은 그 시대 생활수준의 영향을 받아 아직도 술을 마실 때 선택의 폭이 그리 넓지 않다. 대부분 주로 백주를 마시고, 와인과 양주는 물론 맥주나 다른 음료수도 잘 마시지 않는다. 이들은 오랜 세월을 거치며 백주를 마시는 습관이 자연스럽게 몸에 배었기 때문에 백주에 대한 충성도가 높은 소비층이라고 볼 수 있다. 그러나 1980년대 이후에 출생한 젊은이들은 술이나 음료에 관한 선택의 폭이 넓은 편이다. 입안에서의 자극이 강렬한 백주, 특히 도수 높은 백주에 대해서는 그다지 흥미가 없다. 대신 맥주나 와인의 느낌을 더 선호한다. 어쩌다 백주를 마신다 해도 대부분 수동적인 상황에서 기인하는 경우다. 일반적으로 이들 세대는 외부적 요인이 없는 상황에서 자발적으로 백주를 선택해 마시는 경우가 거의 없다. 따라서 이들 대다수는 백주 마시는 습관을 붙이지 못한 상태라 하겠다.

젊은 세대의 소비 트렌드를 이끄는 방법

중국백주를 특징짓는 요인들 가운데 술 자체의 본질적 특징 이외에 가장 두드러지는 것은 음주문화다. 중국인들이 종종 '술을 마시는 것은 문화를 마시는 것이다'고 말하는 것도 이런 맥락에서다. 백주회사들은 저마다 문화라는 카드를 잘 활용하기 위해 고심한다. 백주회사들이 저마다 자사 상품의 저변에 깔린 문화적 가치를 발굴하는 데 힘을 쏟는 이유는 첫째, 상품들이 엇비슷해지는 걸 막기 위해서, 둘째, 제품의 부가가치를 높이기 위해서, 셋째, 상품에 대한 충성도를 높이기 위해서이다. 하지만 젊은층의 눈에 비친 백주문화는 고루하고 수구적이고 시대에 뒤떨어진 것이어서 그들을 끌어당기는 힘이 크지 않다. 젊은층은 와인의 우아함과 낭만, 위스키의 기품과 권위, 브랜디의 열정과 화려함, 보드카의 위엄과 터프함에 훨씬 더 이끌린다. 사실, 젊은층뿐만 아니라 다수의 중산층 역시 이처럼 서양의 술에 빠져들어 양주 브랜드와 역사에 대해 즐겁게 이야기하곤 한다. 전통적 백주문화가 젊은층을 끌어당기지 못하는 것은 보편적 현상으로, 마오타이주도 예외가 아니다.

설령 젊은층이 백주를 마신다 해도 도수 높은 백주보다는 40도 전후의 저低도수 백주를 선택하는 게 일반적이다. 생활의 템포가 빨라짐에 따라 술을 마시며 느긋하게 시간을 보내는 일이 예전보다 줄어들었다. 대신 사교의 일환으로 술을 마시는 경우가 늘어나면서 소비자의 선택은 중저도수 제품에 치우치는 경향을 보인다. 중국백주의 향은 대부분 에스테르 향을 주성분으로 하는데, 알코올 도수가 40도 이하인 경우에는 입안에서의 느낌이 그다지 풍부하지 않다. 따라서 젊은층에서는 백주를 한두 모금 마셔보고 내 취향이 아니라며 간단히 포기해버리는 경향이 있다.

또한 최근에는 건강에 대한 의식이 높아짐에 따라 백주의 '웰빙화' 추세가 두드러지게 되었다. 술의 향을 중시했던 소비자는 이제 술의 느낌과 효능에 주목하게 되었다. 마오타이주창이 가장 먼저

'마시면 건강해지는 술'이라고 내세운 데 이어, 다른 백주 회사들도 건강 및 보양 관련 요소들을 끄집어내 부각시켰다. 하지만 이런 움직임은 일부 소비자층의 웰빙 지향적 수요에 대응한 것에 불과하다. '마시면 건강해지는 술'이란 홍보문구는 연령대가 높은 소비자에겐 유효했지만, 젊은층에는 먹혀들지 않았다.

여러 요인이 복합적으로 작용한 결과, 백주 소비자 가운데 젊은 층이 차지하는 비율은 낮은 편이다. 백주의 '열성팬' 중에서도 젊은 층의 비율은 낮다. 마오타이주와 같은 고급주는 어느 정도 경제력을 구비한 후에야 향유할 수 있기 때문에 수입이 상대적으로 적은 젊은층이 '마오 팬'이 될 가능성은 크지 않다. '마오 팬'이 되려면 일정한 '지위'도 필요하다. 따라서 더 많은 젊은층을 '마오 팬'으로 만드는 것은 분명 마오타이주창의 지속적 발전과 관계되는 문제이다. 하지만 젊은층의 주류 소비 트렌드를 어떻게 이끌 것인지에 대해서는 다양한 견해가 존재한다.

많은 사람들이 백주의 미래를 낙관적으로 보지 않는 이유는 젊은 이들의 소비 트렌드 때문이다. 중국 소비자들에게 선택의 폭은 갈수록 넓어지는 추세다. 젊은층의 식사 메뉴 선택지에는 이미 중국음식만 있는 게 아닌데, 하물며 중국백주의 상황은 어떠하겠는가.

반면 낙관론을 펼치는 사람도 있다. 비록 젊은층이 지금은 아직 페이텐 마오타이와 같은 고급 백주의 주요 소비층이 아니지만, 그들도 나이가 들고 중국백주문화에 대한 이해가 깊어지고 나면 백주를 인정하게 될 것이며 백주 소비의 주력군이 되리라는 것이다.

베네룩스 바텐더협회 회장 알란 웨이퍼는 양주에 열광하는 새로운 세대의 취향을 고려할 때 어쩌면 백주와 칵테일의 결합이 가장 좋은 해답일 수 있다고 말한다. 위스키, 럼주, 진, 보드카 등 세계적으로 유명한 증류주 대부분이 칵테일의 덕을 보고 있으며, 칵테일로 인해 유명해진 술도 전 세계 술의 5분의 1 이상이라는 것이다. 백주가 서양 술에 밀려 고통을 겪고 있는 현 상황에서, 백주의 세계화를 고민한다는 건 분명 발상의 전환에 해당한다. 이런 발상의 전환은 이미 오래 전부터 국제적 명성이 높았던 마오타이주가 다음 단계에 나아갈 새로운 방향을 제시해준다.

개혁은 중국백주가 젊은 소비자를 끌어들이기 위한 방안이기도 하지만, 동시에 마오타이주창이 더 많은 '마오 팬'을 결집시키는 최선의 방법이기도 하다. 마오타이주창은 현재 백주를 베이스로 하는 칵테일을 보급하는 데 힘을 기울이고 있다. 이는 젊은 '마오 팬'을 끌어들이려는 새로운 시도이다.

중국백주의 특징은 술 속에 응축된 문화에 있다. 무엇을 어떻게 개혁하더라도 이 한 가지 사실만은 쉽사리 변하지 않을 것이다. 문화라는 요소를 버린다면 그건 중국백주가 아니다. 마오타이주 역시 마찬가지이다. 역사적 기반이 다른 브랜드보다 더 깊지만 여전히 술 문화의 개발과 육성에 힘을 기울여야 하고, 젊은층의 취향에 맞춘 '문화 마오타이주'의 새로운 이미지를 구축함으로써 그들의 공감과 인정을 받아내야 하며, 나아가 그들이 마오타이주에 대해 충성심을 갖도록 이끌어야 한다. 동시에 마오타이의 브랜드파워를 활용해 '마오타이 이벤트'를 연속적으로 펼치고, '마오타이 교류 플랫폼'을 구축하며, '마오타이 정신의 마을'을 만들어야 한다. 이 모든 것은 더 많은 백주 소비자를 충실한 '마오 팬'으로 만드는 데 목적이 있다.

다각화의 아픔

사업다각화는 약인가, 독인가?

마오타이주창의 강점은 술에 있다. 마오타이주창이 만드는 장향형 백주는 천하제일이다. 따라서 술을 제대로 잘 만드는 것이야말로 마오타이주창의 일관된 핵심전략이다. 하지만 이와 동시에, 본업을 튼튼한 토대로 삼아 술의 세계에서 벗어나서 사업의 다각화를 추진했다. 주류업 바깥에서 돌파구를 찾고자 한 것은 마오타이주창의 미래 발전을 위한 전략적 선택이었다.

마오타이주창은 1999년 그룹화에 착수했다. '큰 그룹, 강한 회사'라는 기치 아래, 마오타이그룹은 다른 산업 영역에 대한 투자를 20년 가까이 계속했다. 2016년 기준으로 마오타이그룹 산하의 완전자회사 및 계열사는 30개사, 출자회사는 21개사이다. 진출 분야는 백주, 포도주, 증권, 은행, 보험, 관리신탁, 과학기술, 여행, 부동산개발 등 다양한 산업 영역에 걸쳐 있다.

다각화된 마오타이그룹은 업무 성격에 따라 크게 몇 가지 부문으로 구분할 수 있다. 첫째, 주류업 부문이다. 전문적 주류 생산은 마오타이주창의 주력사업이자 그룹 투자의 주요 부문이다. 마오타이주 주식회사를 필두로 시주智酒회사, 보건주회사, 기술개발회사, 포도주회사가 있다. 생태회사와 순환경제회사도 술을 생산하지만 그것이 주업은 아니므로 이 부문에 들어가지 않는다. 둘째, 일체화 부문이다. 주류업을 중심에 두고 그 전후 과정 및 파생 업무를 주로 담당한다. 친환경 농업, 포장재료, 물류 등이 여기에 포함된다. 셋째, 금융 부문으로 증권, 은행, 보험, 재무 등의 회사가 있다. 대부분 전액출자가 아닌 자본참가의 형태이다. 이 부문은 산업과 금융의 결합이라는 새로운 길을 모색해 고수익 업종인 금융 분야에서 실익을 거두려는 의도가 있다. 넷째, 다각화 부문이다. 각지의 호텔, 여행사, 부동산신탁회사 등이 포함된다.

마오타이그룹의 사업다각화는 지향하는 바에 따라 세 부류로 나눌 수 있다. 첫째, 수익 지향이다. 쉽게 말해 '돈을 버는 사업'으로 그룹을 위해 이윤을 창출한다. 둘째, 업무 지원 지향으로 대부분 기능적 역할이나 서비스업 계통의 사업을 한다. 예컨대 호텔처럼 그룹을 위해 후방 지원을 제공한다. 반드시 수익을 낼 필요는 없고, 맡은 역할을 제대로 수행하는 것이 중요하다. 셋째, 발전 지향이다. 미래를 내다본 사업이므로 현재 기초를 다지는 단계에서 수익을 내지 못하거나 심지어 적자를 봐도 용인되며, 추후에 올릴 큰 수익을 도모한다.

총체적으로 볼 때 마오타이그룹의 사업다각화 구조는 기초 단계를 닦은 상태이며, 일부 부문은 큰 흑자를 내고 있다. 본업인 주류 생산 부문은 말할 필요도 없이 순조롭게 운영되고 있다. 대표 격인 마오타이주 주식공사 외에도, 시주공사, 보건주공사, 기술개발공사 등 주류 생산계열 전부가 흑자를 내고 있으며, 포도주공사도 2년 전부터 수익 창출 대열에 합류했다. 백주 판매량은 매년 60~70만 톤이며 이익률이 높다. 최근 백주업계가 기록한 순이익 합계 가운데 약 3분의 1이 마오타이그룹 수입으로 들어갔다. 금융 부문의 발전 추세도 양호하다. 다양한 금융업 영역에 투자했던 자금이 이미 회수되기 시작했다. 일체화 부문 역시 주력사업인 주류업의 우수한 실적에 힘입어 수익이 나쁘지 않다. 그룹화 경영의 성과는 전체적으로 양호한 편이다. 각 자회사는 규칙에 따라 운영되고 있고 기업의 지배구조도 건전하다. 2015년 마오타이그룹 전체의 매출액은 419억 위안, 순이익은 227억 위안이었다. 2016년에는 매출액 502억 위안, 순이익 251억 위안을 기록했다. 2년 모두 이익률이 50%를 넘는다.

이상의 업무 실적을 놓고 보면 마오타이그룹의 다각화 전략은 상당히 성공적이다. 하지만 심도 있게 분석하면 좀 더 깊이 생각해 봐야 하는 문제점도 있다.

중국백주 최고의 브랜드이자 장향형 백주의 원조로서 마오타이주의 브랜드파워는 독보적이다. 고급 백주 시장에서 매우 큰 점유율을 차지하고 있으며, 가격과 이익률 모두 높다. 마오타이그룹은 세계적으로 유명한 마오타이주를 보유한 덕분에 뛰어난 실적을 올릴 수 있다. 다시 말해 사업다각화에 따른 여타 부문의 경영 실적이 차지하는 비중은 높지 않다는 의미다.

이하의 통계 수치를 보면 실상이 더욱 분명해진다.

2013년, 마오타이그룹이 실현한 이익 161억 위안 중 마오타이주 주식공사의 기여분은 160억 위안으로, 99%를 차지한다.

2014년, 마오타이그룹이 실현한 이익 166억 위안 중 마오타이주 주식공사의 기여분은 163억 위안으로, 98%를 차지한다.

2015년, 마오타이그룹이 실현한 이익 227억 위안 중 마오타이주 주식공사의 기여분은 221억 위안으로, 97%를 차지한다.

2016년, 마오타이그룹이 실현한 이익 251억 위안 중 마오타이주 주식공사의 기여분은 238억 위안으로, 95%를 차지한다.

마오타이주주식공사가 여전히 그룹 전체의 '돈 버는 기계'임을 쉽게 알 수 있다. 이와 대조적으로, 다각화 전략에 따른 여타 부문은 거의 존재감이 없다. 매출액이나 이윤으로 따진다면 마오타이그룹 입장에서 소위 다각화된 계열사는 있어도 그만 없어도 그만이다. 바꿔 말하면, 마오타이그룹의 제반 투자 중 마오타이주 주식공사를 제외한 여타 다각화 방면의 투자는 그다지 성공하지 못한 셈이다. 이것이 바로 마오타이그룹의 '다각화의 아픔'이다.

다각화 투자에 대한 뼈아픈 분석

'다각화의 아픔'을 초래한 원인은 여러 가지가 있다.

첫째, 다각화 전략을 계획하고 실행하는 과정에서 '따로국밥' 현상이 나타났다. 계획은 완벽했지만 그 완벽함은 지면상의 단계에만 그쳤다. 전체를 조망하는 전략적 의식이 희박한 가운데, 전략 실행은 엄밀하지 못했고 그때그때 상황에 따른 임기응변이 넘쳐났다. 수립해둔 계획이 있어도 제대로 실시되지 않았고, 실시되는 사업들은 계획이 없거나 임의로 결정되는 경우가 많았다.

일체화 전략을 예로 들어보자. 수직적 일체화는 서플라이체인을 이루는 기업들 간의 바람직한 경쟁이 사라지게 하는 나쁜 영향을 미쳤다. 수평적 일체화는 자회사들이 같은 업무를 하며 내부 경쟁을 벌이는 현상을 야기했다. 이에 따라 객관적으로 볼 때 도태되어야 할 자회사가 보호를 받는 현상이 일어났다. 기능이 중복되는 자회사 간의 불필요한 경쟁도 심해졌다. 자회사 설립 시점에는 직무기능이 명확하게 설정되었더라도, 일정 기간 운영된 후에는 업무 교차 현상과 직무기능의 중첩 현상이 발생했다. 예를 들어 기술개발공사는 기술개발과 서비스를 잘하는 것이 본업이고, 보건주공사는 보건수 관련 업부에 선념해야 한다. 하지만 어찌어찌 하다 보니 두 회사 모두 백주, 그것도 모두 다 장향형 백주를 생산하게 되어 서로 경쟁하는 결과를 빚었다.

그 원인은 크게 두 가지가 있다. 먼저, 마오타이그룹은 지리적으로 외딴 곳에 자리 잡고 있어 술 양조와 관련된 것 이외의 다른 자원은 결핍되어 있고, 경직된 사고방식 탓에 술 양조 외 다른 분야의 생산과 경영은 생소한 편이다. 때문에 이것저것 해보다가 사정이 여의치 않으면 결국 술 양조를 하게 되는 것이다. 그 다음 이유로는, 기업의 매출과 이익은 매년 성장해야 하는데, 익숙하지 않은 업무를 하게 되면 목표 달성이 어렵지만, 술을 만들어 파는 본업을 하게 되면 목표 달성이 상대적으로 수월하다는 점을 들 수 있다.

둘째, 다각화 투자에 관한 객관적 검증과 리스크 평가가 불충분했으며, 투자를 관리하는 효율적 메커니즘이 형성되지 않았다. 지금까지의 결과로 보면, 일부 다각화 투자 프로젝트는 합리적 검증이 결여되어 있었으며, 실행 가능성에 대한 검증을 얼렁뚱땅 때우는 현상도 심각했다. 지금이라도 조정과 재평가를 해야 할 필요가 있는 사업이 많다.

종합해보면, 투자의 전체적 효과는 그리 긍정적이지 않았다. 기업의 정책 결정에 문제가 있는 경우도 일부 있었지만, 대부분은 투자 관리의 문제가 더 컸다. 투자는 대대적으로 하려 했지만 그에 합당한 설계와 관리는 결여되어 있었다. 현재까지도 그룹 전체의 다각화 투자를 일괄적으로 관리하는 부서가 만들어지지 않았다. 투자 프로젝트에 관한 종합적 평가가 상설적으로 이뤄지지 않고 있으며, 누가 의사결정을 하고 누가 평가를 하며 누가 관리감독을 하는지에 대한 업무 분장이 불명확하다. 모든 것이 그때그때 임기응변식으로 정해진다.

또한, 투자와 관련한 직무기능이 명확하게 분화되어 있지 않다. 선수로 뛰는 사람이 심판도 하고 관리감독 노릇도 하는 격이다. 그러니 무엇 하나 제대로 되는 것이 없다. 특히 관리감독에 문제가 많다. 그리고 투자에 따르는 리스크 관리 메커니즘이 취약해 리스크 평가와 경고, 억지 기능이 허술하다. 그렇다 보니 투자로 인한 문제가 발생할 가능성이 높을 수밖에 없다. 새로 투자한 일부 프로젝트나 업체는 실제로 제어가 어려운 상황에 놓여 있어, 훗날 재무상의 '블랙홀'이 되거나 거액의 보완 투자를 필요로 할 가능성이 매우 높다.

셋째, 투자가 분산되어 중점 내지 주력이 없다. 투자를 결정하는 과정에서 마오타이그룹이 가진 경영자원의 장점과 배치 상황이 충분히 고려되지 못하고, 또한 운영 과정 중에도 마오타이그룹이 가진 소프트파워가 충분히 활용되지 못하고 있다. 주류업 이외의 분야에서 투자자금 회수가 어렵다 보니, 경영 업적의 압박을 받는 산하 기업들이 주류 제조업으로 회귀하는 현상이 속속 발생하고 있다.

넷째, 다각화를 담당하는 인재가 부족하다. 마오타이그룹에는 인재가 많지만, 주류업을 제외한 분야의 인재는 많지 않다. 외진 곳에 위치했다는 지리적 특성상, 인재 선발과 고용 면에서 과도하게 현지화되는 경향이 장기간 지속되고 있다. 인재의 성장 속도는 느리고, 인재를 구하는 범위의 폭도 좁다 보니, '인재 올디리' 현상이 빚어지고 있다. 타지 인재를 들여오는 것도 어렵고, 현지 인재를 외부로 진출시키기도 어렵다. 마오타이그룹은 편제상 구이저우성 국유자산감독관리위원회 계통의 국유기업 가운데 핵심적인 존재다(마오타이그룹은 구이저우성 국유자산감독관리위원회가 100% 출자한 국유기업이다-역주). 이 위원회 산하 국유기업들이 내는 이익 가운데 88%는 마오타이그룹이 낸다. 하지만 이 위원회로부터 경영관리 담당 인재를 제공받지는 않는다. 이익 공헌도와 인재 배정 비율 간의 불균형이 심각하다. 마오타이그룹이 최근 수년 동안 타지로 진출시킨 인재의 수도 극히 적다.

인재의 영입, 육성, 활용, 외부 제공 등에서 안고 있는 문제는 마오타이그룹의 성장을 제약하는 요소가 되고 있다. 여러 신흥 산업 분야에 걸쳐 투자하는 마오타이그룹이지만, 인재 육성 계획에는 심각한 공백이 있다. 전문적 경영 인재를 찾아 선발하고 훈련시키는 작업이 거의 진행되지 않고 있어 신규 투자 영역은 전문인력이 매우 부족한 실정이다. 주류업 이외의 분야에서는 인력이 부족한데도 인재 영입, 관리, 활용 등은 여전히 옛날 방식에 머물러 있다. 출신 지역과 직급에 집착하고 '마오타이'나 '구이저우'와 연결고리가 있는지 여부에 지나치게 매달리는 등, 고리타분한 관념에서 벗어나지 못하고 있다. 그 결과 일부 투자 부문 가운데 금융, 순환경제 등의 영역에서 극심한 인재 부족 현상이 벌어지고 있는 것이다.

마오타이라는 강력한 브랜드파워 덕분에 마오타이그룹의 사업다각화 투자는 본디 여러모로 유리했다. 그러나 투자관리가 제대로 되지 않은 점, 전문인재가 부족한 점 등의 요인으로 인해 그 강점을 제대로 살리지 못했다. 속담에 '업종 간 차이는 산 하나 차이'(원문: 隔行如隔山-역주)라는 말이 있다. 어떤 업종에서 큰 성공을 거두었다고 해서 다른 업종에서도 술술 잘 풀린다는 보장은 없다. 술 양조업에서는 타의 추종을 불허하는 마오타이그룹이지만, 다른 업종으로 진출해 이룬 성과는 그리 뛰어나지 못했다. 양조업의 방식으로 다른 업종에 임하면서 추진했던 다각화 투자는 지금까지의 결과를 놓고 보면 당초 목표로 삼았던 것과 거리가 멀다.

다음 100년

호황이 최후의 광풍이 되지 않도록

저명한 미래학자 앨빈 토플러는 이렇게 말했다. "미래를 상상하는 많은 사람들은 그들이 잘 알고 있는 세계가 영원히 계속될 것이라 생각하곤 한다. 자신이 이전과는 완전히 달라진 생활을 하게 된다거나 또 다른 새로운 문명을 받아들이게 되리라고는 상상하지 못한다. 실은 누구라도 언제든지 옛 문명의 마지막 세대가 될 수도, 새 문명의 첫 세대가 될 수도 있다."

앨빈 토플러의 선구적이면서도 완곡한 발언과는 대조적으로, 애플의 CEO 팀 쿡의 말은 훨씬 더 직접적이다. "이 세상 물건의 99%는 전부 다시 설계되어야 한다."

사실 앨빈 토플러나 팀 쿡이나 결국은 같은 이야기를 하고 있다.

앨빈 토플러의 말은 만물은 무상無常하며 변화는 우리가 익히 아는 세계에 언제든지 닥칠 수 있다는 의미이다. 팀 쿡은 한 발 더 나아가, 오직 변화만이 살 길이요 활력을 준다고 지적했다. 그들의 명쾌하고도 확신에 찬 견해는 사람들에게 새로운 내일을 열고 더 나은 미래를 추구하도록 독려한다. 기업가는 오랫동안 번창하는 사업을 논한다. 역사학자는 역경을 딛고 융성한 기업을 표준으로 삼는다. 경영관리 전문가는 백 년 노포의 경영철학에 푹 빠져 있다. 일반인들 역시 오랜 세월에도 흔들림 없는, 역사와 전통 깊은 상점에 대해 늘 큰 호감을 가진다. 하지만 세상일은 마치 장기판처럼 변화무쌍한 것이며 큰 파도가 정신없이 몰아치기도 한다. 과학기술의 혁신은 전광석화처럼 눈 깜짝할 새 이뤄지고, 비즈니스의 세계는 귀신도 예측하기 어려울 정도로 변화무쌍하다. 진정한 백년기업은 그 숫자가 얼마 되지 않는다. 역사가 오랜 기업들이 대부분 세월과 함께 쪼그라들어 간판만 겨우 남아 있는 실상과 비교하면, 마오타이처럼 긴 세월의 풍상을 견디면서 더욱 더 강대해진 백년기업은 찾아보기 힘들다.

1830년대에 탄생한 전보電報는 전자통신시대의 신기원을 열었다. 말 그대로 '번개 같은 속도'로 전달되는 전보를 활용한 통신망이 빠르게 전 세계를 연결했고 경제·정치·군사 등 여러 영역에 응용되었다. 민간통신 분야에서도 전보는 오랫동안 독보적 역할을 했다. 전보 자체는 대중매체가 아니었지만, 대중매체를 위해 빠르고 효과적인 통신수단을 제공함으로써 오늘날 중요 매스미디어로 자리 잡은 통신사의 탄생을 가능하게 했다. 하지만 더 편하고 빠른 이동통신 기술이 나타나면서, 통신 분야의 총아이던 전보 사업은 가을바람에 뒹구는 낙엽처럼 빠르게 쇠락했다. 인터넷의 탄생과 디지털 시대의 도래를 맞아 전보 사업은 결국 철저하게 종말을 고하고 말았다. 백몇십 년간의 찬란한 영광을 뒤로 하고, 21세기 초반 세계 각지에서 속속 업무를 종료한 후 박물관으로 들어갔다.

전보 사업 시대가 마무리되는 과정에서 영향력이 가장 컸던 건 이동통신이다. 일찍이 이동통신 단말설비를 생산하는 양대 유명업체는 노키아와 모토롤라였다. 노키아는 1996년부터 14년간 연속해 세계시장 점유율 1위 자리를 지켰다. 당시, 노키아 자신은 물론 그 누구도 노키아가 휴대폰 제조를 접게 되리라고는 예상하지 못했다. 또 다른 휴대폰 생산업체 모토롤라는 반도체칩과 전자통신 분야의 선두 주자로서, 이동통신이 막 발전하기 시작할 무렵 노키아와 대적할 수 있는 유일한 기업이었다. 하지만 2010년부터 아이폰을 위시한 스마트폰이 등장하면서 노키아와 모토롤라는 단기간에 치명적인 타격을 입었다. 노키아는 지금도 여전히 휴대폰을 생산하고 있지만 시장점유율은 중국의 극히 평범한 휴대폰 업체만도 못하며, 기본적으로는 고령자 대상의 기종에 집중하고 있는 실정이다. 모토롤라는 휴대폰 시장의 선두 자리를 빼앗긴 뒤 2011년에 휴대폰 사업부를 구글에 매각했다. 구글은 3년 후 해당 사업부를 다시 중국 레노버에 매각했다.

디지털 시대에 도태된 또 다른 유명 기업으로 코닥필름이 있다.

1880년에 설립된 코닥은 130년의 역사를 거쳐 오는 동안 1만 건 이상의 특허를 취득했으며 1900년대부터 이미 세계 각지에서 자사 상품을 판매했다. '필름카메라 시대'에 코닥은 전 세계 필름 시장의 3분의 2를 점유했다. 1997년 시가총액이 310억 달러를 기록한, 감광필름업계의 확고부동한 제왕이었다. 전성기 때 전 세계의 코닥 직원 수는 14만 5,000명에 이르렀고, 세계 각지의 엔지니어와 과학자들은 코닥에서 근무하는 것에 큰 자부심을 가졌다. 1975년, 코닥 연구실에서 세계 최초로 디지털카메라를 개발했다. 하지만 필름 판매량이 영향을 받을 것을 우려한 코닥사는 디지털 관련 사업을 우물쭈물 망설이다가 2003년이 되어서야 사업 방향을 전통적 필름에서 디지털 촬영 쪽으로 전환했다. 하지만 이때는 이미 시기를 놓친 상태였다. 뒤처질 대로 뒤처진 디지털 사업은 경쟁 업체들에게 크게 밀려났고, 전통적 필름 사업은 급속히 위축되었다. 영업수입은 해마다 떨어졌고, 적자 누적으로 인해 시가총액의 90%가 증발했다. 결국 코닥사는 상장을 폐지할 수밖에 없었다. 각종 신용평가기관의 경계 대상 리스트에도 올랐다. 일련의 구제책도 효과를 거두지 못한 채 코닥사는 결국 소규모 디지털 이미지 회사로 재편되었고, 이내 대중의 시야에서 희미해졌다.

전보 사업의 쇠퇴와 소멸은 '호황'이란 믿을 만한 세 못 된다고 말해준다. 마찬가지로, 노키아, 모토롤라, 코닥의 몰락은 '브랜드' 역시 믿을 만한 것이 못 된다고 말하고 있다. 사실상 이들 사업 및 기업은 시대라는 거대한 수레바퀴에 밀려난 셈이다. 모든 것이 나날이 새로워지는 이 시대에, 모든 '호황'은 어쩌면 '최후의 광풍'일 수도 있다. 모든 '브랜드'는 언젠가는 박물관으로 보내질 운명일 수도 있다. 발전의 흐름이라는 관점에서 보면, 모든 것에는 다 변화가 나타날 것이며, '모든 상품은 다시 설계되어야 한다'. 그렇게 하지 않으면 역사의 거대한 수레바퀴에 바스러지는 비극적 운명을 되풀이하는 수밖에 없다.

어쩌면 누군가는 앞서 든 사례에서 마오타이가 그다지 참고할 만한 것이 없다고 할지도 모르겠다. 마오타이는 전통적 생산기술을 굳건히 지키는 것만이 영원한 진리이며, 시대의 진보나 인터넷, 빅데이터 등이 마오타이에 끼치는 영향이 아주 없지는 않겠지만 근본적으로 전통적 제조공정에 끼어들 여지가 없기 때문에 마오타이주에 미치는 영향이 극히 미미할 것이란 이유에서다.

하지만, 현실은 꼭 그렇지만은 않다.

마오타이주창의 미래의 경쟁 상대는 우량예나 루저우라오자오, 양허와 같은 백주기업이 아닐 것이다. 그렇다고 양주, 맥주, 와인을 제조하는 기업도 아닐 것이다. 어쩌면 농푸산취안農夫山泉이나 와하하娃哈哈 같은 생수나 음료수 업체, 또는 아예 주류·음료업과는 거리가 먼 텐센트나 알리바바 등과 경쟁하게 될지도 모른다. 아니, 어쩌면 아직 알려지지 않은 신생 산업과 경쟁하게 될 수도 있다.

차이나모바일中國移動, 차이나유니콤中國聯通, 차이나텔레콤中國電信은 중국 통신업계의 천하를 삼분한 '3대 거두'이다. 그 누구도 이들의 수중에서 사업 영역을 아주 조금이라도 빼앗을 수 있는 제4의 통신사가 출현하리라고 생각하지 않았다. 따라서 '3대 거두'는 서로를 라이벌로 보고 경쟁에 몰두했을 뿐, 업계 외부의 위협은 예상하지 못했다. 그런데 '위챗'이라는 것이 갑자기 나타났다. 위챗은 통신업계 깊숙이 침투해 기존의 생태를 철저히 교란하면서 '3대 거두'의 수중에서 파이 한 조각을 가져갔다. 2011년 초에 출범한 위챗이 이용자 1억 명을 모으는 데는 겨우 1년 남짓 걸렸다. 현재 위챗은 전 세계에서 이용자 9억 명을 확보하고 있으며, 위챗을 플랫폼으로 삼는 소셜미디어 공식계정은 천만 개가 넘는다.

위챗은 인터넷 SNS 플랫폼에 불과하지만, 위챗이 제공하는 음성 대화, 메시지 발송, 파일·그림 전송 등의 기능 앞에서 '3대 거두'는 무릎을 꿇지 않을 수 없었다. 게다가 위챗 애플리케이션은 완전히 무료이다. 위챗은 유연하고, 편리하고, 스마트하고, 더구나 비용 절감이 가능하다는 장점을 앞세워 극히 짧은 기간에 세력을 확장해 '3대 거두'의 지반을 잠식했다. 현재 '3대 거두'는 위챗 애플리케이션을 통해 오가는 데이터통신 용량을 제공하면서 수입을 올리고 있다. 하지만 본업이 끊임없이 잠식당하는 상황에서 이렇게 얻는 수입은 잠시 갈증을 해소하는 독약 비슷한 것에 불과하다. 어쩌면 멀지 않은 미래에 위챗과 같은 모바일 인터넷수단이 전통적 통신수단을 완전히 대체할지 모른다. 이동통신이 전보를 대체했던 것처럼.

은행업 역시 업계 간 경계를 뛰어넘는 새로운 존재의 출현에 미처 손쓸 새 없이 타격을 입은 업종이다. 중국의 은행업계는 기존의 은행이 시장을 과점한 상황이라 외부에서 새로 끼어들기가 매우 어려웠다. 같은 은행 업종이라 하더라도 해외은행이 중국 은행업의 기존 영역에 파고들어 수익을 내기란 대단히 어려웠다. 따라서 중국의 은행업계는 장기간에 걸쳐 폐쇄성을 띠게 되었고, 경쟁 상대라고 해봐야 동종업계의 다른 은행뿐이었다. 그런데, 알리페이가 갑자기 등장하면서 오랫동안 유지된 업계의 평형은 깨지게 되었다. 알리페이는 간단하고 안전하고 빠른 지불 수단으로, '지점망 확충이 곧 왕도'인 은행의 단점이 신속히 드러났다.

알리페이 결제를 신용거래의 기반으로 삼는 타오바오淘宝와 톈마오天猫가 11월 11일 '광군제光棍節' 등 몇몇 특정한 날짜의 쇼핑데이를 만들어 부각시킨 덕분에, 알리페이는 수백억 위안, 심지어 1,000억 위안 이상의 매출을 올릴 수 있었다(타오바오와 톈마오는 알리바바그룹이 운영하는 인터넷쇼핑 플랫폼이다. 이들 쇼핑몰의 결제는 신용카드나 계좌 송금보다 더 편리하고 간편한 온라인 지불 수단인 알리페이를 통해 이뤄진다. 광군제는 알리바바그룹이 유행시킨 쇼핑페스티벌데이로 미국의 블랙프라이데이를 훨씬 뛰어넘는 매출을 기록하는 것으로 유명하다-역주). 대형마트는 놀라움을 금치 못했고 은행들은 그저 군침을 흘릴 뿐이었다. 알리페이 등과 같은 온라인 지불 플랫폼의 위력은 아직 충분히 발휘되지 않은 상태라고 해도 과언이 아니다. 무궁무진한 잠재력이 발휘만 된다면, 불꽃 튀는 경쟁과는 거리가 먼 영업을 해왔던 은행업계의 경영환경은 근본적으로 뒤바뀌게 될 것이다.

이것이 바로 인터넷이 가져온, 영역의 경계를 초월한 경쟁의 트렌드다. 기본 논리를 살펴보면 이렇다. 인터넷의 급속한 발전에 따라

업계 간의 문턱과 장벽은 서서히 사라진다. 인터넷 플랫폼을 활용해 데이터를 장악한 쪽은 중간 단계를 건너뛰고 최종 소비자와 직접 대면한다. 업계 간 경계를 넘어 침범해온 경쟁 상대는 종종 기존의 업계 상식과는 다른 방식을 활용하여 단시간 내에 다수의 이용자를 확보한다. 기존의 업계 내부 경쟁은 기껏해야 파이를 나눠 먹는 비율을 새로이 바꾸거나 도토리 키 재기 식의 시장점유율 싸움에 그치는 데 비해 업계 간 경계를 허물며 일어나는 경쟁은 판 전체를 뒤집고 기존 업계를 궤멸시키는 결과를 불러온다. 영역 허물기의 위력이 바로 여기에 있다.

스마트 제조의 거대한 흐름에 대처하는 마오타이의 자세

백주업계의 '경계를 넘는 경쟁자'는 어디에 있는가? 아직 모습을 드러내지 않고 있지만, 경계를 초월해 판을 뒤집을 경쟁자는 도대체 어떤 방식으로 주류업계로 진군해 들어올 것인가? 그들은 마오타이주창 같은 전통 명가를 얼마나 뒤흔들 것인가? 현재 이 모든 것은 예측이 불가능하지만, 게임은 이미 시작되었고 경계를 초월한 경쟁의 위협은 분명히 존재한다. 예를 들어 생겨난 주셴왕酒仙網, 주콰이다오酒快到, 1919 등의 주류 진문 인터넷쇼핑몰이 우후죽순처럼 생겨나 운영을 시작하자마자 주류업계의 전통적 판매방식은 큰 타격을 입었다. 이런 쇼핑몰이 인지도와 신뢰도를 높이면, 인터넷 기반의 상거래는 사회 전반의 주류로 자리 잡게 된다. 마오타이주창이 현재 채택하고 있는 판매대리상 방식이 순식간에 붕괴될 수도 있다. 다음 100년을 준비하는 마오타이주창에게 있어, 이것은 반드시 직시하고 넘어야 할 관문이다.

마오타이주창 앞에 놓인 또 하나의 중요한 관문은 '스마트 제조', 즉 생산제조 과정의 스마트화와 관련된 문제이다. 스마트 제조라는 시대적 흐름은 세계를 휩쓸고 있다. '인더스트리 4.0 전략'을 추진하는 독일에 뒤이어, 프랑스, 영국, 일본이 차례로 발본적인 제조업 개혁 구상을 발표하고 새로운 경쟁의 판도에서 우위를 점하려 애쓰고 있다. 제조업 대국의 일원인 중국 역시 '중국 제조 2025(메이드 인 차이나 2025)' 전략을 세웠다(제4장 역주 참조-역주). 이는 스마트 제조를 활용해 '세계의 공장'이라는 기존 면모를 일신하고 단숨에 선진공업국 대열에 들어서려는 시도이다.

전통적 생산기술을 특징으로 하는 마오타이주창은 제조업 전반에 걸쳐 밀려오는 스마트 제조의 거대한 흐름에 어떻게 대처해야 할까? 이에 대해 위안런궈는 제6차 중국백주 최고지도자회의에서 다음의 세 가지를 강조했다. 첫째, 확고한 신념을 가지고 전통기술을 굳건히 지킬 것, 둘째, 인내심을 가지고 오직 품질을 위해 모든 정성을 다할 것, 셋째, 실력을 쌓고 계승과 혁신을 통해 궁극의 경지에 오를 것.

그러나 위안런궈의 전략적 사고와는 별개로, 마오타이주창은 스마트 제조와 관련한 다음의 세 가지 물음에 해답을 제시해야 한다.

첫째, 전통적 생산기술을 특징으로 하는 제조업체 마오타이주창은 스마트 제조를 전면적으로 도입할 수 있을 것인가? 전통기술을 굳건히 지킨다는 것이 결코 현대기술의 배척을 의미하지는 않는다. 전통기술을 특징으로 하는 제조업체들이 현대적 생산기술을 도입해 혁신을 마치고 눈부신 성과를 내고 있는 사례는 많다. 양조업계만 보더라도 와인과 맥주는 이미 기계화, 자동화 공정을 완전히 실현했다. 중국의 유명 보건주 생산업체인 징주勁酒 역시 자동화 기계설비로 전통수공업의 노동을 대체하는 혁명적 변화를 추진하기 시작했다. 이는 천수답식 경영, 과다한 노동 의존성, 낮은 생산효율, 불안정한 품질 등 양조업계의 고질적 문제를 근본적으로 개혁하는 시도가 될 것이다. 아직도 마오타이주 양조공정은 대부분 전통적 방식으로 이뤄지고 있다. 사람이 직접 발로 밟아 누룩을 만드는 채국踩麴이 그 예이다. 그 이유는 현재의 기술로는 전통적 방식으로 얻어낸 결과물과 완벽하게 똑같은 수준으로 재현할 수 없다는 점에 있다. 만약 과학기술이 발전해 전통적 수공기법을 완전히 대체할 수 있고 그렇게 생산된 술의 완성도 또한 흠잡을 데가 없는 날이 온다면, 그래도 마오타이주창은 전통적 양조기법을 굳건히 고수해야 할 것인가?

둘째, 노동집약적 생산방식을 어떻게 변화시킬 것인가? 전통적 제소업은 내부분 노동집약적 형태를 띠며 마오디이주창 역시 예외가 아니다. 포장기술이 고도로 자동화된 오늘날에도 마오타이주창의 포장작업장은 여전히 1,000여 명의 인력을 고용하고 있다. 누룩제조, 발효와 증류, 배합(블랜딩) 등의 생산 작업장도 마찬가지로 노동력 규모가 방대하다. 스마트 제조의 긍정적 효과 중 하나는 대폭적인 노동력 절감과 생산성 향상이다. 다시 말해, 스마트 제조가 가져오는 사회적 영향 중 하나는 본래 전통적 제조·생산라인에서 일하던 다수의 노동자가 퇴장해야 한다는 점이다. 마오타이주창은 외딴 지방에 자리 잡고 있다. 현지의 경제 수준은 발달하지 못했고, 서비스업은 아직 초보적 단계에 머물고 있다. 따라서 주류 양조업을 제외한 다른 업종은 취업의 기회가 적다. 마오타이주창이 스마트 제조로의 변혁에 착수한다면 잉여 노동력은 어떻게 소화해야 할 것인가? 마오타이주창 앞에 놓인 과제이다.

셋째, 진정한 개별 맞춤형 제조방식을 어떻게 실현할 것인가? 사회가 발전하고 생활수준이 높아짐에 따라 소비자의 요구에도 질적인 변화가 생겼다. 한층 더 만족도 높은 소비생활을 추구하는 사람들이 갈수록 더 많아지게 되는 것이다. 따라서 미래의 소비 트렌드는 개별 맞춤형이 될 것이다. 생생한 사례로 의류업체 홍링시푸紅領西服를 들어보자. 현재는 '쿠터酷特'로 사명을 바꾼 이 업체는 전통적 수작업으로 옷을 만들었다. 사람 손으로 치수를 재고 일일이 재단하는 등의 작업 때문에 생산의 기계화가 극히 어려웠다. 하지만 현대기술이 문제를 해결하면서 의복 생산의 자동화와 표준화가 속속이루어졌다. 1980년대만 해도 중국의 거리에 즐비했던 맞춤 양장점은 자취를 감춘 지 오래다. 하지만 디지털 시대가 도래한 현재, 홍링시푸를 위시한 일부 기성복 제조 기업은 '치수를 재고 일일이 재단하던' 원점으로 다시 돌아갔고, 소비자를 위한 맞춤형 기성복을 대량생산하고 있다.

마오타이주창도 현재 개별 맞춤형 마오타이주 제조 업무를 진행하고 있지만, 극히 초보적 단계에 머물고 있어 진정한 개별 맞춤형 서비스로 보기 어렵다. 현대의 정보기술을 활용하여 어떻게 소비자 각자의 개별적 수요를 모두 만족시킬 수 있을 것인가? 그리고 어떻게 그 맞춤형 제품을 양산할 수 있을 것인가? 이 역시 마오타이주창이 직면한 과제이다.

100여 년 전, 자그마한 '소방燒坊'에서 빗물 같은 땀을 닦으며 술을 증류하던 마오타이의 선조들은 몇 세대 후 후손들이 만든 마오타이주가 손에 한 병 넣기 어려울 만큼 귀한 보물이 되리라고 상상이나 했을까? 80여 년 전, 향기로운 술을 상하이, 충칭, 홍콩 등지의 상점으로 발송해 판매하던 '3마오'는 미래에 마오타이주 판매대리상과 전문판매점이 전 세계 2,000곳 이상으로 늘어나게 되리라고 예상했을까? 60여 년 전, 폐허나 다름없는 곳에서 어렵게 마오타이주창의 대문을 세운 39명의 장인과 직공들은 마오타이주창이 훗날 직원 수 수만 명에 이르는, 천하에 명성을 날리는 세계적 기업으로 발전하리라고 예견했을까?

지금 이 순간 또 다른 역사의 출발점에 선 마오타이주창은 100년 후의 마오타이주창을 이떻게 상상하고 있을까? 현대화에 따르는 여러 도전에 직면해 다음 100년을 여는 마오타이는 어떤 설계를 하고 있는가? 사람들은 새로운 100년을 향해 나아가는 마오타이주창의 답안을 기대하고 있다.

아름다움과 슬픔

·

허위쉬엔何宇軒

경제 빅데이터 연구자

느낌 : '마오타이식 영광'과 '마오타이식 고민'

세상에는 참 이상한 '고민'도 있다. "이보다 더 좋을 수 없다"는 고민이 바로 그렇다. 경쟁 업체는 상품 가격을 올리고 판로를 넓히려고 머리를 쥐어짜는데, 이 회사는 전략적으로 정한 수준 이상 가격이 오르지 않도록 제한을 하느라 머리가 빠진다. 동종업계는 주가가 상승하면 환호하며 날뛰는데, 이 회사는 도리어 주가가 500위안 최고가를 넘고 나니 바늘방석에 앉은 듯 안절부절못한다. 누구나 다 알고 있듯, 이런 '고민'을 하는 회사는 바로 중국 '대장주'의 주인공 구이저우마오타이이다.

2001년 8월 27일, 구이저우마오타이(600519.SH)가 상하이증권거래소에 상장한 지 16년이 지났다. 이 16년간, 백주 시장은 종잡을 수 없이 불안정했고 자본시장은 심하게 요동쳤지만, 마오타이는 강호江湖에 여유로운 웃음을 내비칠 뿐이었다. 그 제품에 열광하는 사람들은 그것을 '액체 황금'이나 '경화硬貨'(언제든지 금이나 다른 화폐로 바꿀 수 있는 통화通貨-역주)처럼 취급한다. 병당 소매가가 1,800위안씩 하는데도 이를 손에 넣기가 어렵다. 주식 한 주당 500위안을 돌파했고 시가총액은 6,000억 위안을 넘어, 구이저우성 전체 GDP(2016년 기준 1조 1777억 위안-역주)의 절반에 이른다. 회계장부상 자금은 736.35억 위안(2017년 6월 30일)으로 1,203.83억 위안의 방대한 총자산 중 6할(61.17%) 이상이 실가實價 화폐이다. 2016년도에 배당금 85.26억 위안을 분배한 후에도 회계장부에는 여전히 큰돈이 남아 있다. 누구나 익히 아는 명성, 항목마다 찬란한 수치, 그 어느 것 하나 마오타이의 영광을 드러내지 않는 것이 없다. 이러한 수치는 수천 개의 중국 기업 입장에서 보자면 꿈에서나 그릴 만한 것일 뿐, 열심히 노력해도 좀처럼 이룰 수 없는 목표다. 하지만 마오타이에겐 진정한 고민거리가 되고 있다.

마오타이의 "이보다 더 좋을 수 없다"는 고민은 분명 기업들의 공통 사항은 아니다. 따라서 나는 이것을 '마오타이식 고민'이라 부를 수밖에 없다.

벤치마킹 : 중국의 대장주와 세계의 대장주

눈부신 경영 실적, 높은 주가, 넉넉한 배당금액…. 마오타이는 '중국 자본시장의 만능왕'이란 칭호가 꼭 어울리는 기업이다. 명실상부한 중국의 대장주 마오타이를 따라올 자는 없다. 하지만 전 세계로 눈을 돌리면 중국의 대장주와 세계의 대장주 사이에는 결코 작다고 할 수 없는 격차가 존재한다. 원대한 꿈을 가진 기업가의 입장에서 어떻게 그 장벽을 극복할 것인가, 혹은 스스로를 불살라 새롭게 태어나는 봉황처럼 진정한 '비천飛天'('하늘로 날아오른다'는 뜻으로, 마오타이주의 대표적 상표인 '페이톈'의 한자 표기이기도 하다-역주)을 이룰 것인가. 이것이 바로 마오타이의 근본적인 고민일 것이다.

세계 대장주의 주가는 과연 얼마일까? 평범한 보통사람들은 어림짐작도 못할 것이다. 최근에 필자의 수강생 한 사람이 들려준 이야기가 있다. 이 수강생은 어느 대도시의 은행에서 재무 관리를 담당하면서 하루 종일 '높은 순자산가치'의 인물들과 교섭하는 게 일이다. 하루는 유달리 부자라며 으스대는 고객을 만나게 되었는데, 집이 몇 채에 회사도 가지고 있다며 몹시 거만하게 굴었다. 그러자 이 수강생은 아무런 내색 없이 이 고객에게 두 가지 질문을 했다. "간단히 계산을 해봐드릴게요, 세상에는 한 주당 26만 달러짜리 주식이 있는데, 고객님 집을 팔면 몇 주나 살 수 있을까요?" 이 고객은 말문이 턱 막혔다. 1주당 26만 달러라면, 어림잡아 위안화와 달러 비율을 7:1로 계산해 1주에 182만 위안이란 얘기다. 이 고객이 보유한 집은 1m³당 가격이 1.2만 위안, 집의 면적을 120m³라 치면 집값은 144만 위안이다. 집 1채를 팔아봐야 1주를 사지 못한다는 결론이다. 고객은 아무 말도 하지 못했다. 회사 금고에도 이만 한 돈이 없을 뿐더러, 총자산도 100주 값에 못 미쳤기 때문이다.

이야기 속에 나오는 이 세계 최고의 주식은 전설이 아니라 실제로 존재하는 BRK.A이다. 도대체 얼마나 대단한 주식인지 간단히 설명하기로 하자. BRK.A는 미국 뉴욕증권거래소에 상장된 주식으로, 회사 이름은 버크셔해서웨이(Berkshire Hathaway, 이하 BRK로 약칭)이며 본사는 중국으로 치면 산시성陝西省과 비슷한 미국 중서부 네브래스카주의 소도시 오마하시에 있다. 여러분은 이 회사에 대해 잘 모르겠지만 이 사람은 결코 낯설지 않을 것이다. 세계적인 투자 귀재 워런 버핏, 바로 그 워런 버핏이 이 회사의 회장이다.

그러면 중국의 대장주와 세계의 대장주, 두 최정상의 대결을 보도록 하자.

동일 시점을 놓고 비교해보자. 2001년 8월 27일, 상장일의 구이저우마오타이 주가는 1주당 35.55위안이었고, BRK.A는 1주당 69,900달러, 당시 환율로 계산하면 578,583.27위안에 해당한다. 이는 구이저우마오타이의 16,275.20배이다. 2017년 8월 25일, 이 둘은 모두 놀라운 최고가로 장을 마감했다. 구이저우마우타이는 1주당 492.99위안, BRK.A는 1주당 269,761달러, 당시 환율로 계산하면 1,796,041.80위안으로 구이저우마오타이의 3,643.16배이다. 상승 속도로 보자면, 16년간 구이저우마오타이의 주가는 12.87배 뛰었고 매년 평균 17.87%의 성장을 기록했다. 같은 기간 BRK.A는 2.86배 뛰었고 매년 평균 8.81% 성장했다. BRK.A는 이제껏 배당한 적이 없었고 구이저우마오타이는 후하게 배당을 해왔으므로 이를 반영해 마오타이 주가를 재산출할 필요가 있다. 2017년 8월 25일자로 재산출한 마오타이 주가는 3,109.24위안이다.

이 수치에 의거하면 마오타이 주가는 16년간 86.46배 성장했으며 연간 평균성상률은 32.25%이다.

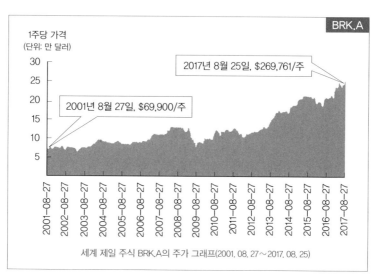

세계 제일 주식 BRK.A의 주가 그래프(2001. 08. 27~2017. 08. 25)

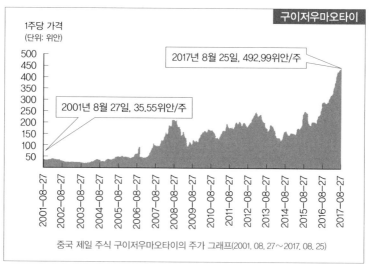

중국 제일 주식 구이저우마오타이의 주가 그래프(2001. 08. 27~2017. 08. 25)

기업 규모를 비교해보자. 2017년 6월 30일 BRK.A의 총자산은 6,655.90억 달러, 구이저우마오타이는 1,203.83억 위안이다. 동일 화폐로 환산하면 BRK.A는 마오타이의 36.86배이다. 2016년 BRK.A의 영업수입 총액은 2,236.04억 달러, 구이저우마오타이는 401.55억 위안으로 BRK.A가 마오타아의 37.12배이다. 2016년 BRK.A의 순이익은 244.27억 미국달러, 구이저우마오타이는 179.31억 위안이다. BRK.A가 마오타이의 9.08배이다. 전 세계적 초대형 기업으로서 BRK.A는 오랫동안 《포춘》지 선정 세계 500대 기업의 상위 10위에 이름을 올렸다. 2017년에는 무려 8위였다. 2017년, 구이저우마오타이는 《포춘》지 선정 중국 500대 기업 중 166위였다.

근원지를 찾아서 : 현금흐름의 비밀

돈의 흐름은 기업의 생명선이다. 인체로 치면 혈액, 강물로 치면 물의 흐름과 같은 것이다. 기업 운영의 논리란 '현금흐름(캐시플로)'이라는 네 글자에 의해 구현되는 것이다. '현금'은 왕이요, 멈추지 않고 '흐름'을 최고로 친다.

흐르는 물은 썩지 않는 법이다. 기업이 사해死海가 되고 싶지 않다면 들어가는 물과 나오는 물이 있어야 한다. 반드시 입구와 출구가 있어야 한다는 것이다. 기업에는 크게 세 가지 현금흐름이 있다. 경영성 흐름과 융자성 흐름, 투자성 흐름이 그것이다. 그중 앞의 두 가지는 자금의 입구, 마지막의 것은 자금의 출구다. 이들의 기능은 제각기 다른데,

각각 조혈 기능, 수혈 기능, 생혈生血 기능으로 비유할 수 있으며, 이 가운데 하나라도 없어서는 안 된다. 경영성 흐름은 가장 안정적인 자금 입구로 본연의 기업 경영에 기반한 '조혈' 기능을 수행하기 때문이다. 크고 강력한 경영성 흐름이 없으면 아무리 잘 나가는 유니콘(기업 가치가 10억 달러 이상인 스타트업 기업-역주)이라도 조만간 '죽은 낙타'가 될 것이다. 융자성 흐름은 기업자금이 흘러들어오는 또 하나의 입구로서, 기업 외부로부터 도움을 받는 '수혈' 기능을 수행한다. 하지만 외부 사정은 조절 불가능할 때가 종종 있으므로 경영성 흐름만큼 안정적이지는 못하다. 자금의 출구는 주로 투자성 흐름으로 나타난다. 기업 입장에서는 반드시 대외투자를 지속적으로 확대해야만 미래를 위한 '생혈' 기능을 만들 수 있다.

이와 같은 논리에 기반해 구이저우마오타이와 BRK의 자금 흐름의 입구와 출구를 분석하고, 이 두 대장주가 사랑받는 이유를 알아보기로 한다. 하지만 더욱 중요한 것은 이 둘 간의 차이를 찾는 일이며, 나아가 '마오타이식 고민'의 근원, 그리고 이에 대한 해결책을 찾아내는 것이다.

(1) 자금 입구 — 경영성 흐름

데이터는 진실을 말한다. 구이저우마오타이와 BRK.A가 각기 중국과 세계의 대장주 지위에 올라선 데에는 공통점이 있다. 경쟁 상대를 멀찌감치 따돌리는 경영성 돈의 흐름을 보유하고 있다는 점이다. 두 기업의 경영성 흐름에는 흑자, 성장, 안정, 높음이라는 네 가지 두드러지는 특징이 있다.

- 흑자 : 흑자를 기록한다. 본연의 비즈니스를 통해 자체적으로 넉넉한 현금을 창출한다.
- 성장 : 해마다 성장하며 상승 추세를 타고 있다.
- 안정 : 현금흐름이 안정적이다. 크게 늘거나 줄어드는 법이 없으며 세계경제 위기나 업계 불황이 닥쳐도 경영성 현금흐름은 큰 타격을 받지 않고 반석처럼 탄탄하다.
- 높음 : 현금흐름의 액수가 높다. 2016년을 예로 들면 구이저우마오타이의 경영성 현금흐름 액수는 374.51억 위안이고 BRK은 325.35억 달러다.

기업경영과 관리는 재무 데이터로 나타난다. 두 기업이 이렇게 양호

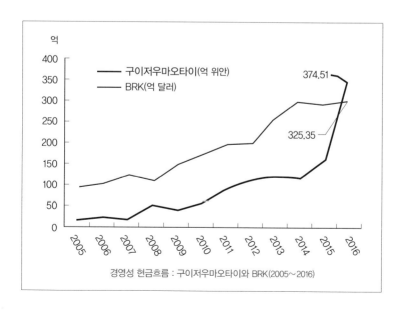

경영성 현금흐름 : 구이저우마오타이와 BRK(2005~2016)

한 현금흐름을 가지게 된 이유는 모두 자기만의 주업, 즉 다른 누구도 대체할 수 없는 강력한 본업이 있기 때문이다.

구이저우마오타이의 주업은 술 한 병에 집중되어 나타난다. 이 술이 이렇게 대단한 이유는 아주 간단하다. 복제가 불가능하고 희귀하기 때문이다. 마오타이에 대해서는 다들 너무나 잘 알고 있으므로 따로 장황하게 쓰지 않고, BRK에 대해 집중적으로 논하기로 한다. BRK는 1889년에 설립되었으며 초창기에는 방직기계 관련업을 주로 하다가 1963년 버핏이 주식을 사들이기 시작한 후 보험을 주업으로 하는 투자회사로 변모했다. 보험사의 뛰어난 운영 덕분에 BRK는 우수한 현금흐름을 만들어냈다.

마오타이와 BRK의 공통점은 각각 특유의 뛰어난 면모를 토대로 우수한 경영성 현금흐름을 만들어냈고, 경쟁 상대가 따라잡을 수 없는 강력한 현금흐름 입구를 구축했다는 점이다. 대장주로서의 지위가 명실상부함을 알 수 있다.

앞서 기술한 대로 두 기업 간에는 체급의 격차가 있다. 자산이나 영업매출의 규모 격차를 차치하고 '주업'의 측면에서만 보자면 마오타이가 BRK보다 한결 더 당차다고 할 수 있다.

(2) 자금 출구 ─ 투자성 현금흐름

악마는 디테일에 있다. 데이터는 그 디테일을 보여준다. 두 기업의 투자성 현금흐름의 차이를 비교하면 마오타이의 고민이 어디에 있는지 파악할 수 있다. 2005년부터 2016년까지, 구이저우마오타이의 순수 투자성 현금흐름은 대단히 제한적이었다. 크고 강력한 자금 입구와는 대조적으로 출구는 거의 눈에 띄지 않을 정도였다.

이와 반대로 BRK의 순수 투자성 현금흐름은 상당한 거액이었다. 예를 들어 2016년의 경우 842.67억 달러가 투자로 흘러나갔다. 이런 거액의 자금은 어디서 나온 것인가? 자금의 출처는 세 가지로 보유자금(2016년 초 기준 717.30억 달러), 해당연도의 경영성 현금흐름(325.35억 달러), 그리고 융자성 현금흐름(127.91억 달러)이다.

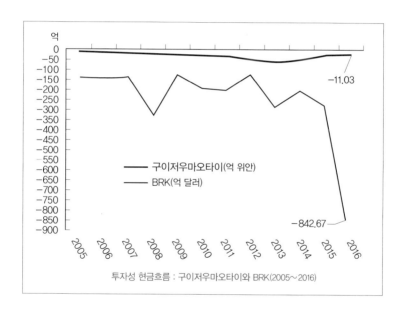

투자성 현금흐름 : 구이저우마오타이와 BRK(2005~2016)

자금 출구 면에서 구이저우마오타이와 BRK 간의 확연히 다른 처리 방식은 완전히 다른 발전 방향과 결말로 이어졌다. 구이저우마오타이는 현금흐름이 들어오기만 하고 나가지 않은 결과, 기업 장부가 팽팽하게 부풀어 올랐다. 마오타이 장부의 화폐 자금은 점점 늘어나 2016년 12월 31일에는 668.55억 위안에 달했으며 현금보유율(총자산 중 화폐사금의 점유 비중)은 59.20%였다. 2017년 6월 30일에는 최고치를 또 갱신해 화폐자금은 736.35억 위안, 현금보유율은 61.17%였다. 구이저우 마오타이는 범접이 불가능한 A주 시장의 '현금 부자'였다. 이런 추세가 계속될 경우 마오타이의 회계장부에 돈이 넘쳐흐르리라는 건 쉽게 예상할 수 있다.

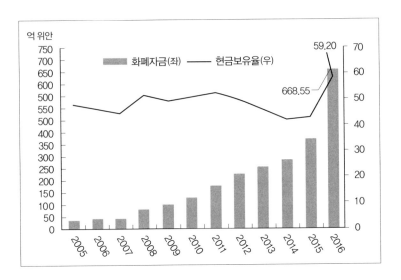

'현금 부자'가 된다는 것은 얼핏 좋은 일처럼 보일 수 있지만 사실은 슬픈 일이기도 하다. 기업의 전체 자산 중 화폐자금은 수익률이 가장 낮은 자산이다. 더 많은 돈을 벌어들일 수 있는 자금이 기업장부상에서 긴 잠에 빠져 있다면 이것은 또 다른 형태의 낭비인 것이다!

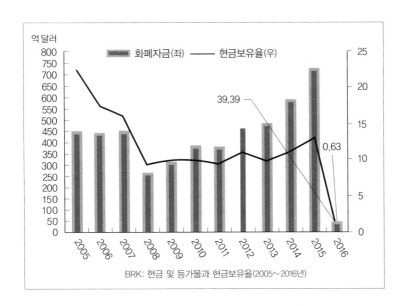

BRK: 현금 및 등가물과 현금보유율(2005~2016년)

대조적으로 BRK의 회계장부에는 현금이 그리 많지 않다. "손에 곡식을 쥐고 있어야 마음이 놓인다"는 말처럼 기업의 정상적 운영을 유지하기 위해서는 보유 자금이 모자라서도 안 되지만, 많을수록 좋은 것도 아니다. 이것은 일종의 변증법적 사유인데 BRK의 초우량 현금흐름 관리가 이를 잘 구현하고 있다. 2008년 이래, BRK의 현금보유율은 장기간 12%대의 '안전선'을 유지하면서 그것을 넘어서는 몫은 '깎아내기'를 실시했다. 남아도는 돈은 자본을 늘리는 데 가져다 써서 미래를 위한 비축 차원의 '생혈' 기능을 확보했다. 즉, 더 큰 돈을 버는 것이다

(3) 융자성 현금흐름 : 자금 입구인가 출구인가?

융자성 현금흐름은 외부에서 유입되는 현금흐름의 연원으로서 손익

평형을 맞추는 수단이 된다. 2011년을 제외하고 BRK는 매년 공히 외부로부터 융지성 현금흐름을 들여왔다. 2016년에는 거액의 대외투자에 따른 압박을 해소하기 위해 들여온 순융자액만 129.91억 달러였다. 반면 구이저우마오타이는 2001년 상장 당해연도에 17.85억 위안의 융자성 현금을 들여온 것 말고는 해마다 마이너스의 융자성 현금흐름을 기록했다. 그 자금은 주로 배당금에 쓰였다.

융자성 현금흐름은 사실 기업의 두 가지 행위, 즉 융자와 배당으로 나타난다. 기업이 과연 외부에서 융자를 해야 할 것인가 말아야 할 것인가, 이 문제에 관한 토론은 접어두고 여기서는 배당에 대해서만 중점적으로 논하겠다.

두 기업의 융자성 현금흐름을 보면 한 기업은 플러스이고 다른 한 기업은 마이너스이다. 이는 실질적으로 경영이념에 천양지차가 있음을 나타낸다. 구이저우마오타이는 매년 주주들에게 거액의 배당금을 주어 그들을 기쁘게 했다. 주주에 대한 보답을 중시한다는 명성도 얻었다. 하지만 세계 최대의 '구두쇠' BRK는 배당금 없이도 세계 각지의 투자자들로부터 추앙을 받고 있다. 이건 또 어떻게 설명할 수 있나? 1963년부터 버핏이 BRK의 전권을 장악한 후로 BRK 역사상 딱 한 번 배당금을 준 적이 있다. 1967년의 일인데, 1주당 배당 금액은 고작 10달러였다. 몇십 년 후, 기자와의 인터뷰에서 당시의 배당 이야기가 나오자 버핏은 농담을 섞어 이렇게 말했다. "그건 내가 화장실에서 내린 결정이었습니다! 솔직히 말해서 그때 배당은 하지 말았어야 해요!"

투자 귀재의 논리를 어떻게 이해할 것인가? 원리는 아주 간단하다.

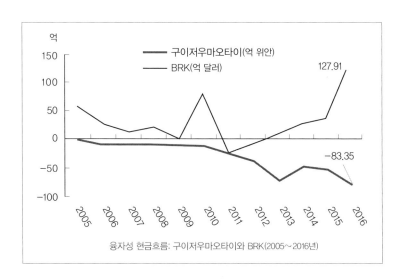

융자성 현금흐름: 구이저우마오타이와 BRK(2005~2016년)

투자자가 나를 믿고 투자를 해오면, 나는 그들을 위해 가치를 창조해야 한다. 주주가 돈을 벌도록 회사가 돕는 방법은 두 가지가 있다. 주주에게 배당금을 나눠주거나, 회사에 돈을 남겨두었다가 더 크게 늘리는 것의 두 가지다. 만약 회사에 좋은 투자기회가 없다면 주주에게 돈을 돌려주고 주주가 각자 알아서 자기 돈을 늘리게 해야 한다. 반대로 회사에 좋은 투자기회가 있다면, 돈을 더 크게 늘려서 주주가 더 많은 돈을 벌 수 있게 돕는다. 어차피 당신들의 투자는 나만큼 전문적이지 못하므로 당신들에게 나눠주는 것보다는 나에게 남겨두는 것이 더 낫다! 그래서 회사는 눈덩이 불어나듯 커졌고, 주당 270,960달러(2017년 8월 22일 기준)라는 초고가의 세계 대장주가 탄생한 것이다!

종합해보면, '마오타이식 고민'의 근원은 현금흐름에 입구만 있고 출구는 없어서 이것이 구이저우마오타이의 더 큰 발전을 제한하고 있다

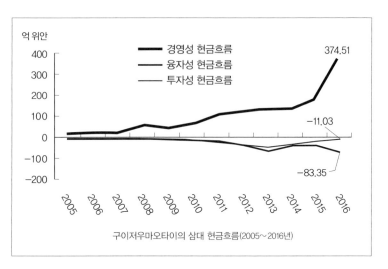

구이저우마오타이의 삼대 현금흐름(2005~2016년)

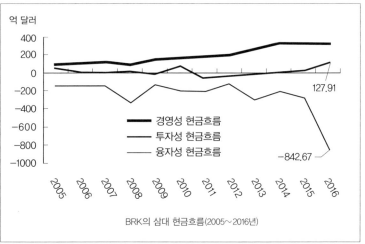

BRK의 삼대 현금흐름(2005~2016년)

는 점이다. 남의 산에 있는 돌로 내가 가진 옥을 다듬을 수 있는 법이다. 마오타이가 세계 최고의 주식이라는 타이틀을 빼앗으라는 것은 아니지만, 마오타이는 BRK가 두 마리 토끼를 잡는 방식을 받아들이는

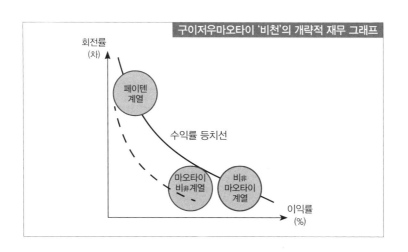

것을 심각하게 고려해 봐야 한다. BRK는 한 손으로 돈이 어디서 오는지를 해결하고 다른 한 손으로는 돈이 어디로 가는지를 해결했다.

장벽 돌파 : 마오타이 '비천'의 여정

도저히 오르지 못할 만큼 까마득히 높은 세계 대장주 BRK.A와 구이저우마오타이를 비교해 분석한 것은 감성과 이성, 두 방면의 판단에 따른 것이었다. 감성적 판단은 이러했다. 마오타이가 거목들이 즐비한 백주업계 속에서 유달리 두드러진 성과를 낸 것은 천혜의 자연을 유일무이하게 가졌기 때문이 아니라, 이상을 품고 각자의 역할을 다했으며 지혜로운 조직이 있었기에 가능했다는 점이다. 이성적 판단은 마오타이는 잠재력이 거대한 '기기機器'란 점이다. '기機'는 '현금인쇄기'와 같이 강력한 주업인 백주이고, '기器'는 세계적 시야를 가진 동시에 현실에 기반을 둔 경영자문단을 '추진기'로 삼는 것이다.

마오타이는 어떻게 하면 징벽을 뛰어넘고 '비천'의 꿈을 이룰 수 있을까? 비교우위의 원리에 따르면, 마오타이의 유일한 길은 상품라인을 풍부하게 구축하며 구이저우에서 다진 입지를 전국적으로 확대해 자신에게만 있는 '기기'의 우세함을 발휘하는 것이다.

재무의 관점에서 보면 백주 사업을 근간으로 하는 수익 창조 집단을 구축해야 한다. 다시 말해 브랜드의 우월함을 활용해 '프리미엄−중간급−저가'의 전 방위적 상품 생태계를 구축해야 한다.

"이걸 마오타이'주'라 불러서는 안 된다네.

이건 이미 술이 아니라, 술과 물분자가

특수한 공정을 통해 하나로 결합된 걸작품일세.

그 이름이 마오타이라네."

— 지커량李克良(양주대사釀酒大師)

신이 내린 술 마오타이

1판 1쇄 발행 2019년 3월 5일

지 은 이   왕중추
옮 긴 이   예영준·송민정
펴 낸 이   신혜경
펴 낸 곳   마음의숲

대   표   권대웅
주   간   이효선
편   집   송희영·전태영
디 자 인   임정현
마 케 팅   노근수·허경아

출판등록   2006년 8월 1일(제2006-000159호)
주   소   서울시 마포구 동교로 144-13(서교동 463-32, 2층)
전   화   (02) 322-3164~5 **팩스** (02) 322-3166
이 메 일   maumsup@naver.com
인스타그램   instagram.com/maumsup
용지 신승지류유통(주) **인쇄·제본** (주)상지사P&B

ⓒ 왕중추, 2019
ISBN 979-11-6285-025-1 (03320)

＊값은 뒤표지에 있습니다.
＊저자와 출판사의 허락 없이 내용의 전부 또는 일부를 인용, 발췌하는 것을 금합니다.
＊잘못 만들어진 책은 구입하신 곳에서 교환해드립니다.

＊이 도서의 국립중앙도서관 출판예정도서목록(CIP)은 e-CIP홈페이지(http://www.nl.go.kr/ecip)와
  국가자료공동목록시스템(http://www.nl.go.kr/kolisnet)에서 이용하실 수 있습니다.
  (CIP제어번호: CIP2019006749)